国家社会科学基金重大项目"社会组织管理模式创新和推进路径研究"（12&ZD061）最终成果

社会组织的本土经验与实践路径

崔月琴 王嘉渊 等著

中国社会科学出版社

图书在版编目（CIP）数据

社会组织的本土经验与实践路径 / 崔月琴等著. --
北京：中国社会科学出版社，2024.9. -- ISBN 978-7
-5227-4109-3

Ⅰ. C912.21

中国国家版本馆 CIP 数据核字第 2024VS9472 号

出 版 人	赵剑英
责任编辑	李　立
责任校对	谢　静
责任印制	李寡寡

出　　版	中国社会科学出版社
社　　址	北京鼓楼西大街甲 158 号
邮　　编	100720
网　　址	http://www.csspw.cn
发 行 部	010-84083685
门 市 部	010-84029450
经　　销	新华书店及其他书店

印　　刷	北京明恒达印务有限公司
装　　订	廊坊市广阳区广增装订厂
版　　次	2024 年 9 月第 1 版
印　　次	2024 年 9 月第 1 次印刷

开　　本	710×1000　1/16
印　　张	20.5
字　　数	328 千字
定　　价	108.00 元

凡购买中国社会科学出版社图书，如有质量问题请与本社营销中心联系调换
电话：010-84083683

版权所有　侵权必究

序

从20世纪90年代开始，伴随着中国迈向社会主义市场经济的进程，以国企改制为核心的改革开始全面推进，单位体制发生了重大的变动。在改革过程中，由单位组织分解出来的一系列社会事务开始流向社会，作为社会治理重要主体的社会组织的发展呼之欲出。也正是从此时期开始，社会组织研究开始成为学术界研究的热点。人们坚信，没有社会组织的发展，社会建设和社会治理都无法获得真正意义上的推进。本书的作者崔月琴教授也正是在此时期进入社会组织研究的。

在吉林大学社会学系的教师队伍中，崔月琴教授是最富传奇色彩的一位。崔老师1979年考入吉林大学哲学系，毕业后留校，进入《吉林大学社会科学学报》做哲学和社会学学科的责任编辑。经过二十余年精益求精的编辑历练和学术成长，崔老师担任了《吉林大学社会科学学报》总编辑，并被推选为全国高校文科学报研究会副理事长、吉林省高校文科学报专业委员会理事长等职务，成为中国文科学报界的代表性人物，可以说崔老师在学报领域已经达到了一般人难以企及的高度。在多数人看来，作为期刊的总编和责任编辑，能够把期刊办成教育部名刊，把作者的论文编辑到被权威期刊转载转引，就已经算功德圆满了。但崔老师却不这样看，她认为真正意义上的主编和编辑"责任"必须建立在学术研究的基础之上，因此，好编辑一定也是一位出色的研究者。正是循着"研究型编辑"这样一个路径，崔老师开始进入社会学学科，选择了组织社会学作为自己的研究领域，同时承担研究生组织社会学这门课程的教学任务。经过十余年的打拼，她取得了系统的、带有创新性的关于社会组织的研究成果。崔老师很多关于社会组织的研究论文被《新华文摘》、《中国社会科学文摘》、人大复印报刊资料《社会学》全文转载，产生了较大学术影响，成为国内社会组织研究领域非常活跃的学者之一。在具备了一定的学术积累后，崔老师申报了国家社科基金重大项目"社会组织管理模式创新与推进路径研究"，在激烈的竞争中获批立项。在历时五年的研究过程中，她围绕着项目研究，取得了更加丰富的研究成果，成为国内社会组织研究领域代表性的学者之一。在项目研究中，除了理论研究和文献检索，崔老师还坚信社会组织研究必须具有实践性，所以她在民政部门注册了"长春市汇吉社会组织发展中心"，全身心投入社会组织参与社会治理的实践，从而赋予其社会组织研究以极强的实践反思性。作为崔老师重大项目子课题负责人和汇吉社会组织发展中心活动的参与者，本人对崔老师近年来的组织研究及社会组织实践可谓知之甚深。记得崔老师重大项目的第一次论证是在我们几位教师一次乒乓球健身的休息间歇中完成的。后来几次研讨时我恰好赴名古屋大学访学，是在线上参加的，崔老师论证项目时拿出了研究型编辑的本领，其认真程度令人感叹。或许正是因为我更了解崔老师进入社会组织研究领域的前后经历，所以，当崔老师的学术专著完稿，向我"求序"时，我思前想后，觉得还是不能推脱，因为我的确对崔老师进入社会组织研究和社会组织实践的过程有比较深入的了解，对其在此过程中的勤奋和艰辛有着特殊的体验，能写出一些他人写不出来的东西。

认真拜读崔老师这部题为《社会组织的本土经验与实践路径》的书稿，我觉得该书具有以下几个比较突出的学术贡献。

首先，本书依托国家社会科学基金重大项目"社会组织管理模式创新与推进路径研究"的结项成果撰著而成。该项目研究的执行阶段，正值我国社会组织发展的崭新阶段。伴随着党的十八届三中全会社会治理理念的提出、基层治理转型的推进和多元治理体系的搭建，社会组织被视作重要的社会力量与服务主体，在公益慈善、政社互动、社企互动等不同领域和不同层面中形成了党建引领下多元联动的新格局。据此，本书首先梳理了社会治理背景下社会组织研究主题的根本性转换，进而对七种不同的社会组织实践形态分别进行考察，最后汇总为社会组织本土发展的阶段性小结，探讨社会组织发展的实践经验与路径延伸，体现出作者对社会组织独到而深刻的理解。

其次，该书所采取的研究策略具有较为突出的前沿性和现实性，研究层次极为清晰。围绕研究主题，本书在研究推进的具体过程中，从三个不同的层次展开讨论。其一是关注社会组织的多种模式的实践，把握行动过程的结构因素。要"立足现实，提炼现实；开发传统，超越传统；借鉴国外，跳出国外"。众所周知，一方面，社会组织是有着丰富组织意蕴和文化内涵的复杂集合，而贯穿多元实践行动中的，是塑造行动的结构性力量和制度性安排。另一方面，社会组织自身的结构化趋向，也体现在其内部机制的形成与行动规则的制定上。其二是转换视角，探讨制度演进的互动逻辑。无论是社会管理的阶段演进，还是社会治理的观念调整，都展现出制度运作中的结构性动态，这种调整来自治理需求的转变和治理观念的更新，并在制度实践的互动过程中得以呈现、凸显、成型和转化。而关注结构内部，运行中的国家往往是碎片化的，不构成一个统一行动体，不同层级和不同部门的国家机构在与国际、国内社会发生联系时，并非始终秉持自上而下、整齐划一的治理意识，由此催生出来若干治理创新的地方实践。其三是解释差异，建构组织研究的中观理论。费孝通先生认为，研究中国社会要注意"局部不能概括全部"，避免在方法上"以偏概全"，应当通过"逐渐接近"来实现从局部到全面的了解。一方面，社会组织在多个维度上存在系统性差异，制度与行动在实践层面的多元面向根植于此，形塑差异的影响因素和作用机制仍需探讨。另一方面，从西方经验的引介模仿，到本土模式的理论建构，其与社会组织的具体运作之间，始终存在相当的隔阂，这有赖于更为精准的转译和把握，同样需要丰富不同层次的理论建设，建构组织研究的中观理论。

最后，该书重点探讨了近年来社会组织发展中的诸多难点和关键问题。如关于草根社会组织的管理模式创新与推进路径。相当部分的草根社会组织局限于发展的初级阶段，难以实现升级，其主要问题不仅在于草根组织自身能力的局限，也在于与结构环境的适配不畅。因此要强调国家治理与社会治理的体系建设与创新是草根组织发展的支撑与保障，组织内部管理模式的革新是草根组织发展的基础。草根组织除了自身的内部强化，还需要地方政府通过购买服务、孵化培育、建设枢纽型组织等重要的政策工具，结合地域特点分别加以引导和培育，以实现社会管理模式的创新。再如，关于社会企业的生存实践及发展路径。社会企业作为一种新兴的社会治理载体，是对社会治理社会化和公共服务市场化现实发展的一种嫁接式回应，在改进社会问题、促进社会良性运行和发展中开始发挥特定作用。尽管社会企业的发展面临诸多现实困境，但社会企业仍然为社会组织的功能发挥提供了一种创新形式，为有志服务社会的社会企业家们提供了一条新的可探索的实践发展道路，构成三次分配的重要实践主体。此外，关于社区治理中的社会组织参与。社区治理转型过程更为强调社区立足于"行政性"与"服务性"交叉节点的职能之重，通过自身的职能结构调整来应对更为多元和多层面的不同社会需求，这也需要吸纳和培育更多的社区内外社会力量参与到社区治理的协作体系之中。社会组织在社区治理中的参与得益于其组织化的正式结构，使其更有能力来补充社区治理的职能所需，拓宽社区治理的实践视野，在空间营造与过程推进的不同序列中可以丰富社区治理面向基层社会种种要素与资源的关涉面与粘连性。

总之，作为社会组织研究一部带有阶段性总结的学术专著，崔老师的这部《社会组织的本土经验与实践路径》，从理论上建构起新的社会组织研究理解的学术框架，对于拓展社会组织研究的发展具有其特殊的贡献，对于社会组织诸多的本土实践也展开了富有新意的分析研究。当然，作为新时代一个崭新的研究课题，社会组织参与社会治理和公共性构建的相关研究还只是刚刚揭开序幕，众多的社会组织创新实践尚在进行中。因此，此课题的研究还具有比较广阔的延展空间。而在这里应该强调的是，在吉林大学荣休后的崔老师已转战长春人文学院，并担任福祉学部学部长和社会福祉学院院长。相信她一定能够将社会组织理论与社会福祉理论相结合，创造出更加多元、类型更为丰富的社会组织发展形态，以进一步推进中国的社会组织研究。

田毅鹏
2024 年 9 月 8 日于吉林大学东荣大厦

目　　录

第一章　社会转型与社会组织发展的核心议题 …………… 1
　　一　社会组织研究的中国语境 ………………………… 2
　　二　社会组织发展的本土实践 ………………………… 11
　　三　社会创新的核心议题 ……………………………… 16

第二章　行业协会的治理转型 ………………………………… 23
　　一　中国行业协会发展 ………………………………… 23
　　二　从政府组织到社会组织的变革策略 ……………… 27
　　三　双重管理体制下的行业协会治理 ………………… 32
　　四　行业协会的"去行政化"改革及治理转型 ……… 37
　　五　本章小结 …………………………………………… 51

第三章　从传统转向现代的地缘性商会 ……………………… 58
　　一　地缘性商会发展概述 ……………………………… 58
　　二　地缘性商会的组织发展机制 ……………………… 62
　　三　地缘性商会的社会功能与组织收益 ……………… 71
　　四　地缘性商会的治理转型与推进路径 ……………… 81
　　五　本章小结 …………………………………………… 87

第四章　基金会发展的探索与突破 …………………………… 88
　　一　基金会的兴起与发展现状 ………………………… 89
　　二　基金会的发展路径与管理模式 …………………… 102

三　新时期中国基金会的创新发展与推进路径………… 114
　　四　本章小结……………………………………………… 134

第五章　草根组织的本土发育与成长…………………………… 136
　　一　草根组织的地域性发展……………………………… 136
　　二　草根组织的发育路径差异与创新发展……………… 145
　　三　草根组织参与社会治理的模式创新………………… 152
　　四　政府对草根组织的管理模式创新与推进…………… 161
　　五　本章小结……………………………………………… 170

第六章　社会企业的生存实践及路径探析……………………… 172
　　一　社会企业的发展概况………………………………… 172
　　二　社会企业的生存实践探索…………………………… 182
　　三　社会企业本土化发展的现实困境…………………… 186
　　四　社会治理创新中社会企业的参与及贡献…………… 191
　　五　本章小结……………………………………………… 199

第七章　支持性社会组织对治理结构的拓展…………………… 200
　　一　支持性社会组织的话语呈现………………………… 200
　　二　支持性枢纽与"吸纳嵌入"的管理创新 …………… 206
　　三　支持性平台与"代理发包"的制度生成 …………… 215
　　四　支持性评估与"协同运作"的治理转型 …………… 224
　　五　本章小结……………………………………………… 234

第八章　社区治理转型与社会组织参与………………………… 236
　　一　社区治理的再认识与新目标………………………… 236
　　二　加强共治的社区治理转型…………………………… 245
　　三　助力共建的社会组织参与…………………………… 256
　　四　本章小结……………………………………………… 268

第九章 中国式现代化视野下的社会组织发展……………………… 271

 一 理论语境的梳理……………………………………………… 271
 二 细分领域的考察……………………………………………… 280
 三 发展向度的延伸……………………………………………… 287

参考文献……………………………………………………………… 295

后　记………………………………………………………………… 314

第一章　社会转型与社会组织发展的核心议题

20世纪80年代以来，中国社会经历着历史性、结构性的变革与转型，社会组织也随之大量涌现并快速发展。在改革开放的带动下，中国社会逐渐开始复苏并且不断焕发活力。

进入学术讨论视域的社会组织，窄口径上依据其法定身份划分，指的是在民政部门正式注册登记的具有合法性的社会组织，按照登记属性划为社会团体、民办非企业与基金会三大类；而在宽口径上社会组织还会包括那些没有在民政部门进行注册，或者在其他政府部门进行正式注册登记的组织，它们在社会组织总体数量中也占据了相当的比重。依据民政部2022年8月发布的《2021年民政事业发展统计公报》，截至2021年年底，在民政部门正式登记注册的社会组织达到90.2万个，其中包括37.1万个社会团体、52.2万个民办非企业单位和8877个各类基金会。此外，还有大量以工商注册形式登记的、未登记注册的社会组织以各种形态存在于民政部门的统计口径之外。

社会组织的生长过程同样也是中国社会空间变革的重要组成部分，是认识体制改革与社会转型的重要标志之一，也是理解中国不断演进的政商关系、政社关系、治理方式等问题的关键。中国社会组织的发展在一定程度上是萨拉蒙所谓全球范围内展开的真正的"结社革命"的组成部分与能动反应，正如19世纪后期民族国家的兴起一样，这场结社革命造就了20世纪后期以来最为重要的社会变革与政治发展景象，也引发了中国社会结构的深刻变化。不同于西方国家，中国社会组织的发展需要面对自身特定的社会结构与政治环境。在西方，社会组织的发展被视作自由主义市场经济与凯恩斯主义福利政府在公共服务领域遭遇"市场失灵"与"政府失灵"双重困境之下的一种应对措施，社会组织以其非营利性、非政府性的立场扮演着推动社会发展的第三部门。而在中国，社会组织经过较长时间的缺位，直到改革开放之后，伴随经济体制改革推动下非公经济的生长与扩张，社会资源与社会组织再焕新生。此外，中国社会组织的发展亦是国家体系职能改革，国家权力主动收缩的结构性调整下，社会领域重新开放的结果。[①] 社会领域的逐步开放和生成带来了越来越多的自由流动资源和越来越开放的社会活动空间；政治环境不断转向宽松，减少了制度层面的限制和政治层面的风险；与此同时知识分子的地位得到提升，体制外新的社会阶层大量涌现。三重因素共同促成了中国社会组织的发展。因此，在中国式现代化发展的关键时期，潜心研究中国社会组织的发育及发展，可以加深对中国式现代化实践经验的认识和总结，进一步深化中国转型社会学的研究范式，有助于推动人类社会文明新形态的探究。

由此，在转型中国的时代话语之下，我们应该如何理解社会组织的发生、特征与意义？对于社会组织的观察分类与价值赋予本身，又应当秉持何种态度与诉求？尤其值得注意的是，无论在社会组织的发生学意义，还是在社会组织的功能主义评价，中西方的社会结构与理论体系都存在不同层面上的差异。面向社会组织的具体实践，考察中国社会组织发展的路径，以及相应的社会管理模式的演进，成为本书关注的主题并尝试展开相应的探讨和反思。

一　社会组织研究的中国语境

社会组织的生长以治理结构调整和社会变革为基础，因此在学术研究领域受到了多学科的关注。从经济学组织研究的转

---

① 康晓光：《经济增长、社会公正、民主法治与合法性基础——1978 年以来的变化与今后的选择》，《战略与管理》1999 年第 4 期。

向，到社会学、政治学、法学、心理学等学科研究的跟进，跨领域的讨论成为社会组织研究的常态。一般而言，经济学的考察更侧重社会组织作为 NPO 的非营利性，关注社会组织的生产力和影响其生产能力的因素，以及社会组织的内部治理结构与财政制度相较于营利性组织在效率与前景上的区别和优势。社会学的考察则更侧重社会组织作为 NGO 的非政府性，关注社会组织对于社会结构、社会流动、社会信任、社会运动以及社会不平等方面的作用，并且关注社会组织的正当性与合法性的生产，以及社会组织在公共政策领域的利益表达和资源获取。因此，要探讨中国社会组织的生存与发展，关键之一就在于考察国家与社会关系的变革。国内研究者对于社会组织的观察与讨论在此方面多有展开。

（一）关注结构的理论思辨

改革开放推动的不仅是社会变革，还有思想打开。国内学术界对于社会领域中外来理论的引介并不晚于新生的社会变革，而且在现实层面产生了诸多影响。公民社会的概念盛行于 20 世纪 90 年代，社会组织在公民社会的构型过程中也被赋予重要的角色。尽管政治学者最初引入这一概念是希望用"公民社会对抗国家"的视角来回应改革开放初期的改革进程，但在"强国家、弱社会"的体制逻辑下，这种政治性的分析话语并不适用。王名[1]认为，公民社会与社会组织之间有着十分紧密的同构，可以把公民社会看作社会组织自身的发展过程以及在此过程中所推动的显在的和潜在的社会变革与社会运动的整体性过程与后果。俞可平[2]也把公民社会等同于国家与政府的行政体系和经济与企业的市场体系之外所有的民间组织和民间关系的总和。

政治学对于公民社会理论的中国意涵也进行了部分修正。邓正

---

[1] 王名：《走向公民社会——我国社会组织发展的历史及趋势》，《吉林大学社会科学学报》2009 年第 3 期。

[2] 俞可平：《中国公民社会：概念、分类与制度环境》，《中国社会科学》2006 年第 1 期。

来等①在公民社会与国家的紧张关系之外,也指出了国家与社会进行良性互动的可能,从而推动了公民社会理论在当代中国语境下的现实观照。此外,还有"半公民社会"(semi-civil society)②和"国家领导的公民社会"(state-led civil society)③等许多研究,都试图构建一种关于中国现实的公民社会解释,国家与社会、国家与公民社会的关系并非决然对立,国家的强势使得弱小社会往往不得不依赖国家的力量生存。

强调理念性的对抗的公民社会并不完全适用于中国当下的结构转型实践,而着眼于利益性冲突的法团主义则成为一种更具解释力的框架。Unger 等④认为,公民社会往往只关注社会组织所占据的公共领域,以及它们如何在其中发挥功能和拓展空间,对于社会组织的自主性与独立性的过分强调,事实上使其脱离了现实的语境参照,而法团主义构成对于社会组织的关系结构与实践动态的描述更为确切。法团主义作为一种利益取向的观念、模式或者制度的特定安排,其目的在于把公民社会的组织化利益整合到国家的决策体系之中。⑤法团主义因此兼具双重职能,一方面发挥利益聚合和利益协调的作用,另一方面则构成了政府政策的代表体系和实施工具。⑥基于此,张静⑦通过考察国企之中工会的角色来探讨中国现行体制下,人民团体等体制性建构下的社会组织的法团主义表现。

---

① 邓正来、景跃进:《建构中国的市民社会》,《中国社会科学季刊》1992 年第 1 期。

② He Baogang, "Dual Roles of Semi-civil Society in Chinese Democratization", *Australian Journal of Political Science*, Vol. 29, No. 1, 1994, pp. 154 – 171.

③ B. M. Frolic, *Civil Society in China*, New York: M. E. Sharpe, 1997, pp. 46 – 67.

④ J. Unger, A. Chan, "China, Corporatism, and the East Asian model", *The Australian Journal of Chinese Affairs*, Vol. 33, 1995, pp. 25 – 53.

⑤ P. C. Schmitter, D. Brand, "Organizing Capitalists in the United States: The Advantages and Disadvantages of Exceptionalism", Annual Meeting of American Political Science Association, Chicago, 1979.

⑥ A. Cawson, "Pluralism, Corporatism and the Role of the State", *Government and Opposition*, Vol. 13, No. 2, 1978, pp. 178 – 198.

⑦ 张静:《公共空间的社会基础:一个社区纠纷案例的分析》,《社会转型与社区发展:社区建设研讨会论文集》2001 年,第 85—106 页。

李友梅[①]则强调法团主义建构下的国家与社会关系并非公民社会所提出的那样相互对抗,而是相互制约的同时又相互合作,在相互依赖之中又保持独立的动态关系,国家权威的下放与社会力量的发育携手并行。

法团主义自身也存在不同的类型划分,"国家法团主义"和"社会法团主义"作为两种法团主义的表现形式,其差别一方面在于国家权威对于这一体系建构的控制强弱,另一方面也往往与参与其中社会组织的产生背景和基础有关。Chan[②]认为,中国的国家与社会关系更明显地体现为一种国家法团主义。特别是工会、共青团、妇联等同行政体系紧密结合起来的人民团体,尽管从体制上作为政府的补充,各自有着自身的社会职能,但国家行政力量的主导往往构成了其理念与行动的唯一中心,以党政机构为行为指引,社会职能在很大程度上处于虚置的状态。

在公民社会与法团主义的分析框架之下,康晓光[③]等关注中国政府的制度策略,认为国家依据社会组织的不同角色与功能,对其分别采用不同方式的控制策略,通过这种"非政府方式"的管理手段,来实现对于社会的全面控制。国家的分类控制体系是通过"限制"、"功能替代"和"优先满足强者利益"这三种行动策略来完成"行政吸纳社会"的制度建构。在"强国家"的制度逻辑下,面对分类控制的国家管理体系,社会组织不得不选择一种"依附式发展"[④]的路径。江华等[⑤]则试图拓展分类控制理论对于社会组织的控制思路,通过考察行业组织的政策参与,提出了"利益契合"的观点。国家选择支持抑或控制社会组织的判断标准

[①] 李友梅:《民间组织与社会发育》,《探索与争鸣》2006年第4期。

[②] Chan A., "Revolution or Corporatism? Workers and Trade Unions in Post-Mao China", *The Australian Journal of Chinese Affairs*, Vol. 29, 1993, pp. 31–61.

[③] 康晓光、韩恒:《行政吸纳社会——当前中国大陆国家与社会关系再研究》,《中国社会科学》(英文版)2007年第2期。

[④] 康晓光等:《依附式发展的第三部门》,社会科学文献出版社2011年版,第97页。

[⑤] 江华、张建民、周莹:《利益契合:转型期中国国家与社会关系的一个分析框架——以行业组织政策参与为案例》,《社会学研究》2011年第3期。

之一，即在于社会组织的功能体现和利益诉求是否与国家的利益本身相契合。这也意味着国家对于社会管理的态度开始出现一些积极的变化。

社会组织的发展与国家治理的转型都在中国当下同步演进，对于既往结构的制度化描述，构成了分析社会组织的现实背景，但这种现实结构随着国家与社会的变革，自身也处在一个动态的发展进程之中。不过，公民社会与法团主义作为西方社会的发展历程所形成的理论建构，对于解释中国的社会转型现实的适用性仍然有待检验。Saich[1]也认为公民社会和法团主义在解释改革时期的国家和社会关系时既可能忽略转变中的重要因素，又存在着将复杂的活力和互动过分简化的风险。因此，这两种解释框架在分析中国的国家与社会关系以及探讨社会组织的发展与功能的过程中，始终具有诸多争议。

（二）源自经验的现实考察

王诗宗等[2]通过考察浙江温州商会的发展历程，认为温州商会一方面依托地方治理的前沿发展，获得了"自主性"的地位，另一方面又以"镶嵌性"的身份参与到"一业一会"的政治执行中，构成了一种双向的选择与互动。同样是温州商会的考察，郁建兴[3]等则脱离这种组织身份的"自主性"框架限定，认为其"在参与中成长"发展路径，构成了对于"自上而下"和"自下而上"社会建构的二分思路的一种突破，为提升社会管理的能力体系与社会管理的实际效果起到了一定程度的促进作用。张华[4]则认为国家权力的沿袭和市场机制的不完全，使得企业与行业协会对于政府始终

---

[1] T. Saich, *Governance and Politics of China*, New York: Palgrave MacMilan, 2004, p. 227.

[2] 王诗宗、何子英：《地方治理中的自主与镶嵌——从温州商会与政府的关系看》，《马克思主义与现实》2008年第1期。

[3] 郁建兴、江华、周俊：《在参与中成长的中国公民社会：基于浙江温州商会的研究》，浙江大学出版社2008年版，第211页。

[4] 张华：《连接纽带抑或依附工具：转型时期中国行业协会研究文献评述》，《社会》2015年第3期。

处于一种依附地位，依附主义或者庇护主义、侍从主义的描述，更适合于理解行业协会与政府之间的关系。贾西津①也认为，权力与市场的合谋仍然构成其合作的主线，国家自上而下的控制在其中始终处在主导的地位。

剥离市场因素的干扰，姚华②在分析上海基督教青年会的发展时，认为社会组织在一种柔性的妥协中展开与政府的合作，而这种"做加法"式的妥协，依赖的是社会组织坚持自身的理念价值和专业化道路的底线，在妥协与坚持下不断展开的互动实践推动着双向互动的权力关系在制度层面和实践层面的相互建构。黄晓春等③延续从"分类控制"到"利益契合"的研究思路，认为在中国多样化的制度环境之中，不同的制度逻辑交错营造出一种"非协同治理"的制度空间，社会组织得以通过"策略性应对"的方式来谋求自主性的发展空间与机遇，这种发展空间本身有很大的时代因素，是极为不稳定的，因此也将对社会的整体发育产生不确定的后果。而从资源依赖理论的视角出发，中国的研究者往往也把社会组织置于一种自主性的困境之中，政府在公共服务供给领域的改革，很多时候变成了行政权力的延伸④，这种延伸往往又变成了行政化的整合，通过"吸纳""嵌入"之类的行动策略把社会组织的运作纳入行政体制的管理范围内，社会组织对于政府的单向依赖带来了其行政化的后果。中国社会组织只能秉持一种"依附式自主"⑤的生存策略，事实上，"制度性资源"成了影响社会组织发展的一个

---

① 贾西津：《中国公民参与的非政府组织途径分析》，《中国非营利评论》2007年第1期。
② 姚华：《NGO与政府合作中的自主性何以可能？——以上海YMCA为个案》，《社会学研究》2013年第1期。
③ 黄晓春、嵇欣：《非协同治理与策略性应对——社会组织自主性研究的一个理论框架》，《社会学研究》2014年第6期。
④ 汪锦军：《浙江政府与民间组织的互动机制：资源依赖理论的分析》，《浙江社会科学》2008年第9期；李凤琴：《老龄化背景下城市社区居家养老服务——南京市鼓楼区的政府购买服务模式》，《南京人口管理干部学院学报》2011年第4期。
⑤ 王诗宗、宋程成：《独立抑或自主：中国社会组织特征问题重思》，《中国社会科学》2013年第5期。

至关重要的因素。Spires① 指出，基于中国的历史传统与政治结构，在政治身份和经济地位上对社会组织提出过高的自主性和独立性的要求，既没有必要，也没有意义，国家与社会在各自维度上的不同建构，带来的是社会组织在与政府的合作关系中的差异化表现。

从实践层面来看，中国社会转型中碎片化的治理体系、不成熟的司法系统、存在缺陷的大众传媒以及经济发展趋势下不断浮现的社会问题，给社会组织提供的是一个多样化的生存空间，政府对于不同组织的认知态度和管理方式也因此而存在差异。在日益高涨的政社互动的呼声与趋势面前，政府与社会组织之间的互相依赖与互动合作往往也呈现为一种视具体情景而定的共生关系。

（三）导向治理的机制探索

福柯认为，治理本身作为现代性的产物，经历着从国家理性到社会理性的转变，社会理性建构在社会的自然性基础之上，而治理是永恒的，国家与社会都不过是治理外在的枝节。② 国家与社会都不过承担着不同的职能，服务于社会治理的整体需要。萨拉蒙③针对"市场失灵"和"政府失灵"提出的"志愿失灵"，事实上也意指社会与市场和政府都存在着自身运作机制上的不足，而第三部门与第一部门和第二部门之间的共同协作构成了治理所需的结构性支持，不同部门之间构成了功能上的相互补充。

面对现代社会坚固的政府与市场的二元同盟，治理的理论与实践展开无疑在很大程度上是强调社会组织的主体性与社会职能的体现，要求国家同社会组织之间建立平等的合作关系，而其中的关键在于倡导权力从国家向社会领域的回归。作为一种回归与过渡的过程，对于治理的探讨首先要建立在对于国家治理体制的现实把握。

---

① Spires A. J., "Contingent Symbiosis and Civil Society in an Authoritarian State: Understanding the Survival of China's Grassroots NGOs", *American Journal of Sociology*, Vol. 117, No. 1, 2011, pp. 1-45.

② 崔月琴、王嘉渊：《以治理为名：福柯治理理论的社会转向及当代启示》，《南开学报》（哲学社会科学版）2016 年第 2 期。

③ Salamon L. M., *Partners in Public Service: Government-Nonprofit Relations in the Modern Welfare State*, Wangshington D. C.: JHU Press, 1995, p. 44.

无论是探讨"有效治理"与"权威统治"之间的转化与制衡[1]，还是理解"上下分治的治理体制"作为一种协调机制[2]，以及归纳一种"行政发包制"之中的具体制度安排[3]，都是对中国中央集权与地方分区的国家治理体系的一种呈现。上下分权的治理模式随着中国社会变革也在发生变化。中华人民共和国成立后，强烈的政治话语指引带来的是一种运动式治理的模式，这种"锦标赛体制"[4]在改革开放之后的地方治理中，仍然发挥着相当影响。

当国家治理进一步延伸到社会时，其治理理念与相关政策也在不断地建构中。冯仕政从信访制度入手，认为中国所建立的信访制度事实上构成了一种政治机会机构，这种机构表明了政府事实上是希望民众参与公共事务的，民众可以经由此而尝试政治参与和利益表达，这种结构至少在形式上表现出国家对于提升公共利益的理念。[5] 通过针对权威体系与治理机制的讨论不难看出，自上而下的指令构成了政府运作的权力指引。李侃如等认为中国改革开放以后的政策过程包括三个基本特征：权力的碎片化、共识建立的讨价还价，以及分散的政策过程，因为共识基于讨价还价而产生，缺乏制度的直接保证，所以讨价还价在政策推动的各个步骤都会展开，难以形成连续统一的运作思路。[6] 从"社会管理"到"社会治理"的执政理念变革，其基础在于政策在基层层面的试点与推行，其间

---

[1] 周雪光：《中国国家治理及其模式：一个整体性视角》，《学术月刊》2014 年第 10 期。

[2] 曹正汉：《中国上下分治的治理体制及其稳定机制》，《社会学研究》2011 年第 1 期。

[3] 周黎安：《行政发包制》，《社会》2014 年第 6 期。

[4] 周飞舟：《锦标赛体制》，《社会学研究》2009 年第 3 期；周黎安：《中国地方官员的晋升锦标赛模式研究》，《经济研究》2007 年第 7 期；李国武、侯佳伟：《锦标赛体制与中国省级开发区的增长 基于省级经验的研究》，《社会》2011 年第 2 期。

[5] 冯仕政：《国家政权建设与新中国信访制度的形成及演变》，《社会学研究》2012 年第 4 期。

[6] Lieberthal K. G, Introduction: The "Fragmented Authoritarianism" Model and its Limitation, Bureaucracy, Politics, and Decision Making in Post-Mao China, Berkeley: University of California Press, 1992, pp. 1-30.

政策实施在不同地域、不同阶段的循环演进，从"封闭"到"开门"①，从"分类控制"②、"宏观鼓励，微观约束"③到"利益契合"④，体现的是国家从忽视社会到关注社会，从控制社会到接纳社会的政策思路与执政理念上的调整，国家与社会的关系也在政策的调整与实施过程中不断重构。

值得注意的一点是，既往研究中对于社会组织的考察，似乎始终不能摆脱对于自主性与独立性的身份建构的探讨，对于公民社会的诉求一直隐隐地浮现在研究者的前提预设之中。对于政治身份的过度强调在某种程度上影响了对于社会组织的真切把握，而社会组织的实践过程本身是在其复杂的外部关系结构之中展开的。与国家和政府的关系是社会组织生存与发展的重要影响因素，但国家与政府并非只是置于幕后的制度环境，它们也是二者关系建构过程之中的另一个互动主体。应星认为，中国的国家与社会关系同西方话语存在巨大差别，研究者在大量运用这一分析结构的同时，却始终没有贴切理解国家与社会之间的复杂关系，其原因在于根本不去研究国家，而只是面对所谓的"社会"。⑤ 社会组织的研究需要一种"国家中心转向"⑥，通过探讨国家与社会关系中的另一极，来促进对于社会组织的讨论。对于政府与社会组织之间关系建构过程的把握，则是理解中国当下社会组织与政府之间真实互动与具体实践的基础与目的。

当前组织研究的中国语境，无论是西方理论引介，还是本土话语建构，基本上还都处于检验、模仿和修正概念的阶段。基于这样

---

① 王绍光、樊鹏：《中国式共识型决策："开门"与"磨合"》，中国人民大学出版社2013年版，第273页。
② 康晓光、韩恒：《行政吸纳社会——当前中国大陆国家与社会关系再研究》，《中国社会科学》（英文版）2007年第2期。
③ 俞可平：《中国公民社会：概念、分类与制度环境》，《中国社会科学》2006年第1期。
④ 江华、张建民、周莹：《利益契合：转型期中国国家与社会关系的一个分析框架——以行业组织政策参与为案例》，《社会学研究》2011年第3期。
⑤ 应星：《"把革命带回来"：社会学新视野的拓展》，《社会》2016年第4期。
⑥ 纪莺莺：《治理取向与制度环境：近期社会组织研究的国家中心转向》，《浙江学刊》2016年第3期。

的研究脉络，需要意识到并尝试回应的局限在于：首先，组织研究关注制度安排下的关系互动，其隐含的普遍性预设往往忽视了社会组织在形态与实践上的多元向度和多重结构；其次，组织研究关注"强国家、弱社会"的政治结构中国家权力与意识形态的主导作用，社会组织总是作为客体进入社会结构之中而被关注，其自身的能动性以及主体之间的真实互动过程可能被简化；最后，国家治理强有力的运行逻辑，使得社会组织在治理转型中所发挥的作用可能会被低估，社会治理转型与社会组织发展的相互影响与双向演进之间的关联机制缺乏系统分析。

二 社会组织发展的本土实践

理论的书写源自知识的积累，而"知识增长的过程总是相同的：我们试着解决我们的问题，并通过淘汰过程，获取在我们的试探性解答中某些接近合适的东西"[①]。在试探性解答的过程中，观察不应当被视作一种对知识的被动性观察，它应当是积极获取知识的批判行为，应当是有目的的、有意识的、主动的观察。就社会理论而言，对于既有理论的"猜想与反驳"很多时候源自经验事实的发展和变化，它并不总是构成一种"进步的研究纲领"[②]，揭示人们尚未发觉的新的事实，有时仅是作为一种"退化的研究纲领"，适应已经和正在发生的事实本身。社会理论的特征决定了它在很多时候要面对这两种理论建构的选择。社会组织的中国研究同样深深陷入理论建构的困局之中，一方面对于西方理论和西方经验的重述成为国内理论建构的基本源头，相应引发了一系列的制度层面的与生活层面的行动展开，西学东渐成为学界话语的主流意识；另一方面，正在经历着的中国社会组织发展本身有着不同于西方的

---

① 纪树立编译：《科学知识进化论 波普尔科学哲学选集》，生活·读书·新知三联书店1987年版，第274页。
② [英]伊·拉卡托斯：《科学研究纲领方法论》，兰征译，上海译文出版社1999年版，第7页。

发展背景与发展历程，如果说"西方"这一概念本身是一种极大的简化和概括，中国经验相较于此有着更大的多样性和丰富性上的延展。

（一）体制推动：中国社会组织的发生学

在"单位社会"逐步消退的过去40年，中国的社会组织迎来了前所未有的发展时期，其中最为重要的推动力量来自体制变革。

1978年中国共产党召开的十一届三中全会成为社会组织焕发生机的体制节点。拨乱反正之后，重新确立了"以经济建设为中心"这一中国共产党在社会主义初级阶段基本路线的中心。在国民经济和整个社会生活走到崩溃的边缘之际，通过在思想上、政治上和组织上的深刻反思，来重新确立合理的发展轨道，通过引入新的制度因素，来激发和调动广大人民群众的积极性。"摸着石头过河"的最初尝试，就是推行以联产承包责任制为核心的农村经济改革。这一体制变革所引发的是既有束缚被打破后，农村层面的分散重组，乃至重新结社，以家庭联产承包为基础，不同程度的农村合作基金会开始出现。继1978年3月全国科技大会之后，知识分子也迎来了科技的春天。在党和各级政府的支持下，科协系统推动了各级学会组织的成立，学会系统以迅猛的速度在全国发展起来。"科学技术是第一生产力"的论断，则为科协组织的发展扫平了障碍，敦实了信心。在相应政策的引领下，科协组织建设的工作重心开始向农村转移，通过专业科普与技术下乡，知识分子与广大农民通过组织形态建立起新的合作关系，"把自上而下的体制变革的政策资源同自下而上的公众参与的社会力量进行结合"[①]，通过组织化的手段，达成体制转型的目标。

因此，中国的社会组织得以生发的外部结构与社会环境，与第三部门在西方国家的兴起有着显著的不同，只是在承担公共管理的主体角色，在生产公共物品的职能定位，在供给公共服务的手段形

---

① 刘求实、王名：《改革开放以来中国社会组织的发展及其社会基础》，《学会》2010年第10期。

式上,是相同或者说相近的。在政治体制逐步变革的中国社会,社会组织所彰显的民间性与社会性使它们被赋予了更大的可能性。随着社会主义市场经济体制的逐步确立,政府与市场的双轨运转逐渐暴露出其中存在和衍生的问题。"政府失灵"与"市场失灵"的双重问题一定程度上在中国的体制转型过程中也开始出现。追求社会公益、维护社会公正这样的政治诉求始终贯穿在中国共产党的执政理念之中,为了将社会发展的公益与经济发展的效益相平衡,社会组织开始在政策话语中出现并扮演重要角色。

治国理政的政治诉求与体制变革的内在需要,都促成了政府对社会组织既要支持培育、团结利用,又要规范引导、管理限制的相互依赖关系。在作为发生动力的制度变革之外,社会组织的发育与兴起本身,同样伴随着外在因素与内在因素作为推动发展的动力机制。就其外部动力而言,社会主义市场经济建设的高速发展推动着国民经济的持续稳定增长,改革开放的进程加快促进了社会结构的全面转型和社会生活的日益变革。自由流动的社会资源越来越多,为社会组织的生长提供了更多可汲取的资源和可依靠的渠道,这种多元化的资源和领域化的渠道,在与社会组织的交流互动中形塑着社会组织的结构与风貌。就其内部动力而言,中国体制改革的过程同时也是社会空间再生的过程,随着社会空间的不断拓展与不断扩张,不仅多元化的资源在公共领域之中汇集,更多的公共意识、志愿精神、公民责任不断生发,社会参与、公民行动、权利主张也在积极涌现。可以说,改革以来中国社会组织的发展代表着社会力量的增长,其所承载的价值观念也挣脱了过去意识形态的束缚,呈现多元的样态。[①] 这些组织一方面表达了成员的价值诉求,另一方面也推动了这些价值理念在社会的生长。基于推动社会组织发展的内力与外力的相互影响与相互建构,可以看到的是,社会组织无论是在城市与农村的不同地域,还是在商会与行业协会的不同领域,无论是在群团组织与草根组织

---

① 崔月琴、袁泉:《转型期社会组织的价值诉求与迷思》,《南开学报》(哲学社会科学版)2013年第3期。

的不同形态，还是在基金会与支持性社会组织的不同角色，都拓展了其独特而又富有生命力的发展历程。对于中国社会组织实践进程的观察，在不能脱离既有的制度环境的同时，同样不能忽视其间丰富的多样性。

（二）中国社会组织管理模式的演变

社会组织的身份赋予其独立于体制之外的自主性，但这种自主性往往是相对的。有相当部分的社会组织并非完全外在于体制，处于独立乃至对立的关系之中，而是与既有的党政体系发生先在的或者后来的种种关联。中国社会组织发展所面临的资源结构的不平衡，同样凸显了组织自主性与资源依赖性之间的张力。[1] 社会管理体制的变革深刻地反映在社会组织的发展历程并贯穿始终。

中华人民共和国成立伊始，在社会主义制度逐步建立完成的过程中，社会组织经历了大范围的取缔整顿。这一阶段设立的社会团体呈现与党和国家的"高度同构"[2]。基于 1949 年通过的《中国人民政治协商会议共同纲领》和 1950 年颁布的《社会团体暂行登记办法》，在坚持结社自由这一原则的同时，强调要镇压一切反革命活动。后者作为前者的前提而存在，政治权利要服从政治安全的制度逻辑。因此在《社会团体登记暂行办法》以及内务部《关于办理社会团体登记工作应注意事项的代电》等文件中即声明，要撤销、解散"反动团体"，批准登记的原则要"以政治面貌为主"，这是"新政权用自己的社会主义价值观对当时存在的社团进行判断和选择的过程"[3]。由此划分的免于登记的社会团体和可以登记的社会团体，事实上都被行政体制或者政治体制所吸纳，不仅社会团体挂靠于指定的政府部门，其领导及工作人员由行政系统兼任或指派，而且社会团体自身被纳入行政系统之中，拥有了行政或者事

---

[1] 崔月琴、王嘉渊、袁泉：《社会治理创新背景下社会组织的资源困局》，《学术研究》2015 年第 11 期。

[2] 韩俊魁：《1949 年以来中国社会组织分类治理的发展脉络及其张力》，《学习与探索》2015 年第 9 期。

[3] 刘培峰：《结社自由及其限制》，社会科学文献出版社 2007 年版，第 275 页。

业编制。在这一阶段，对社会团体的分类管理，事实上是对其进行筛选并纳入行政系统的条框体系后，对社会团体的一种控制与整合，社会团体与党政系统的高度同构，对于新生政权的建设发挥着稳定作用，而作为社会组织本质属性的身份意识在其中消解殆尽。

进入改革开放时期，社会组织迎来了重新兴起的契机。社会组织的兴起阶段大致从改革开放之初到1992年，在社会空间逐步开放的同时，因缺乏相应的制度限制，使得社会组织从学会、研究会的尝试建立开始，在数量上出现了爆炸式的巨幅增长，各类协会和基金会都开始出现，社会组织的总体数量可以达至百万级。社会组织在这一时期开始挣脱意识形态话语的束缚，逐渐开始向其社会性与民间性的组织属性本位回归。在这一"散漫生长期"，抑或"野蛮生长期"[①]，社会组织的发展水平不一，其身份意识与角色定位也尚未建立清晰，虽然社会组织在大量涌现，但整体呈现一片混杂的局面。之所以如此的另一方面制度原因在于，社会的急剧转型使得原有《社会团体登记暂行办法》等条令无从实施，对于社会组织的管理工作实际上处于停滞状态。而1978年新组建的民政部其职能尚未清理完备，对于社会组织的管理也未能及时开展。管理部门的职责不清，加之民众结社的旺盛需求，使得社会组织甫一复现即已遍地开花。

社会组织的自由生长期很快结束，1988年国务院机构改革过程中，在民政部内设社团管理司，对社会组织开始施行归口管理。由此，对于社会组织进行分类管理的思路开始逐步成型。首先是基于政治治理的分类。1989年和1996年国务院分别下发相关文件对社会团体进行中华人民共和国成立后第二次和第三次的清理整顿，其后的政策精神也往往强调要把严格控制与重点发展相结合，要从严把关，同时鼓励发展。从2002年党的十六大强调农民的组织化程度，到2006年党的十六届六中全会提出发挥社区社会组织、专业经济合作组织的积极作用和行业协会、商会等社会团体的社会功

[①] 王名：《走向公民社会——我国社会组织发展的历史及趋势》，《吉林大学社会科学学报》2009年第3期。

能，再到党的十八大以来开放四类社会组织注册、维持三类社会组织双重管理的中央决策都贯穿着分类管理的执政理念。其次是基于组织性质的分类，无论是 1988 年到 2004 年逐渐形成的社会团体、民办非企业和基金会三大类型的民政注册管理体系，还是 2016 年通过的《慈善法》中所界定的基金会、社会团体和社会服务机构的三种慈善组织的组织形式，都构成了行政系统对于社会组织进行分类管理的结构性依托。就组织活动的领域，民政部门还在社会组织内部区分了不同的类别，以适应年度检查工作的需要。

在中国的社会组织管理体制建立的演变之中，清晰浮现的是技术手段与政治导向之间的张力，在前者必须受制和服膺于后者的前提下，它们共同构成了制度变革的演进逻辑。作为社会组织关键的外部限制与重要的支持环境，社会管理的转型成了中国社会组织发展的一条显现的伏线。因此，观察中国社会组织发展的实践转变，同样构成了对于中国社会管理模式的现实讨论。反过来，理解社会组织与制度结构间的相互影响是认识和讨论社会组织的发展与治理体系的转变的必要支撑。

三　社会创新的核心议题

改革开放以来的 40 年，同样是社会组织日渐发展的 40 年。随着社会转型的逐步深入，社会组织之于中国社会发展的意义被重新审视，政策文件开始频频涉及，学术研究也已积案盈箱，社会组织成为理解和思考中国社会转型的关键一环。当"社会治理创新"作为现阶段的政策导引，同时成为当下学界话语的主流意识之际，可以说"培育社会组织生长，激发社会组织活力"构成了推动中国社会组织发展的共同关注。尽管如此，不得不承认的是，相较于西方国家社会组织现有的成熟经验，一方面，中国社会组织的发展无论在专业能力还是在规模格局上，都存在着显著的差距。近些年来，围绕社会组织的不同侧面，社会学、公共管理、政治学、经济学等若干学科话语都展开了深入的研究和讨论，积累了相当数量的概念解释与理论思考，但这一领域的研究仍多停留在理论探讨和宏观分析层面，尚未形成与社会组织发展现实的充分互动。即使从研究视角来看，学术话语很大程度上仍然聚焦于制度变革的内生逻辑，社会组织往往被视作结构转型中弥补功能缺失的客体而存在，不过是被需要的他者。另一方面，社会组织发展的中国实践本身正在经历着诸多向度与领域的创新尝试，展现出丰富的内涵与更多的可能性。因此，对于社会组织的讨论，有必要挣脱既有话语的窠臼，重新建构社会创新的核心议题，观察社会组织的发展路径，相应地探讨社会管理的模式转型，在逐步深入的治理主题之下，提炼行动与制度互动中的中国经验。

（一）社会组织的路径创新

观察社会组织的发展路径，必须考虑到社会组织本身有着多元的实践样态。其多元面向不仅在于社会组织所扎根的不同地域，所服务的不同领域，所面对的不同诉求以及所关联的不同主体，同样表现在社会组织在发展过程中的不平衡、不均衡、不完善以及不清晰。基于既有的研究梳理和经验总结，本文尝试提出一些可供进一步拓展的研究方向。

首先要关注社会组织的身份转型。正式的合法性身份的获得是社会组织得以生根运转的重要基础。合法性身份不仅意味着社会评价与政治机会，在政府购买服务开始大范围试点推行的当下，它构成一种进入门槛的资格认证，关系到社会组织的生存与发展。一方面，社会组织登记制度经历改革、逐步放开的同时，进行正式登记获得合法身份成为许多社会组织的努力方向。在"形式合法性"之外，通过积极的制度性参与来生产优质恰宜的公共物品，进而建构自身的"实质合法性"也是可取之径，两种合法性虽不能完全相互转化，但彼此间的关联在当下的改革语境中得到强化。另一方面，去行政化构成了官办以及半官半民的社会组织正在面临的现实选择，包括群团组织、行业协会乃至基金会等社会组织，都需要理顺变革的制度关系，定位自身的功能角色，重塑组织的社会属性。

其次要着眼社会组织的行动拓展。社会转型呼唤社会多个领域的社会参与，包括公共服务、社会福利、社区建设等若干领域都活跃着社会组织的身影，然而其中的公共效益和社会影响都存在不同程度的不足，专业化程度不足、同质化和孤立化倾向，都制约着社会组织的发展。因此，能够通过行动突破特定领域的结构性限制，进而对于外部环境产生影响的社会组织就显得难能可贵。社会组织的行动本身推动了结构因素的变革，产生了深远的影响。社会转型本身，释放出了大量的社会资源和社会空间，尚有许多领域与需求有待进一步开发和认识，从而改变当下社会组织供给的公共服务过度集中于少数领域的局面。社会组织所拓展的不仅仅是发现新的问题，开辟新的领域，建立新的关系，更是在对于既有的工作方式、服务领域和关系结构的延展和深入，来夯实社会组织的支撑属性与竞争能力。

最后要透视社会组织的理念革新。作为后发国家，中国的近代化进程有赖于对于发达国家既有经验的模仿与借鉴，而逐步放开又亟待成长的社会领域，同样正在经历着学习西方经验的过程。无论是组织结构形式与管理制度设置，还是观察指导社会组织发展的学术话语，都能够看到其中的模仿痕迹。因此，针对本土和地方情景的创新发展成为中国社会组织成长的必由之路，许多社会组织都自发进行了探索。其中包括立足于宗族关系的慈善组织、连接城乡的"社区支持农业"组织等，都显现出贯穿其中的中国社会与文化的内在逻辑，作为一种对于中国改革发展的现实观照，回应了当代中国社会公共性重建的历史命题。把握社会组织发展中的理念革新，才能更为切实地联系理论与现实。社会企业目前在中国公益界所引起的争论，正折射出理念革新对于推动社会组织发展的重要性。

（二）社会管理的模式创新

反思社会管理的模式转型，作为参照的关键自然在于"社会治理"这一概念。在社会主义中国，社会作为概念与领域本身，正在经历着一个被重新发现和塑造的过程。哈贝马斯认为资本力量的集聚和国家力量的干预在现代性的发展语境中建立了牢固的长久合作同盟，它们互为支撑，彼此促进，而二者的携手并进带来的一个显然的后果，就是在公共领域中呈现的社会，其空间与功能被大大压制。[①] 在中国，随着国家政权建设与经济体制改革的逐步递进，社会始终处在一种被挤压和被轻视的情境之下，相应的社会管理体制也往往在政治与经济的主导结构中展开。而在面对社会结构的变革与经济体制的调整所引发的巨大张力，2002年，党的十六大首次单独提出"社会管理"的概念，明确要完善政府的经济调节、市场监管、社会管理和公共服务的职能，社会管理被明确规定为政府职能的主要构成。到了2013年，十八届三中全会提出全面深化改革的总目标是完善和发展中国特色社会主义制度，推进国家治理体系和治理能力现代化。从"社会治理"取代"社会管理"的政策导向，其中体现的是国家推动政府社会管理理念新的转变，从"加强社会管理"到"提高社会治理水平"，在坚持党和国家主导作用的前提下，呼唤其他多元力量作为治理主体协同参与社会治理，共同推进和创新社会主义治理体系的发展。2022年，党的二十大报告进一步指出，要完善社会治理体系，健全共建共治共享的社会治理制度，提升社会治理效能，畅通和规范群众诉求表达、利益协调、权益保障通道，建设人人有责、人人尽责、人人享有的社会治理共同体。这既是对于治理转型的前期经验总结，也是推动社会深入发展的进一步指向。

社会治理的提出，意味着社会管理体制进一步的调整，通过探索社会管理的模式创新，营造协同共建的支持环境，推动社会组织的发展壮大，共同完善社会治理的理念与实践。社会管理的运作体系与技术手段自然要顺应社会治理的理念倡导而进行以下转变。其一，政府职能的转变。"建设服务型政府"由温家宝于2004年提出，并在2006年党的十六届六中全会上成为正式的政策导向而被传达。向服务型政府的转变，呼唤着政府权力的规范与回归，保障公共服务供给的职能发挥。其中隐含的深层变革在于调整政府的角色地位，重塑政府与市场和社会之间的关系结构和互动机制，通过

[①] ［德］哈贝马斯：《公共领域的结构转型》，曹卫东等译，学林出版社1999年版，第170—205页。

体制改革的深化来推动社会的持续发展。其二，多元力量的动员。社会治理的语境下，社会本身同样有自我维持、自我表达和自我发展的需要，社会治理正是在社会运作的实践之中完成的，体现为多元治理结构的不断展开，而这一过程必须要由国家来监督和维持。① 社会管理在转变政府职能的同时，更重要的在于培育和推动社会组织的发展，强固社会治理结构尚显孱弱的一环，加快迈向多元共建、协同共治的制度体系。其三，外部评估的引入。地方政府行为的重要特征之一，在于其政绩驱动的行动导向。行政系统单一的评价体制对政府职能的外部延伸同样构成策略指引。因此必须通过外部评估的引入，通过独立的第三方来制衡政府与社会力量间的互动。② 外部评估不仅面对社会组织的运作发展，相应地也指向政府的职能运作与管理机制，由此为社会治理构建真正可操作和可依靠的制度保障。

（三）理论建构的本土化反思

不惟组织研究，当我们把目光投注社会科学的诸多领域，发现都面临着一个共同的问题，就是要进行理论建构的本土化反思。普遍存在的现状是，"当我们本着严肃的态度检讨和反思百年来中国论者有关中国发展问题的研究时，我们便发现了一个基本且持续的取向：中国论者固执地依凭一己的认识向西方寻求经验和理论的支持，用以批判中国的传统、界定和评估中国的现状，架设和规划中国发展的目标及其实现的道路"③。就西方理论而言，即使相同或者相近的理论概念，其间也存在着流派的不同和观点的差异。譬如公民社会抑或市民社会这一概念，黑格尔用以论证国家，马克思用以反驳资本主义，托克维尔用以呈现民主政治，葛兰西用以讨论文

---

① 崔月琴、王嘉渊：《以治理为名：福柯治理理论的社会转向及当代启示》，《南开学报》（哲学社会科学版）2016 年第 2 期。
② 崔月琴、张冠：《社会组织管理模式变迁及创新路径》，《江海学刊》2014 年第 1 期。
③ 邓正来：《国家与社会：中国市民社会研究》，四川人民出版社 1997 年版，第 107—148 页。

第一章　社会转型与社会组织发展的核心议题 / 21

化霸权，哈贝马斯用以构建公共领域，等等。一方面，可以观察到理论的演进脉络，其中预设前提、分析结构和回应问题等方面都有着显著差异，将其概而论之会影响理论本身的确定性与可靠性。另一方面，中国经验的特殊性会对西方理论的套用产生不兼容，其间的影响来自始终延续的历史脉络与文化传统，来自当下国家与社会关系的急剧调整，来自特定发展阶段的问题呈现与现实需要。

回到具体研究之中，本书基于20世纪八九十年代以来体制变革和社会转型的背景，以拓展社会组织发展的路径和推进社会管理体制的模式创新为目标，着眼于社会组织发展与社会治理创新的关联递进，在结构性关系和实践性经验的层面上展开讨论。以问题为导向，以调查为手段，以理论为工具，提炼中国社会组织发展中的典型案例和创新模式，总结其中的一般性规律，并提出可行的对策性建议。

围绕研究主题，本书在研究推进的具体过程中，在三个不同的层次上展开讨论。首先是关注实践，把握行动过程的结构因素。要"立足现实，提炼现实；开发传统，超越传统；借鉴国外，跳出国外"[1]。社会组织是有着丰富内涵的集合，而贯穿多元实践其中的，是塑造行动的结构性力量和制度性安排。社会组织自身的结构化趋向，也体现在其内部机制的形成与行动规则的制定[2]上。

其次是转换视角，探讨制度演进的互动逻辑。无论是社会管理的阶段演进，还是到社会治理的观念调整，都展现着制度运作中的结构性动态，这种调整来自治理需求的转变和治理观点的更新，并在制度实践的互动过程中得以浮现、凸显、成型和转化。关注结构内部，运行中的国家往往是碎片化的[3]，不构成一个统一行为体，不同层级和不同部门的国家机构在与国际、国内社会发生联系时，

---

[1] 郑杭生：《社会建设和社会管理研究与中国社会学使命》，《社会学研究》2011年第4期。

[2] 丁惠平：《当前我国社会组织理论体系的建构——基于多维度视角的思考》，《福建论坛》（人文社会科学版）2013年第11期。

[3] ［美］乔尔·S. 米格代尔：《强社会与弱国家：第三世界的国家社会关系及国家能力》，张长东等译，江苏人民出版社2012年版，第30页。

并非始终秉持自上而下整齐划一的治理意识，由此催生出来若干治理创新的地方实践。

最后是解释差异，建构组织研究的中观理论。费孝通认为，研究中国社会，要注意"局部不能概括全部"，避免在方法上"以偏概全"，应当通过"逐渐接近"来达到从局部到全面的了解。[①] 一方面，社会组织在多个维度上存在系统性差异，制度与行动在实践层面的多元面向根植于此，形塑差异的影响因素和作用机制仍需探讨。另一方面，从西方经验的引介模仿，到本土模式的理论建构，其与社会组织的具体运作之间，始终存在相当的隔阂，这有赖于更为精准的转译和把握，同样需要丰富不同层次的理论建设，建构组织研究的中观理论。

---

① 费孝通：《试谈扩展社会学的传统界限》，《思想战线》2004年第5期。

第二章 行业协会的治理转型

行业协会是在市场经济条件下，同行业企业在自愿的基础上，联合发起的以保护和增进其会员企业合法性权益为目的的，具有行业服务性和自律性的社会团体组织。行业协会是一种介于国家权威和自由市场之间的第三方社会组织，其发展与成熟往往是市场经济的自由竞争与国家政府的权威监管间博弈的结果。作为一种独立的法人团体，行业协会兴起之初，便被深深地植入国家与市场之间的夹缝里，呈现着行业协会的自主性、互益性、非营利性和非政府性特征。中国的行业协会在改革开放兴起之初，即为政府机构调整和职能转变的结果，深深地打上了行政化的烙印，其发展往往体现为身份的官民二重性、资源的体制内获取、管理的双重体制、发展的整体性依附等体制性依赖。在"经济新常态"和国家治理结构改革的形势下，严重依附于国家现行体制的行业协会，开始通过与政府职能部门之间的机构分离、职能分离、资产财务分离、人员管理分离和党建、外事等事项分离等举措，实现着行业协会治理的行政化脱钩改革。伴随着中国社会转型与社会治理改革进程，当前乃至后续一段时期内，相较于其他类型的社会组织，行业协会商会的改革发展显现出诸多新的发展趋向。

一　中国行业协会发展

最早的行业协会出现在中国的春秋时代，《论语》即有"百工居肆，以成其事"之记载，史景星提出先秦时代行会被称为"肆"，汉代史籍中谓之"行列""市列"①；到唐宋则称之为"行"，加藤繁在《论唐宋时代的商业组织"行"并及清代的会馆》中提到，"从唐代中叶以后到宋代中叶以后市制崩溃的时代，同时也是商业组织的行发展的时代"②；至清末民初，各类商会组织兴起，据一些史料统计，辛亥革命前夜，中国各地的商会达到 2000 余家，全国除西藏等个别地，几乎都存在大大小小规模不等的商会组织③；中华人民共和国成立后，随着对工商联等社会组织改造政策的实施，各类行业协会商会组织被取缔，随即销声匿迹。

当代意义上的中国行业协会，则是直到 1978 年改革开放后才兴起。随着中国市场化改革的推进和政府机构改革的推行，大量的行业协会才真正发展起来。改革开放之后，为扭转计划经济的低效率，国家在社会领域和经济领域进行了一系列的改革。这些变革一直贯穿在官办行业协会的成长与发展历程中，推动并影响着它的整个变化进程。

1979 年到 1982 年，国家有计划地成立了一批跨部门的全国性行业协会，进行行业管理体制改革试点，由此一些跨部门行业协会应运而生。1979 年，国家经委协调、跨部门成立了中国企业管理协会、中国质量管理协会。20 世纪 80 年代初，国家经委又在包装技术、印刷设备、食品、饲料四个领域成立了跨部门的全国性行业协会，即中国包装技术协会、中国食品工业协会、中国饲料工业协会、中国印刷及设备器材工业协会。20 世纪 80 年代初，国家计委组建了中国交通运输协会、中国设备管理协会、中国施工企业管理协会等跨部门行业协会。80 年代末 90 年代初，为促进企业发展，国家计委又协调成立了中国工业经济协会（1988 年）和中国中小企业国际合作协会（1990 年）两大协会。

---

① 史景星主编，毛林根副主编：《行业协会概论》，复旦大学出版社 1989 年版，第 24 页。
② ［日］加藤繁：《中国经济史考证（第一卷）》，吴杰译，商务印书馆 1959 年版，第 337—369 页。
③ 国民政府社会部编印：《人民团体统计》，重庆社会部统计处 1946 年版，第 1 页。

1984年至1998年，在机电工业、轻纺工业、材料、商业等领域，国务院在裁减和合并经济管理部门的专业局（产业局）的基础上，有计划地成立了一批全国性的行业协会。

1984年8月，国务院首先在机械工业和电子工业进行行业管理体制改革试点。机电工业可以大致分为民用机械工业、电子通信工业和国防科技工业。民用机械工业领域从1984年成立中国模具协会进行试点，到1986年开始有计划、有组织地推动行业协会组建工作，成立了中国机床工具工业协会（1987年）、中国汽车工业协会（1987年）、中国电器工业协会（1988年）、中国通用机械阀门行业协会（1988年）、机电工业设备管理协会（1990年）等一系列行业组织。1998年，形成了一个由27个全国性行业协会组成的，几乎覆盖了原机械部归口管理的所有小行业的协会工作体系。2001年，国家机械工业局改制为中国机械工业协会，代管机械工业的大部分行业协会。在电子通信领域，陆续组建了中国电子企业协会（1984年）、中国电子材料行业协会（1991年）、中国通信工业协会（1991年）、中国电子信息行业联合会（2014年）。国防科技工业领域成立的行业协会，如中国国防科技工业企业管理协会（2003年）、中国核能行业协会（2007年）等。

1988年，轻纺工业领域进行了行业管理体制改革。1988年，轻工业部主持改建了中国自行车、搪瓷、制笔、眼镜、牙膏、洗涤用品、香精香料化妆品、钟表、衡器、缝纫等10个行业协会，新组建了中国皮革工业、室内装饰、文房四宝、家具、原电池、盐业、工艺美术、日用玻璃、五金制品等9个行业协会。到1989年，轻工业部已经有30个经国务院批准的行业协会。改革中，轻工业企业与其所属的轻工业管理部门脱钩，由国有企业为主变为民营、合资企业为主。1983—1998年，轻工业部先后一共组建了43个行业协会。1989年轻工业行业协会联合会成立，隶属于轻工业部。1993年政府机构改革，在原轻工业部的基础上组建中国轻工总会，在原纺织工业部的基础上组建中国纺织总会。2001年分别成立中国轻工业联合会、中国纺织工业协会。

材料工业中的建筑材料和金属材料领域也较早地成立了行业协

会。冶金工业部成立了中国有色金属协会（1984年）、中国冶金建设协会（1984年）、中国冶金企业管理协会（1989年）等行业组织。1998年，冶金工业部重组为国家冶金工业局。2001年，冶金局与中国冶金企业管理协会转制为中国钢铁工业协会。1985年，国家建筑材料工业局成立了中国建筑材料工业协会。2001年，国家建筑材料工业局撤销，工业局重组为中国建筑材料工业协会。

石油和化学工业领域也较早地成立了协会，如中国氯碱工业协会（1981年）、中国农药工业协会（1982年）、中国橡胶工业协会（1985年）、中国化工施工企业协会（1985年）、中国化工企业管理协会（1986年）、中国石油工程建设协会（1984年）、中国石油企业管理协会（1984年）等行业组织。1998年，政府机构改革，在原化学工业部的基础上组建国家石油和化学工业局。2001年，国家石油和化学工业局转制为中国石油和化学工业协会。

在电力和煤炭工业领域，组建了中国电力企业联合会（1988年）、中国电力建设企业协会（1989年）、中国煤炭加工利用协会（1982年）、中国煤炭建设协会（1986年）、中国煤炭机械工业协会（1989年）、中国煤炭运销协会（1998年）、中国煤炭工业协会（2001年）等。

在外贸领域，对外贸易部于1988年8月至11月成立了中国纺织品进出口商会等7大进出口行业商会，之后又陆续成立中国亚太经济贸易合作促进会、中国外商投资企业协会、中国对外贸易经济合作企业协会（1989年）、中国国际工程咨询协会、中国国际货运代理协会、中国欧洲经济技术合作协会等。在内贸领域，国内贸易部成立了中国商业联合会（1994年）、中国物资流通协会（1995年）等。

从上述发展历程可见，中国行业协会的兴起，更多源于市场的催化和政府管理职能转型这一双向的互动博弈，从当初对由市场发育而起的各类企业及其联合性组织所进行的"按行业组织、按行业管理、按行业规划"的行业协会建设，到之后行业协会在体制内增长和体制外发育，乃至当前全国各地行业协会组织的体制内存量转型和体制外大量增生，"政府和行业协会的关系始终是中国行业协会发展中面临的最核心、最普遍,也是最为困惑的问题"①。

二 从政府组织到社会组织的变革策略

改革开放以来,中国社会从"总体性社会"向"多样化社会"转变,国家对社会的治理模式由原先的"全能主义"(Totalitarianism)向"威权主义"(Authoritarianism)转变。②"在国家与社会的新型关系建构中,国家威权始终发挥着主导作用。一方面,国家给予社会自主性的空间,允许新兴社团的产生和发展;另一方面,社会组织在人、财、物等方方面面仍依附于所从属的政府机构,组织中的领导人大多由现职所在部门领导担任。"③

(一)部局改制的组织变革策略

从中国官办行业协会的前身来看,多数为各部委的专业司局、国务院各部或国家局。可以说,20世纪80年代主要是各专业司局改制为行业协会;而在21世纪初,国家部(局)也改制为行业协会。

1. 专业司局合并成立行业协会

1986年,中国行业协会发展呈现新的特点,主要表现为两方面:一方面,中央政府的二级行政性公司相继撤销,大批行业协会取而代之;另一方面,部分工业部委的专业司局机构合并,成立了相应的行业协会。最早成立的行业协会的产生路径主要有两种:一是专业司局直接转制为行业协会。如机械工业部的中国模具工业协会(1984年)、中国饲料工业协会(1985年)、中国橡胶工业协会(1985年);二是专业司局先转制为行政性公司,再转为行业协会。改革开放后,为适应市场经济的发展,实现政企分开,政府职能部

---

① 王名、贾西津:《行业协会论纲》,《经济界》2004年第1期。
② 邓正来、丁轶:《监护型控制逻辑下的有效治理——对近三十年国家社团管理政策演变的考察》,《学术界》2012年第3期。
③ 崔月琴、沙艳:《社会组织的发育路径及其治理结构转型》,《福建论坛》(人文社会科学版)2015年第10期。

委的一些主管业务的司局先被改制成行政性公司，但行政性公司仍然行使着行政管理职能。1986年的政府机构精简中，大批的中央和省级行政性公司相继转制成行业协会。如1982年，以原一机部汽车工业局为基础，成立中国汽车工业公司（简称中汽公司）；1987年，国务院又将其转制为"中国汽车工业联合会"，由机电部归口管理。1990年2月，国务院又重新组建"中国汽车工业总公司"，拥有行业管理职能。1993年，中汽总公司成为具有控股公司性质的经济实体，汽车行业管理职能收归新组建的机械工业部。

2. 国家部（局）蜕变为行业协会

1993年，政府机构改革将一部分专业经济管理部门改组为全国性行业总会，并将其作为国务院的直属事业单位。如原轻工业部的基础上组建中国轻工总会，原纺织工业部的基础上组建中国纺织总会。1998年国务院机构改革进一步直接推动了中国政府强制组建行业协会的发展，改革将中国纺织总会、轻工业总会、机械工业部、冶金工业部、煤炭工业部、化学工业部、国内贸易部分别改制为国家纺织局、轻工局、有色局、机械局、冶金局、石化局、煤炭局和内贸局，归经贸委管理。2001年，改制的8个国家局和经贸委原先所属的建材局被宣布撤销，分别组建了中国纺织工业协会、中国轻工业联合会、中国有色金属工业协会、中国机械工业联合会、中国钢铁工业协会、中国建筑材料工业协会、中国石油和化学工业协会、中国煤炭工业协会、中国物流与采购联合会、中国商业联合会等10个全国性的行业协会。探究这些协会的产生，可以发现"借壳上市"战略在其中的运作。"借壳上市"是机构改革中常用的办法，即将原有机构进行重组，但其在规模、职能等各方面都与原机构有很大的不同。这样改革，一方面是撤销了政府机构，减少了政府机构数量；另一方面，原有的行业协会更名重组，接收安置分流的部分公务员。如2001年，国家机械工业局和中国机械工业企业管理协会（1985年）改组为新的中国机械工业协会，国家冶金局和中国冶金企业管理协会（1989年）改组为新的中国钢铁工业协会，国家煤炭工业局与中国煤炭工业企业管理协会重组为新的中国煤炭工业协会。

（二）分级分类的组织架构策略

国民经济发展的各行业，基本都有相应的行业协会。中国的行业协会从最开始各行业的企业管理协会、质量管理协会逐渐发展成分级分类的行业治理体系，体现了从分散到集中、从碎片到整体的组织架构策略。

1. 协会"描点"

即在各部门内部分散地成立行业协会。在20世纪80年代初，中国各行业成立最早的协会多为企业管理协会和质量管埋协会，受各政府部门直接领导以及中国企业管理协会或质量管理协会的指导。如中国纺织工业企业管理协会（1981年）、中国石油企业管理协会（1984年）、中国铁道企业管理协会（1984年）、中国医药企业管理协会（1985年）、中国建筑材料企业管理协会（1986年）、中国化工企业管理协会（1986年）、中国冶金企业管理协会（1989年）等。同样，成立中国质量管理协会后，原第四机械工业部、化学机械工业等国务院各部委和各地方省市也相继成立本行业的质量管理协会。

2. 协会"聚类"

即同类或相近的行业协会合并重组，成立新的行业协会。行业协会体系按照行业的分类进行调整。1985年，在车胎协会、炭黑协会、胶鞋协会、再生胶协会、轮胎协会、乳胶协会等8个专业协会的基础上，化工部橡胶司成立中国橡胶工业协会；1991年8月，化工部成立化工行业协会联合办公室，挂靠在政策法规司。1997年，电力工业部在中国发电设备、中国输变电设备、中国电器、中国电机、中国电工器材、中国工业锅炉等6个全国性行业协会的基础上，合并成立中国电器工业协会。

3. 协会"升级"

即部分行业协会变迁为行业联合会，代管其他行业协会，形成同一行业内"联合治理的多元化格局"。从协会的命名来看，目前国资委主管的15个协会中，有10家为"联合会"，电力行业成立的中国电力企业联合会在 1988 年产生时便以联合会冠名。从协会的管理来看，升级的协会又从两方面体现着联合会属性。一方面，直管协会与代管协会的分级。直管协会的称谓最早来自 2001 年《关于印发国家经贸委主管的行业协会管理意见的通知》，通知中将最早成立的中国工业经济联合会、中国中小企业国际合作协会、中国企业联合会、中国质量协会、中国包装技术协会以及国家局蜕变的 10 大行业协会等 15 个行业协会定为"直管协会"，经贸委托这几个协会代管经贸委管理的其他 256 个行业协会、学会、基金会等。2001 年，国家经贸委又发函委托中国电力企业联合会代管中国电力规划设计协会等 5 个协会。虽然直管协会和代管协会具有平等的法人地位，各自独立承担民事责任，但国家分级监管的治理体系可见一斑。国家对直管协会进行直接管理，再委托直管协会管理代管协会，从而加强对整个协会系统的有效监管。另一方面，直管协会管理其附属单位。"附属单位分两大类，一类是事业单位，包括各类中心、研究院、报社、出版社；一类是企业。这两类外围的组织构成了协会的支撑性组织。"[1] 2001 年机构改革，原属 9 个国家局管理的信息中心、规划院和其他一些事业单位也一次性转型并划归相应新成立的行业协会，委托有关综合性行业协会管理，成为这些协会信息、咨询方面的骨干力量。因而，现有的综合性行业协会集行政管理、行业协调和学术研究等职能于一体，既要满足发展行业协会的迫切需要，又要构筑学术研究交流的有效平台，形成同一行业内"联合治理的多元化格局"。

（三）多种形式主管的组织管控策略

所有的社会组织必须有业务主管部门。业务主管单位通常根据行业协会的性质，由对口的政府部门或政府委托的部门来担任。就官办行业协会与业务主管部门的关系来看，具体分为以下三种形式。

---

[1] 国务院发展研究中心社会发展研究部课题组：《社会组织建设：现实、挑战与前景》，中国发展出版社 2011 年版，第 129 页。

1. 挂靠的外设性机构

即社会组织的办事机构依托于某一个部门或单位。挂靠单位一般解决办事机构在人员编制、办公场所以及活动经费等方面的问题，并领导其思想政治工作、党建和人事管理工作。① 各政府部门协同管理、依托某一部门或单位承办。如最早成立的企业管理协会、质量协会、包装技术三大协会成立之初都是隶属于原国家经委的外设性机构，直到 1992 年 6 月 23 日，民政部才依据 1989 年《社会团体登记管理条例》对其进行审核，并准予其按社会团体法人在民政部注册登记。同时，挂靠单位与主管单位多为一致，但也有不一致，如中国水利电力质量管理协会（1983 年成立）的业务主管部门是国家质量监督检验检疫总局，挂靠单位是水利部、中国电力企业联合会。

2. 主办的外设性机构

这类社会组织一般由行政事业单位（出资）举办，但不列入行政事业单位内设机构序列，相当于主管单位的一个分支机构。社会团体通常有单独的名称、印章、职责任务、内部组织和工作人员，业务主管部门也会派管理人员到所办的社会团体任职或兼职。同时，作为附属机构，不能独立核算，不单独开立基本账户，与行业主管部门会计合账，行政事业单位可以增加自己的非税收入。

3. 主办的内设性机构

在机关内部成立，这类社会组织一般由行政事业单位出资举办，属于行政事业单位的内设机构序列，相当于主管单位的一个部门。这类社会组织通常与行政事业单位"合署办公"，办公处所设在行政事业单位，人员一般属于其主管部门领导管辖。2001 年"翻牌"组建的行业协会多与政府部门合署办公，并且与政府部门会计合账或财务集中管理。

通过多种形式的主管方式，所有的行业协会都置于政府的直接管控之下。随着行业协会治理体系的完善，官办行业协会的业务主管部门主要集中于国资委，国家发改委、工信部、商务部、住建部

---

① 潘惠彬、梁根乐：《社团"挂靠体制"的弊端分析》，《学会》2006 年第 6 期。

等部门也归口管理本行业的行业协会。到 2001 年，全国性工业行业协会有 206 个（经贸委系统 147 个，其他部委 59 个），基本覆盖了工业领域。①

从国家各部委机构的调整和改革来看，行业协会正是伴随其变革而逐渐形成的，虽然其脱胎于行政机构，具有很强的依附性，但其身份已由国家机关转变为社会团体，履行起相应的社会职能。

三 双重管理体制下的行业协会治理

中国行业协会的发育，主要依赖政府体制的转换和变革，形成了整体的依附性特点。因为行业协会发育初期往往是由国家主动地空间让渡，即成立之初就牢牢依附于体制内资源并通过行政化方式获取此资源，在日常的活动中又呈现国家较强的行政性监控，具有较为明显的"官民二重性"特征，形成了典型的国家法团主义管理体制。在行业协会的现实发展中即表现为：设立形式的多样化，身份的官民二重性，资源的体制内获取，管理的双重体制，发展的整体性依附，等等。

（一）设立形式的多样化

行业协会的设立没有标准，存在多样化的形式。第一，协会的划分具有多种形式。工商领域的行业协会多为原行政性公司转制而来，因而，有按行业划分的协会，有按部门划分的协会，有按工艺技术或生产流程划分的协会，还有按内贸或外贸分设的协会。多种形式的划分使得行业协会的层级过细，部门分割交叉及重复现象比较严重。第二，部分行业协会实行"联合管理体制"，具有"联合会"属性。有些行业协会既要满足行业发展的需求，又要构筑学术研究交流的有效平台。历史原因造成了现有行业协会在功能上的

---

① 姚晓霞：《工业行业协会：转型定位与成熟路径》，《江海学刊》2003 年第 6 期。

含混，行政管理、行业协调和学术研究等职能既相互交叉重叠，又不够充分完整。第三，行业组织设立的标准没有统一规范。国家经贸委文件中规定的原则是以中类行业为主建立行业协会。全国现有的数千家协会既有按大行业建立的，也有按中小行业组建的。第四，协会的设立有一定的长官意志。如上海市化工系统已有6个协会，后来又有人倡议成立"化工协会"，得到了主管部门领导的同意。虽然按《社会团体登记管理条例》的规定，不在一地重复设立协会，但因有部门领导批示，民政部门也只好登记。①

（二）身份的官民二重性

官民二重性，即意味着行业协会的构成具有"半官半民"的二元结构，组织的行为受到行政机制和自治机制的双重支配，协会的运作往往依赖官方和民间的双重渠道去获取体制内和体制外的两种资源，以满足社会和政府的双重需求，因而协会的活动领域也只能是社会和政府共同认可的交叉地带。受传统的政府一元化主导行业企业发展的体制机制影响，改革开放后中国大多行业协会的设立往往源于政府的机构调整和职能转型，是计划体制下行政权能市场化改革取向的另一种延伸，即把全能政府对企业的管理和控制以一种"有限让步"的方式转嫁于一个相对自治的社会组织。② 在行业协会的具体运行中，其展开逻辑则呈现较强的变动性和过渡性特征，往往是政府的行政权力通过市场的中介组织——行业协会，实现了对经济领域中的市场行动主体——企业的控制。③ 但在日常具体事务处理中，行业协会则又作为一个自治性的社会组织被"监护型管控"着，依然延续着登记准入上的"双重管理体制"，资源提供上的"政府财政拨款依赖"，具体运营上的"泛行政化趋势"，

---

① 李恒光：《市场与政府之中介——聚焦当代社会组织》，江西人民出版社2003年版，第107页。
② 贾西津、沈恒超、胡文安等：《转型时期的行业协会——角色、功能与管理体制》，社会科学文献出版社2004年版，第102—120页。
③ 余晖等：《行业协会及其在中国的发展：理论与案例》，经济管理出版社2002年版，第1—18页。

服务内容和人员配置上的"行政性指派",服务成效评价上的"指标形式化"等社会组织在中国既存的现实境遇。行业协会的官民二重性身份属性特征就其实质而言,反映出来的是中国经济体制市场化改革的不完善和政府职能转型的不充分,也表征着当前行业协会发展的不成熟和不自主。

(三) 资源的体制内获取

中国的行业协会从一开始成立便是在国家经济体制市场化改革的驱动下,在政府机构改革和职能转变中生成的,体现出较强的"政企分开"取向,而不是企业自主需求特性。[1] 相较于计划经济体制下国家对企业生产经营活动所实行的"统购统销"的管理策略,国家对体制内生成的行业协会则采取一种间接的管理方式,即通过业务主管单位进行企业发展的行业化管理。业务主管单位一般是正式的行政性政府部门,其对隶属的行业协会的指导依然是一种具有较强行政干预、命令性的管控。这种管控在现实中则往往通过登记要求、人员安排、经费垄断和职能配置等方式促使行业协会贯彻执行。与此相对应的是,行业协会要寻求设立和发展,则必须依附于业务主管单位,以方便从现有既存体制内获取各类行业协会生发之所需资源。于是,我们看到在行业协会的发展现实中,诸多行业协会均争相挂靠或直接把其办公机构设置于其业务主管单位之下,要么联合办公,要么争取成为事业编制;行业协会也往往会主动承接其业务主管单位或某些具体的政府部门溢出的行政职能,进行授权式或委托式管理和执法;各类行业协会为了能够获得国家或地方的财政拨款,也往往采取与业务主管单位相混杂的资产财务制度;同时大量政府工作人员或离退休老干部也供职/兼职于行业协会组织;等等。这种行业协会从体制内获取发展所需资源的策略,短期内看似有助于行业协会的生成发展,长此以往则会使行业协会完全沦落为政府的附庸,进而丧失其作为社会组织的独立自主之本

---

[1] 余晖:《我国行业组织管理体制的模式选择》,《财经问题研究》2008 年第 8 期。

质特性，最终损害行业协会的健康发展。

（四）管理的双重体制

行业协会作为同业企业间的一种联合性自组织性社会团体，其管理体制依然沿袭中国在1950年和1989年所制定的社团管理条例基础上，于1998年发布的《社会团体登记管理条例》中正式确立国家对社团的"归口登记、双重负责、分级管理"体制。行业协会的这一双重管理体制依然是对计划经济体制下"政府管企业"传统的全能国家管理体制的延续，其实质是方便各业务主管单位通过行业协会来保留对所辖地区同业企业的干预和控制。[①] 按照现行的行业协会的管理体制，分级设立、双重管理、限制竞争构成了目前中国行业协会管理的典型特征。这种不同层级协会组织的登记管理方式，以及登记机关和业务主管单位的双重管理体制，加之"一业一会、一地一会"的限制竞争性发展，共同构成当前行业协会发展的瓶颈。首先，在双重管理体制下，诸多体制外生成的行业协会要么无法找到业务主管单位（其实大多行政部门也不愿意作其业务主管单位），要么因其自身的注册条件不足而无法达到注册标准，处于非法运营的"黑户"状态。其次，即使是已获准注册登记的行业协会，在协会的组织运行中，登记部门和业务主管单位也往往因部门的利益化，存在具体监管的权力真空，呈现只注重事前监管、忽视事中和事后的约束和规制的状况。最后，限制性的竞争策略看似是为了更好地培育和发展壮大本就羸弱的行业协会，实则却造成了另一种形式的行业性垄断，反而不利于新兴同业企业的发展。

（五）发展的整体性依附

行业协会既生发于政府机构改革和职能转型的空间让渡中，又不得不寻求体制内的资源以获取发展的条件，同时受双重管理体制的约束，这些限制使得中国行业协会呈现整体性的依附式发展。在

---

① 王名、孙春苗：《行业协会论纲》，《中国非营利评论》2009年第1期。

这种发展模式下，协会组织获得其所依附单位的资源以及关系方面的庇护以寻求发展，但可能不得不以让渡部分自治权力作为交换。这一行业协会与政府、企业组织三方博弈的过程，构成了中国社会行业协会发展的典型特征。[1] 在这里，政府通过对协会严格的准入登记和直接的业务主管单位指导管理，实现了行政权力在同业企业的延续，规避了社会管理的政治风险，但也无形中增加了政府的行政程序和工作成本，造成行业协会现实发展中蕴藏的权力寻租和垄断性竞争的存在。行业协会则往往会为了获取更多的体制内资源和存在的合法性要求，刻意迎合其业务主管单位的管理喜好，丧失其成立之时作为行业自治和自律的自组织的初衷，进而影响其具体管理和服务中的组织权威和行业影响力。因此，依附式发展虽然在某种程度上是大部分行业协会发展的必然选择与现实路径及协会组织发展的条件与动力所在，但也可能成为行业协会发展的障碍——因为作为交换的自治权力的让渡，既可能造成压抑行业协会发展的过度外部控制，也可能钝化行业协会组织的自主发展能力，造成行业协会的依附性地位和体制性依赖，最终影响行业协会的功能发挥和可持续性的发展壮大。

总之，改革开放后中国大量行业协会的兴起源于政府的机构改革和职能转型，行业协会在生成之初即被打上深深的体制烙印，在身份属性上具有官民二重性特征。在协会组织的发展中，为了寻求更多的体制内庇护和发展性资源，行业协会往往依附于业务主管单位，在迎合和承接中实现其行业性协管功能。这种登记和管理的双重体制，保留了全能国家对企业的管控型指导，其实质则是通过分级设立、双重管理、限制竞争等方式，实现政府对同业企业生产经营活动的干预和控制，最终也造就了行业协会整体性依附式发展。多年来，中国行业协会治理与运行中存在的问题也在相当程度上根源于这种"依附式发展"模式和体制性依赖的管理体制机制。

---

[1] 郁建兴：《行业协会：寻求与企业、政府之间的良性互动》，《经济社会体制比较》2006 年第 2 期。

四 行业协会的"去行政化"改革及治理转型

"去行政化"改革自 20 世纪 90 年代初以来一直是政会关系改革的重要内容,但由于政策本身的不完备和执行中的偏差,行业协会商会的行政化现象仍普遍存在。行业协会一直以来都是在行政部门权力及其衍生的社会网络下发展的,自然与行政机关间存在着一种"垂直依赖"关系。所谓垂直依赖,是指组织间存在明显的上下层级式的资源依赖关系,低层级组织对高层级组织的资源依赖大于后者对前者的依赖,这种非对称关系会迫使低层级组织为取得生存资源而牺牲自主性。[①] 在这种关系下,政府掌握着行业协会发展的关键资源,如:人力资源,包括行政机关可以推荐、安排在职和退(离)休公务员到行业协会商会任职兼职;财政资源,包括编制、办公场所、直接的经费拨付、间接的政府采购;在登记管理上,行政机关(包括下属单位)与行业协会商会存在着主办、主管、联系和挂靠关系。行业协会作为部门结构的前身,能否持续其曾经在部门内部的结构和优势?组织如何突破精英治理的模式,实现成熟的组织治理结构,通过科层化的组织结构分工实现其功能,解决被动生存问题?这些需要去行政化中的协会在"人、财、事、组织"四方面实现协同发展。

(一)行业协会的去行政化改革

2015 年 7 月中共中央办公厅、国务院办公厅印发的《行业协会商会与行政机关脱钩总体方案》及其 10 个配套文件的陆续出台,标志着中国行业协会治理模式的"去行政化"转型。

---

① 吴锦良:《走向现代治理:浙江民间组织崛起及社会治理的结构变迁》,浙江大学出版社 2008 年版,第 253—255 页。

1. 机构分离，规范综合监管关系

对官办行业协会进行去行政化改革并不是简单将其目前所享有的行政编制、优势待遇和资金支持等统统剥离，而是对它们的行政等级化组织结构和行政指令化运作模式进行改变，取消行政机关（包括下属单位）与行业协会商会的主办、主管、联系和挂靠关系。简言之，改革的应对路径就是将组织模式从原有的行政等级化转变为扁平化。

（1）调整协会与所属组织之间的关系。全国性工商领域行业协会有两个基本特征，一是有附属单位，二是区分为直管协会与代管协会。首先，调整直管协会与附属组织的关系。全国性工商领域行业协会的附属单位分两大类，一类是事业单位，包括各类中心、研究院、报社、出版社，一类是企业。这两种外围的组织构成了协会的支撑性组织。[1] 因而，协会与所属事业单位的关系调整也急需解决。一方面，并入协会的事业单位要注销法人资格并核销事业编制，并按照社会组织人员管理办法进行管理；另一方面，不能并入协会的事业单位划转到相关行业管理部门管理并纳入事业单位分类改革。另外，在处理协会与事业单位关系的过程中，还要分清编制，不得为原行业协会增加事业编制，也不能将新设的行业协会纳入事业编制。另外，对以往既有事业单位登记又有社会团体登记的行业协会进行注销事业单位登记。这将有利于促进行业协会市场化和民间化发展进程。

（2）厘清直管协会与代管协会的关系。在行业协会培育和管理中，国家采取了国家经贸委—直管协会—代管协会的管理模式。在这一管理模式下产生了行业协会的"直管"与"代管"问题。2004 年国务院国有资产监督管理委员会颁布的《行业协会工作暂行办法》规定直管协会与代管协会之间无行政隶属关系，直管协会、代管协会各自独立承担民事责任和社团法人责任，具有平等的法律地位。但在实际运作中直管协会有着重要的管理权限。一方

---

[1] 国务院发展研究中心社会发展研究部课题组：《社会组织建设：现实、挑战与前景》，中国发展出版社 2011 年版，第 129 页。

面，直管协会对代管协会的人事、财务、协会事务、日常活动都出台了具体的管理办法：《行业协会工作暂行办法》规定，直管协会对代管协会在人事方面有纪检查处权力，有权受理查处代管协会及副局级以下人员违反党纪政纪的案件；2010年国资委印发的《国务院国有资产监督管理委员会行业协会换届选举暂行办法》规定，"直管协会负责代管协会换届选举工作的审查、指导和监督"，"代管协会应在换届选举结束后30日之内将所需登记备案材料报送直管协会"。另一方面，直管协会通过名誉会长等机制，与代管协会建立联系。代管协会通常会聘请直管协会的会长或前会长担任名誉会长，或由直管协会的会长直接担任代管协会会长。[1] 在处理直管协会与代管协会的关系中首先必须明确的第一点就是直管协会与代管协会是优势互补、互为合力的关系，而不是"主物"与"从物"的关系。在此基础上，直管协会要支持、引导代管协会积极开展工作，激发代管协会的主动性、创造性；代管协会也要自觉地接受直管协会在国资委委托职责范围内的管理和监督，多与直管协会交流沟通，达到一个最佳的合力状态。

（3）民政部门直接登记制度。行业协会的建立与发展，一方面要到当地主管部门登记，并进行定期的财务审查，另一方面也需特定的政府部门作为其日常的主管单位，以便对行业协会的运行和发展进行监督管理。为此需简化行业协会登记、审批程序，降低行业协会进入市场的门槛。2013年3月，《国务院机构改革和职能转变方案》开始施行，方案指出，行业协会作为一种标准的社会组织即日起可直接向当地主管部门申报登记，取消原有的行业协会必须挂靠的业务主管部门。简化登记程序、取消挂靠的政府部门，这无异于为行业协会发展注入一支强心剂，是行业协会今后健康有序发展的基础性规定。一位参与该方案起草的某专家表示，"该方案在行业协会的发展过程中，绝对算得上一个重大的转变，接下来国务院还将颁布配套文件，将原有政府机构掌握的一些关键权力，下

---

[1] 国务院发展研究中心社会发展研究部课题组：《社会组织建设：现实、挑战与前景》，中国发展出版社2011年版，第127—128页。

放给行业协会来掌握,这将为行业协会领域的不断发展吹响启程的号角"①。落实直接登记制度中同样有一些细节性问题需要制度化,如开办资金的多少、会员数量的多少、哪些业务需要行业主管部门的前置审批、是否允许"一址多社"、是否允许跨区域吸收会员开展活动等,如果这些问题没有得到很好的研究,各地政府就会选择性地执行直接登记制度。②

2. 职能分离,规范行政委托和职责分工关系

"去行政化"改革的深化亟须重新定位政府职能,加快社会组织管理体制改革,剥离行业协会商会行使的主管机构的行政职能,特别是行政审批职能。除法律法规有特殊规定,国务院决定取消的行政审批事项,政府部门不得授权或委托社会组织行使行政审批。

在行业协会,大力推进政府购买行业协会商会服务,行政机关对政府购买行业协会服务进行管理,解决"买什么""向谁买""怎样买"等问题。"买什么"即制定购买清单目录,制定清晰可行的政府购买服务标准体系,并妥善处理好政府购买服务过程中行业协会商会与其他社会组织之间的竞争关系,优先支持行业协会商会发展,与此同时,应当注意防止机关事业单位"突击"成立相关协会,把持政府购买服务相关资源等衍生问题。"向谁买",即承接主体的资格认证。2015年1月1日开始实施的《政府购买服务管理办法(暂行)》第六条规定,承接主体包括在登记管理部门登记或经国务院批准免予登记的社会组织、按事业单位分类改革应划入公益二类或转为企业的事业单位、依法在工商管理或行业主管部门登记成立的企业、机构等社会力量;在第七条中,还规定了承接主体的具体条件。"怎么买",主要包括购买方式、购买程序及定价原则。政府购买服务有定向购买(项目形式、非项目形式、直接资助形式)和招投标两种形式。根据自2015年1月1日起实

---

① 陈俊宇:《行业协会"去行政化"之路缘何收效甚微》,《工人日报》2014年2月24日第1版。
② 景朝阳、李勇主编,高成运、陈建国副主编:《中国行业协会商会发展报告(2014)》,社会科学文献出版社2015年版,第50页。

行的《政府购买服务管理办法（暂行）》，政府在购买服务方面应当根据购买内容的供求特点、市场发育程度等因素，采用公开招标、邀请招标、竞争性谈判、单一来源采购等方式确定承接主体，严格按照与政府购买服务相关的采购限额标准、公开招标数额标准、采购方式审核、信息公开、质疑投诉等相关法律制度规定执行。同时，政府职能部门对政府购买行业协会服务项目实行科学的成本核算，按照不以营利为目的、服务提供者损益平衡或微利的标准、购买总价通过政府年度预算加以控制。

3. 资产财务分离，规范财产关系

行业协会的生存发展离不开对资产、办公用地等资源的获取，不同历史条件下兴起的行业协会对生存资源的汲取能力也不同。行业协会去行政化后，应在政府主导下明确划分各自的财产关系。政府和市场要在财产方面切实地划清界限，有一些原本政府烙印相对深的行业协会，要逐步放开对其的控制，并具体明确地规定各自的财产及有关收费项目的划分；同时，协会自身也应拓展自身的收入来源。

（1）账簿分离。一直以来，中国行业协会的运行资金都由政府部门包办，处在政府部门的庇护之中。为改变这种被动局面，行业协会不得与行政机关会计合账或实行财务集中管理，没有独立账号或财务由行政机关业务科、处（室）代管的，必须设立独立账号，实行独立财务管理。根据《民间非营利组织会计制度》的要求，建立自有会计账簿，独立核算其发生的经济业务活动，实现经济上的自主权。2007年，国务院办公厅颁布的《关于加快推进行业协会商会改革和发展的若干意见》明确指出，要建立政府购买行业协会服务的制度。2012年，中央财政首次安排2亿元资金用于支持社会组织参与社会服务。自2018年起，取消全国性行业协会商会的财政直接拨款；对原有财政预算支持的全国性行业协会商会，逐步通过政府购买服务等方式支持其发展。

（2）资产分置。在资产上，行业协会的办公用地、基础设施都是政府早期直接通过财政拨款投入的，这些资产如何实现与政府的剥离是考验行业协会和政府的难题。因此，行业协会与政府部门财产产权不清晰的，必须在依法审计的基础上，完成资产划分，明确产权归属，建立规范的资产管理制度。一方面，办公用地的分置。行政机关或事业单位与行业协会商会合署办公的，逐步分开。行业协会商会占用的行政办公用房，超出规定面积标准的部分限期清理腾退。另一方面，基础设施的分置。这里涉及一些问题：如果直接转移则无法律基础，如果通过购买的方式来剥离，那么如何确定资产价值，如何保证增量社会组织的公平等问题将随之而来。有学者曾提出，各地应根据当地的实际情况和需求建设社会组织大厦，综合考虑行业协会商会对孵化、办公空间及会议场地等方面的需求，而且建议实现集约式的大厦，从而通过物理的集约化实现行业协会商会间的交易成本降低，促进行业协会商会间的合作、学习模仿及集成创新。[①]

4. 人员分离，规范用人关系

人是组织运作的主要组成部分。在官办行业协会去行政化的过程中，人员的去行政化起着至关重要的作用，在行业协会作为"二政府"存在的时期，行业协会在人员方面长期与政府机关藕断丝连，大量政府官员兼任行业协会的重要职务，大量行业协会的工作人员享受着"准公务员"的编制待遇。故此，在行业协会去行政化的整体大环境中，工作人员结构的改革迫在眉睫，特别是对公职人员的清理与利用显得尤为重要。

行业协会商会具有人事自主权，对行业协会任职、兼职、退休的公务人员应进行清理。一方面，对在职公务员进行清理。原在社会组织任职、人事关系保留在业务主管单位的公务员退出社会组织，所在单位要给予妥善安置；对现在社会组织任职或兼职，已兼任会长、副会长、秘书长的，必须辞去社会组织职务，并积极配合社会组织按章程和规定选出新的负责人和领导成员，完成相关工作移交。另一方面，对离退休公务员进行清理。离退休官员对其所在行业比较熟悉，具有较强的专业技能，同时享有较高的个人声望，

---

① 景朝阳、李勇主编，高成运、陈建国副主编：《中国行业协会商会发展报告（2014）》，社会科学文献出版社2015年版，第60页。

具有高度的政治公关能力和大量的人脉关系资源，他们是行业精英，但不能退休直接到协会工作，这样易产生权力"寻租"的可能。既要尊重社会组织的自主性和独立性，又要兼顾党政机关离退休干部，注重发挥行业老领导、老同志的作用，为行业发展贡献力量。应按照身体许可、工作需要、个人自愿的原则，充分发挥离退休干部的作用，形成"以老带新"的良性循环，推进社会组织健康发展。如日本通产省的官员在退休后经过两年等待期通常会到企业或行业协会任职，这就为政府和行业协会之间建立了又一层联系。①

5. 事项分离，规范管理关系

行业协会商会的人力资源服务、党建、外事等事项与原主办、主管、联系和挂靠单位脱钩；外事工作由住所地政府外事部门按中央有关外事管理规定执行，不再经原主办、主管、联系和挂靠单位审批，人事工作和党建工作由各协会自主完成。

（1）党建事务。2015 年，中共中央组织部印发了《关于全国性行业协会商会与行政机关脱钩后党建工作管理体制调整的办法（试行）》，使脱钩后的党建工作按照原业务主管单位党的关系归口，分别由中央直属机关工委、中央国家机关工委和国务院国资委党委领导，切实加强党对行业协会党建工作的领导。国务院国资委党委领导行业联合会（协会）党委，行业联合会（协会）党委负责其代管协会的党建工作。文化部主管的行业协会商会的党建工作划入中央直属机关工委管理。2016 年，中共中央办公厅《关于加强社会组织党的建设工作的意见（试行）》要求，社会组织党的组织和党的工作"两个全覆盖"，强调充分发挥党组织的作用。2016年 9 月，民政部下发的《关于社会组织成立登记时同步开展党建工作有关问题的通知》要求，申请新成立社会组织应提交"社会组织党建工作承诺书"和"社会组织党员情况调查表"。

（2）外交事务。外交部提出相关外事管理工作的政策措施。

---

① 孙芳：《中国行业协会发展方向研究》，博士学位论文，对外经济贸易大学，2004 年，第 36 页。

2007年的《关于加快推进行业协会商会改革和发展的若干意见》提出了加强对外交流管理。行业协会商会脱钩后,外事工作由所驻地的省(区、市)人民政府按中央有关外事管理规定执行,不再经原主办、主管、联系和单位审批。脱钩后,全国性行业协会商会参加国际组织或在华举办国际会议,由所驻地的省(区、市)人民政府审核报批或审批;举办国际展览仍按商务主管部门的相关规定办理。

(二)行业协会治理转型的方向

行政权力对行业协会所涉各业务领域的管控属于行业协会发展所需价格,这无疑会影响到行业协会准行政化的需求情况:价格越高(行政管理权越多),需求数量越多(行业协会越准行政化)。[①] 换句话说,行业协会去行政化的要件还包括行政权(监督)的主体、内容等均应当明确和受限。行业协会"去行政化"的过程是一个寻找更好的发展环境的过程。政府一方面要给社会组织松绑和放权,松绑是给予其更多的发展空间,放权是为社会组织的发展壮大排除体制性障碍;另一方面,政府要创新监管措施,让社会组织成为建设和谐社会的重要主体。然而,环境优化的基本前提是分清行业协会与政府的职能关系,厘清行政机关与行业协会商会的事务关系,规范行政委托和职责分工关系。

1. 创新监管措施

美国学者唐纳德·凯特尔(Donald F. Kettl)曾指出,今天的"政府角色已经发生了变化:政府已很少是公共产品及公共服务的生产者,而更多地成为实际从事公共服务的代理人的监督者"[②]。政府应制定监管措施、履行监管责任。

(1)建设专业高效的政府监管体系。国家可以规定对社会组织的监督权的划分,及相关责任方,政府各行业管理部门按职能对

---

① [美]罗伯特·考特、托马斯·尤伦:《法和经济学(第5版)》,史晋川等译,格致出版社2010年版,第25页。
② [美]乔治·弗雷德里克森:《公共行政的精神》,张成福等译,中国人民大学出版社2003年版,第79页。

行业协会商会进行政策和业务指导,并履行相关监管责任。其他职能部门和地方政府按职能分工对行业协会商会进行监管。首先,行业管理部门的监管,可实行委派监事制度。在当今阶段,大部分行业协会只设立理事会,会员代表大会和秘书处,但不设监事会。在去行政化后,为加强对协会的管理,在重要的行业协会商会应试行委派监事制度,委派监事履行监督和指导职责,督促行业协会商会落实宏观调控政策和行业政策。所派监事不在行业协会商会兼职、取酬、享受福利,这样便保证了监事的独立性和监督的公正性。其次,民政部门监管。民政部门加强行业协会商会负责人管理、资金管理、信息公开等方面的工作,指导行业协会商会有效开展内部治理。行业协会重大活动多项请示和年度审核等制度耗费了政府部门的过多精力,同时,作为一种事后监督手段,其对预防行业协会违法违规行为的作用并不显著。最后,其他部门监管。公安、财政、市场监督、税务和其他部门应在其职责范围内对行业协会商会的财务税收、免税资格、公共项目财务审计、非市场行为等开展监督管理。对整改不到位的协会依法进行处理,实行科学准入和有序退出。①

(2) 加强社会监督。一方面,在组织上培育一批具有权威性的第三方评估组织。建立第三方评估制度,有利于在保持行业协会独立性的基础上,激励行业协会规范发展。所谓第三方评估是指独立的评估机构对行业协会的组织机构、内部自治、项目开发、财务管理、与政府互动能力等情况进行全方位的评估。通过构建科学的评估指标体系、采用科学的评估方法,将行业协会区分为不同的等级。当行业协会的评估等级为"优秀",政府应提供一定的资金支持,或者在条件一致下,此类行业协会可优先承担公共服务项目,从而构建行业协会良性发展与政府激励的良性互动机制。此外,还要将评估结论向社会公布,给行业协会制造一种无形的压力,促使其规范行为,抑制其行政化的内在冲动。另一方面,在源头上构建

---

① 傅昌波、简燕平:《行业协会商会与行政脱钩改革的难点与对策》,《行政管理改革》2016 年第 10 期。

起一套守信激励机制和失信惩戒为主的信用体系。在事前要设置"信用准入门槛",加大对从业人员以及会员企业的信用资格审查,另外行业协会在建立之初也要签署信用服务承诺书;在事中建立健全从业人员及会员企业的信用档案,依法及时收集、记录和整理有关信用信息,推动共享诚信数据库平台建设,让企业和社会民众方便查询,使行业协会随时都处在监督之中;在事后通过建立相应的失信惩戒,对于信用评级太差的行业协会,建立"异常名录"和"黑名单"。针对出现失信的程度及影响的范围,采取责令其整改、依法予以处罚、在媒体上予以曝光等不同的惩戒手段。通过这种方式改变当前行业协会的信用危机现象,唤醒行业组织的公正性和公信力,从而走上诚信守法的良性发展道路。

2. 变革行业协会的结构体系

就中国目前的协会形式来看,行业协会多是行政推动建立而非市场化机制形成的,有着浓厚的行政色彩,协会结构体系不合理。为此,在行业协会去行政化的过程中需要明确行业协会的分级分类标准,厘清行业协会组织规模边界。

首先,确定行业协会的分级分类标准。行业协会的分级分类标准应当按照产品种类的细分来调整,既代表行业的共性,也体现产权多元化的特点。因而,行业协会的建立应当以行业的中类划分为标准。以中类标准划分既可以避免以大类标准建立出现的口径过大,管理范围广泛,造成精力有限的行业协会应接不暇,难以履行责任的现象出现,还能改变以小标准建立下繁杂的不必要的行业协会的存在。同时,中类行业组织可以自愿联合组成大类行业组织,即行业联合会,对整个行业进行宏观和中观的分级。宏观层次的大类行业协会管理其下的各中类行业协会,研究产业政策、协调行业关系、指导协会工作等行业重大问题,兼顾行业协会在宏观与微观层面的协调发展。

其次,辩证地认识"一业多会",对部分行业协会进行合并。"一业多会"是为了打破"一业一会"行政化色彩浓厚的"二政府"的垄断局面,是引入竞争机制的必然选项。所以应当允许一定程度上的"一业多会"的存在,这样会使服务的效率得到提高。

但是在实践中需要恰当把握"一业多会"的"多",如果行业协会设置过多也会出现弊端。一方面,一个企业可能参加多个协会,无形中增加了企业的负担;另一方面,行业协会把精力放在彼此竞标政府服务项目、互相争抢会员上,会形成一种以邻为壑的敌对关系,既造成了资源浪费,加重了企业负担,又弱化了行业自律,分化了行业利益,导致无序发展。因此,对于一些交叉重叠的部分可以进行调整、重组、合并,对一些长期无业务活动、行业日趋萎缩的行业协会应当实行退出机制,进行关停注销。

最后,正确认识"多业一会",允许行业联合或拆分。行业联合,并不代表形成社会组织的"托拉斯垄断"。同一行业不同层次,不同行业同一层次都有着不同的需求,不同业务组合的企业也有着不同的目标取向。在一个金字塔型的产业集群中,如果只有一个协会,这样的行业协会可能只代表某一产业的利益,或只能代表着行业上层的利益。因而,在宏观层次的协会中,成熟、运作好的协会可以允许"多业一会",统筹发展,整合社会资源,有利于市场秩序的维护。然而,对于那些自身并没有能力的行业协会应该进行拆分,让有条件的优秀的协会进入。

总之,应该根据具体情况,兼顾行业协会在宏观与微观层面的协调发展,将行业协会进行"关停拆并":该分立的进行分立,该合并的加以合并,对于那些没有必要通过分立、合并的方式调整的就应当关停、注销协会资格。

3. 完善资金筹措

社会组织的资金问题是关乎其生存的第一问题。筹集资金是每一个社会组织生存发展的重要手段。只有能够独立筹集到资金的组织机构,才能够不依附于任何组织,体现出社会组织独立自治的性质。[①] 因此,行业协会想要自主行动以及平等地与其他组织,特别是政府组织进行对话,必须争取更多的筹措资金的机会,拓宽资金来源渠道,实现多元化的筹集资金方式,确保运营资金的充足与稳定,为行业组织的持久发展奠定财力基础。目前,中国行业协会筹

---

① 祝建兵、向良云:《社会组织行政化及其治理》,《长白学刊》2011年第3期。

集资金的方式包括会费收入、国内外捐赠、有偿服务收入、政府部门资助以及政府购买服务收入等。从其收入的来源看，主要有以下几方面。

（1）从会员企业取得收入。一是会费。会费是当前行业协会资金收入的最主要来源，在将来的很长一段时间也很难改变，因此，会费标准的设计对于行业协会具有重要意义。二是有偿服务。即对会员的服务收费，在给会员企业谋利的基础上，将创收与为企业服务有机结合起来，在提供优质服务的基础上有偿收取费用，既解决经费困难，又使行业组织更好地为企业服务。一方面，经营活动不能与企业争利。协会一般不能从事具体产品的生产，而应开展与自身业务相关的合法经营活动，开展一些有利于促进会员企业提高经营水平和改善管理质量的信息咨询、组织展销、推介新技术、统计服务等。另一方面，费用收取标准应在弥补成本的基础上低于营利性企业的价格，同时不能强迫企业加入协会的营利活动。三是企业的赞助。行业协会可以利用自身的优势，举办各类座谈会、研讨会，寻求企业冠名，帮助企业在行业内取得一定的知名度，并收取相关赞助费用。但需要注意的是，要避免强制要求会员企业赞助的情况，防止对行业协会自身的影响力带来损害。

（2）从政府取得收入。一是政府资助和补贴，即在减少直接财政拨款的同时，通过资助、补贴、税收等政府方式加以扶持。探索建立行业协会商会扶持发展专项基金，通过补贴、奖励等形式给予资金扶持；对在创办初期或预期社会效益良好的行业协会商会给予一次性启动运转经费、机构运作补贴或租房补贴；对业绩突出、服务效果明显的行业协会给予专项补贴或其他奖励；加快制定税收优惠政策，扩大税收优惠的种类和范围，研究完善社会组织税收政策体系。二是向政府收取的有偿收入，即政府向社会组织"购买服务"。行业协会商会在不违反法律的前提下，通过向政府提供服务、承接政府转移职能、承接政府购买服务项目等方式，按市场交易和"事随费转"的原则，获得收入。如委托行业协会承担一定的行业管理职能，政府的研究项目优先委托行业协会承担。

（3）从社会取得收入。一是社会的资助。社会组织可通过福彩金资助的方式，实现资助机制的多元化发展。二是协会对外的经营收入及公益创投。鼓励行业协会商会通过公益创投的方式将社会资本引入行业协会商会的创办和发展过程，通过这种方式引导社会资本服务于社会公益。① 当社会组织用"公益＋资本"模式谋求发展时，政府、市场、社会三方力量如何相互制约又共同发展显得尤为重要。

众所周知，在对"断奶"的行业协会的改革治理中，有的脱离原本挂靠政府机构的行业协会逐渐陷入一种困境：行业协会日常运营资金缺乏，以致在平时的业务展开过程中困难重重；逐渐失去原有的政府和企业的支持；某些行业协会更是长时间依靠收取会费以及企业的捐助款维持日常运行。因此，行业协会为了增强其独立运行能力还需要构建一条覆盖面广又稳定的资金输入渠道。

首先，扩大行业协会的营业性收入。据统计，在美国，20世纪80年代以来，商业性收入已占非营利部门总收入增长的半数以上②；在中国，营业性收入仅占社会组织总收入的6%左右，而政府提供的财政拨款、补贴和会费收入就占了社会组织收入来源的70%以上。③

其次，扩大政府的资助比例并丰富资助形式。从世界范围来看，社会组织40%的资源来自政府资助，中国香港地区社会组织来源于政府购买服务的经费更是高达80%。总体上看，目前中国政府对社会组织的资助远未达到应有的比重。直接的"政府资助通常是对合作组织的'死亡之吻'，因为它使组织丧失了独立性"④，因而，就发展趋势而言，政府对行业协会的资助主要体现为购买行业协会服务。政府向社会组织购买服务体现了如下原则与意义。第一，遵循公共产品提供的分工原则，即推进公共产品的安

---

① 景朝阳、李勇主编，高成运、陈建国副主编：《中国行业协会商会发展报告（2014）》，社会科学文献出版社2015年版，第60页。
② [美]莱斯特·M.萨拉蒙：《公共服务中的伙伴——现代福利国家中政府与非营利组织的关系》，田凯译，商务印书馆2008年版，第25页。
③ 何靖华：《非营利组织绩效评价初探》，《中国外资》2010年第12期。
④ 国务院发展研究中心社会发展研究部课题组：《社会组织建设：现实、挑战与前景》，中国发展出版社2011年版，第172页。

排者与生产者的分工，促进政会合作。"政府通过引入市场机制改变政府公共服务的供给模式，将行政化的'公共生产'转为更多发挥市场作用的'外部购买'。"① 这种分工将促进政会合作的制度化、公开化和透明化。第二，遵循依契约交易的市场原则，即"公共服务提供的契约化，政府与社会组织之间构成平等、独立的契约双方"②，这种契约化合作不仅体现了政府对行业协会商会社会主体地位的承认，也将促进行业协会商会建立起新的身份认同。第三，遵循项目制的治理路径，即政府按照"费随事转"的原则，实行项目制的社会组织治理。项目制的治理，不仅使得政会间财务关系变得更加明晰，而且实现了监管方式向过程性和嵌入性监管的转移。需要防止的是，一些行政机关打着购买公共服务的旗号而向行业协会商会输送公共资源。

4. 专职与兼职人员建设

为政之要在于人，高素质的职业化队伍是协会发展的重要支撑。行业协会在人员招聘及管理方面应与政府部门划清界限，建立起自身的招聘、选拔、晋升等的人事机制，根据岗位的性质和特征，分析其执行所需要的知识技能与经验及其所负责任的程度，进而明确每一个岗位所需人员必须达到的要求，建立一批专职的人才队伍，为之后的独立运行发展搭建起输送人才的桥梁。

首先，建立合理的"选才"机制。形成一支年龄、知识和技术结构基本合理的职业化队伍是协会建设和协会持续健康发展的基础。即广纳贤才进入协会工作，保证人才进得来、骨干留得住。一方面，推动协会面向社会招聘专职人才，为协会发展注入新生力量：选聘优秀的高校毕业生，加强人才引进及培养，努力形成一支年龄、知识和技术结构合理的职业化队伍；着力培养一批洞悉市场经济运行规律，熟悉行业，具备国际视野，拥有专业管理能力的职业化管理人才；重点储备一批有良好学术素养，热爱协会事业的后

---

① 赵立波：《政府购买行业协会商会服务研究》，《学习论坛》2016年第1期。
② 王名主编：《中国民间组织30年——走向公民社会》，社会科学文献出版社2008年版，第206页。

备人才[①]，摆脱政府主管部门领导兼职协会中高层干部的局面。另一方面，从行业中吸取人才在协会兼职工作。如吸取行业精英担任协会领导职务，提高企业家在理事会中的比重；从会员单位选聘多名有实践经验的管理技术人才，建立协会年轻干部与会员单位双向挂职机制，培养、选拔优秀人才进入协会工作；凝聚行业院士、专家、学者的智慧，为行业改革发展提供智力支持。

其次，建立合理的"用才"机制。一方面，加强行业协会人员的管理及日常的专业能力培训工作，让行业协会真正成为为行业服务的、具有一定专业能力及权威性的社会组织。如通过组织各种讲座和专业交流会，提升工作人员的知识储备和专业能力，使行业协会朝着知识型组织的方向发展，为行业协会培养更多的后备人才。另一方面，建立合理的人才奖励机制，逐步提高行业协会的薪资水平，完善职称评定机制并提高内部人员的社会地位。

最后，建立合理的"留才"机制。一方面，按照"去行政化"改革的方向，行业协会从业人员使用社会团体编制，将专职工作者纳入社会组织编制序列。另一方面，全面实行劳动合同制度，加强专职工作者的劳动保障管理。协会应与工作人员签订劳动合同，依法保障工作人员合法权益，将专职工作者的工资和保险、福利待遇参照国家对事业单位的有关规定执行，逐步建立起一套合理的行业协会从业人员的职称、养老、医疗、失业相关制度，并使它与政府有关部门的政策相协调，以化阻力为动力，减少"去行政化"改革所面临的障碍。

五　本章小结

行业协会是在中国改革开放后特定的历史背景下发展起来的，

---

① 尹广文、崔月琴：《能人效应与关系动员：农民专业合作组织的生成机制和运作逻辑——一组基于西北地区村域合作社的实地研究》，《南京农业大学学报》（社会科学版）2016 年第 2 期。

"实质上是政府主导的一个制度变迁和制度创新的过程,是政府为了配合改革的需要而做出的有意识的选择。"[1] 通过部局改制的组织变革、分级分类的组织架构、多种形式主管的组织管控等策略,中国初步建立了行业协会治理的基本结构体系。然而,行业协会从成立以来,是长期作为"二政府"存在的。行业协会的组织结构及运行实践中表现为设立形式的多样化、身份的官民二重性、资源的体制内获取、管理的双重体制、发展的整体性依附等多种特征。行业协会对政府产生了相当强烈的依赖心理,而长期的依赖导致其存在先天的短板及劣势。有效推进行业协会的变革势在必行。然而,行业协会去行政化是应该有限度的。一方面,去行政化并不是行业协会离政府越远越好,也不意味着政府与行业协会从此了无关系,而是为了政社更好地合作。另一方面,去行政化不是一蹴而就的,并非可以通过一刀切来解决,在去行政化的过程中会受到各种因素的阻滞,进而影响行业协会去行政化的进程。行业协会治理在中国正处于探索与发展阶段。当前乃至后续一段时期内,相较于其他类型的社会组织,行业协会商会的改革发展将呈一种急剧推进的态势,呈现诸多新的发展趋向。

1. 走向民主治理

组织权威从卡里斯玛型到法理型的转变离不开合理的组织结构及其所隐含的民主治理需求。中国行业协会仍处在生长发育阶段,远未成熟,它对社会治理发挥的作用受行业精英变化的影响,如何通过组织内部建设来规避一些消极作用的产生是其关键。行业协会的精英治理与目前民主化治理的需求存在冲突。完善组织结构、创新监督方式不仅能消除精英权力专权异化赖以生存的土壤,还能推进行业协会的民主治理。理顺行业协会的内部治理结构,使协会内部会员代表大会、理事会、监事会等三会结构之间达成均衡、各司其职。

第一,完善会员代表大会制度,提高会员民主参与程度。在某

---

[1] 康宗基:《从政府选择到社会选择:民间组织发展的必由之路》,《西北农林科技大学学报》(社会科学版) 2011 年第 1 期。

种意义上讲，协会是一种代表型组织。在行业协会的制度构建上，会员代表大会是其最高权力机关，实行民主集中制。一方面要贯彻同票同权制度，提高会员的民主参与积极性，另一方面要推动行业协会管理层基于民主制度的正常轮换，防止行业精英独断专权。"改善行业协会商会治理结构的一个重要途径就是增强领导人产生过程的民主程度，要明确行业协会商会提名和选举领导人所需的票数比例以及投票方式，提名和选举领导人的过程也必须公开。"[1]

第二，完善监事会制度，形成高效的监督体系。避免行业协会精英治理的异化，不仅需要政府业务指导部门、民政部门以及其他政府部门的权力监管，而且还需要协会的自监督和社会的外监督。监事会作为协会监督机构，监事会成员的构成对监督有着重要的影响，可以吸纳协会内部的专业人员、政府向协会委派的监事员以及邀请社会公众加入。行业协会目前的内部分工更加细化、专业性更强，专业人员的参与能够普及专业知识，避免盲目神化个人专业才能；公众加入监事会可引导公众积极参与到对行业协会的民主监管中，在知情、沟通、反馈等环节建立健全民主监督制度。

第三，建立信息公开制度和第三方评估制度，充分发挥媒体、网络和公众举报等的作用，通过外部建议和批评协助行业协会改进工作，提高工作效率。

2. 走向网络治理

如果不能建立一个经得起各种冲击、稳定的协会网络治理结构，不能打造一个包容会员多样性的命运共同体，在面临激烈利益冲突时，就很容易导致协会撕裂。依靠精英个人关系构建的网络关系会随着协会精英的离开而失去，不利于协会资本长期积累并巩固。如果行业协会因为内部精英的调动而导致领导阶层变幻不定，协会就难以以稳定可靠的形象出现，也很难与会员之间建立起长期稳定互利的双赢关系。行业协会的长远发展不应该只依靠中国式的关系网络，而应逐步形成在行业精英引导下注重公共参会的协会网

---

[1] 景朝阳、李勇主编，高成运、陈建国副主编：《中国行业协会商会发展报告（2014）》，社会科学文献出版社2015年版，第61页。

络资本，形成以下基于社会资本的网络治理。

一是构建信任机制。就组织信任的产生基础来看，有以网络连接、以互惠为基础、以认同为基础的信任，即基于共同的信任者、共同的利益需求和共同的理想愿景，都有可能使交易双方产生信任。就行业协会的产生来看，行业协会的精英们常利用自身魅力和人脉关系，动员行业内的企业参与组建协会，使互不了解的交易双方（协会和会员）通过双方都信任的"中介组织（行业精英）"构成一个信任链，获得自身发展所需的外部援助，进而促进协会的组建和发展。然而，以个人连接的信任受精英的变化而影响，将原本以行业精英为中心的两两关系的信任转为组织成员之间的了解型信任，增加了自组织内部的社会资本，继而转变为自组织内部的互相信任机制，使行业协会成为稳固的团体。

二是构建互惠机制。按照新经济社会学的解释，社会行为是嵌入在一定社会关系和网络之中的，行为主体可以在互惠的交往中形成"关系"。行业协会内部构建互惠机制是拉近行业精英之间和行业精英与普通会员之间关系的重要方式，可以进一步增加组织的社会资本。构建自组织互惠，要有合理的利益分配办法，和各会员在工作上要分工协作、互相支持，使普通会员有更多的机会参与到协会的活动中来。从长远来讲，如果协会内的成员都不回馈组织，会使潜在的会员产生对协会的不信任，影响协会扩大规模。

三是构建声誉机制。在一定意义上，声誉是一种无形的社会资本且具有脆弱性，一旦破坏，很难修复。根据信息经济学的解释，声誉机制可以衍生出多边惩罚机制，解决经验品和信任品等的信息不对称问题。一方面，精英治理发生异变可能给协会带来"声誉租金"：会员可以"用脚投票"加入其他协会，政府等合作者可以"用脚投票"购买其他协会服务。另一方面，精英治理发生异变可能给精英们带来"声誉租金"：当协会内的行业精英违反了组织内成员共同接受的规范时，组织内成员会感到愤愤不平；当行业精英做出损害协会的行为时，即意味着得罪了整个行业协会，会增加行业精英做违反协会共同利益行为时的成本。此外，协会可以通过信息披露来影响会员声誉而对组织内各成员的行为产生约束，进而促使协会更加稳定。

3. 走向制度治理

"获得外部支持，对于一个新的组织而言特别关键。但是它们先前获得的外部资源，在通常情况下都是脆弱的、分散的，因此，官僚组织必须迅速组织起来，为用户提供有价值的服务。只有这样，才能激励用户支持它的存在。"[①] 治理水平的长远提升需要行业协会的长期适应能力。总结中国行业协会的发展历程，形成基于持续发展的制度治理需要从内部治理规则和外部治理规则两方面加强。

第一，建立内部的激励与约束制度，提升协会行动力。一是要加强对协会领导层的激励。激发协会领导层的非物质动机，及时肯定协会精英们在协会管理中的价值以满足其自我实现的需求；探索保证委托人和利益代理人诉求相一致的激励机制；建立以制度为规范、以道德为支撑、以信誉为基础的社会信用约束制度。二是要提升对协会工作人员的激励，提升协会的凝聚力和执行力。不仅要建立合理的薪酬激励与社会保障制度，充分发挥协会成员的才能，同时还要完善志愿者管理制度，"那些具有专业知识和能力的人员发挥了重要的作用。对于一些因缺乏平时专业培训有善心而无善力的志愿者来说则难以发挥更有效的作用，加强志愿者日常化的专业培训、提高相关技能是社会组织提高公共服务能力和提升社会公信力的重要途径"[②]。

第二，建立政会合作制度，提升协会影响力。要推动政府职能向行业协会转移，明确政府购买行业协会服务的范围与方式，签订委托协议，支付相关费用，建立规范化的购买服务机制。一方面，协会积极承接政府和有关部门购买的社会服务事项，扩大协会服务内容和规模，拓展行业协会的发展空间。另一方面，政府应发挥积极作用，进一步优化政府购买行业协会服务的方式和内容、发展多

---

① ［美］安东尼·唐斯：《官僚制内幕》，郭小聪等译，中国人民大学出版社2017年版，第8—9页。

② 崔月琴：《转型期中国社会组织发展的契机及其限制》，《吉林大学社会科学学报》2009年第3期。

种形式和具有激励意义的资助，防止行业协会失灵。

然而，需要进一步思考的是，转向组织权威、社会资本、组织制度的治理核心是什么？这一问题的回答需要厘清行业协会的组织特性（organizational properties）。中国行业协会的发展受政府影响很大，是一种典型的他组织治理格局。研究者普遍认为，行业协会是一种互益性的非营利组织，自治是协会的本质特征和基础结构性条件。随着中国经济社会的发展、政府职能的转移，行业协会治理开始出现由他组织向自组织转变的趋向。进一步思考，行业协会如何自治？奥斯特罗姆（Ostrom）指出，"一群边界相对封闭的人可以自组织起来建立自治理的机制"。由于行业协会"具有一定封闭性，会员身份的取得受到行业、会员资质以及其他条件的限定"[①]，因此行业协会具备了自组织治理的可能性。奥斯特罗姆进一步指出，一组集体行动问题的委托人需要解决监督问题、可信承诺问题和制度供给问题。组织结构权威、社会网络资本和组织制度供给是自组织治理的重要组成元素，行业协会由个人权威转向组织结构权威、个人关系资本转向社会网络资本、个人惯习转向组织制度与自组织治理不谋而合。首先，自组织治理的监督需要源于组织的结构安排，基于组织结构的组织权威使监督得以井然有序地进行。范华登（Frans Van Waarden）认为，"行业协会不仅为企业创造了信息共享和面对面接触认识的平台，还提供了企业在集体活动参与中检视（监督）他人预期、发展社会联系与集体认知和抑阻'搭便车'的有效机制。"[②] 其次，可信承诺的"信任、声誉与互惠机制来自于人际网络"。[③] 行业协会利用精英们的社会资本构建起协会内部的信任机制、互惠机制和信誉机制，进而产生认同与实现合作，增加社会资本，成为"广为接受"的社会事实。最后，在结构和社

[①] 郁建兴、江华、周俊：《在参与中成长的中国公民社会——基于浙江温州商会的研究》，浙江大学出版社 2008 年版，第 73 页。

[②] 赵永亮、张捷：《商会服务功能研究——公共品还是俱乐部品供给》，《管理世界》2009 年第 12 期。

[③] Ostrom E., "Building Trust to Solve Commons Dilemmas: Taking Small Steps to Test an Evolving Theory of Collective Action", in Simon A. Levin, *Games, Groups and the Global Good*, NewYork: Springer, 2009, pp. 211–216.

会资本的基础上制定组织规则或制度，以规范集体行动。基于组织权威，行业协会的制度如果不建立在组织结构和社会认同的基础上，是不会得以确立的，秩序也难以长久维持。行业协会治理在当前的价值不仅在于理顺政府、市场和社会三者之间的关系和边界，还要在"治理化"的进程中不断培育和壮大社会资本，推进社会组织治理转型，实现社会治理精细化。

第三章　从传统转向现代的地缘性商会

在中国社会转型与现代化的进程中，中间社会组织应社会的需求不断地得到发育和扩展。特别是伴随新的社会阶层人士的大量增加，社会的再组织化成为中国社会转型理论与实践的关键议题。随着新兴商人群体的日益壮大，地缘性商会作为商人群体"再组织化"的一种重要组织形式异军突起，其形成和发展展现了一种较为典型的社会组织发育机制和发展路径。梳理中国学界已有的商会研究，我们发现以往的研究关注东南沿海地区的行业性商会较多，缺乏对内陆地区地缘性商会的关注。地缘性商会的兴起，有其特殊的发育机制和组织使命，是一个有特色的组织群体。因此，为了丰富商会组织研究内容，探索商会组织的发育机制，建构商会组织管理模式及推进路径，在研究过程中我们将视线移至东北地区，并聚焦于地缘性商会，关注其在所处情境中的自组织机制以及嵌入地方情境中的组织绩效，通过分析制约地缘性商会发展的障碍性因素，探寻其由传统向现代转型的推进路径。

一　地缘性商会发展概述

地缘性商会，是指具有相同原籍（县级以上行政区）的企业和工商业者，因工作或业务的需要，为维护自身利益，在原籍外的另一行政区依照自愿原则成立的民间互益性组织。[①]

[①] 张高陵：《中国异地商会的渊源与现状》，《中国商人》2011年第3期。

第三章 从传统转向现代的地缘性商会

地缘性商会的雏形最早可以追溯至明清时期的商帮和会馆。明代以前，中国商人大多各自为政，单独从事经商活动，没有出现具有地域性的商人群体。明代中叶以后，随着商品经济的发展，商人数量的不断增多，商人群体之间的竞争也日趋激烈，为了在激烈的竞争中巩固和扩大市场份额，商业经营者开始基于地缘关系结成地域性商帮，并以群体的力量出现在商业活动和社会生活中，最终形成了在中国商业史上具有重要影响的"十大商帮"。每个地域性商帮在经营项目、活动范围、经营手段、管理策略等领域都各具特色，"同乡组织与行业公所是互为一体的，其原因无外乎来自某一地区的旅居者往往集中在一个或几个行业中。茶商多为安徽人，丝商则多为江浙人"[①]。商人会馆则成为商帮的组织形式和商帮形成的重要标志，"会馆这种同乡情感最有计划的制度性的表达，是同省旅居者的正式结社"[②]。因此，从长时段的历史来看，地缘关系早已成为中国社会组织形成的重要机制。

中华人民共和国成立以后，党和国家对各种旧式组织进行了全面整治，城市中那些基于地缘关系形成的各类组织也被视为封建团体予以清理整顿，在对旧的组织形式清除或改造的同时，以八大人民团体如工会、妇联、残联、共青团、工商联等为代表的各类组织成立，并发挥着桥梁和纽带的作用，在计划经济体制下，形成了以单位制为主的调整和控制城市社会的组织形式。此时为数不多的私营工商业者也作为统战对象加入了工商联组织，从性质上看工商联并不是一个自主性的民间组织，而是八大人民团体之一，被纳入国家政府体制之中。

从1978年中国共产党的十一届三中全会后，中国进入了改革开放时期，民营经济得到了前所未有的发展，商人群体数量不断增长，活动范围不断扩展，为地缘性商会的产生奠定了基础。1986年3月5日，全国第一家地缘性商会——上海市浙江商会经上海市

[①] [美]顾德曼：《家乡、城市和国家——上海的地缘网络与认同，1853—1937》，宋钻友译，周育民校，上海古籍出版社2004年版，第17—18页。

[②] [美]顾德曼：《家乡、城市和国家——上海的地缘网络与认同，1853—1937》，宋钻友译，周育民校，上海古籍出版社2004年版，第21页。

民政局注册登记批准成为具有法人资格的社会团体组织。此后，地缘性商会这一由旅居异地的商人群体构成的组织形式开始在全国各地陆续出现。尤其是在2000年之后，全国各地新注册的省级地缘性商会数量出现了较快增长。2001年至2005年每年新增省级商会注册数量在8—29家之间，每年新增数量占总数的比率在1%—10%之间；2006年至2011年，全国省级地缘性商会每年新增数量占总数的比率在10%以上，每年新增的省级地缘性商会数量都在50家左右，最高的三年是2008、2009、2010年，每年新增省级地缘性商会分别达到66家、64家和65家，占省级地缘性商会总数的比例分别为14.47%、13.06%和11.26%。[①]

省级地缘性商会之所以在2000年后得到了快速发展主要有三个原因。首先，2000年9月，全国民间组织管理局局长座谈会在杭州举行，在此次会议上，针对地缘性商会建立和管理的问题达成了"建会到省，试点先行"和"双重管理，属地为主"的共识，浙江省等省份开始试点先行。经过三年的试点，2003年，民政部正式颁布了《关于异地商会登记有关问题的意见》，为地缘性商会的成立提供了政策依据，促进了省级地缘性商会的发展。其次，地缘性商会在推动地方经济发展和促进两地经贸往来等方面的功能日益凸显，受到地方政府的重视，各地政府对地缘性商会的成立都给予了大力推动和支持。最后，跨省创业投资的商人群体不断增多促进了各地相同籍贯商人群体的形成，为地缘性商会的建立创造了条件。

我们研究团队曾在2014年对地处东北的吉林省的地缘性商会进行了实地调研和访谈，了解到2006年吉林省第一家地缘性商会——吉林省上海商会在吉林省民政部门注册成立，随后在吉林省经商的其他地域的商人群体也开始纷纷登记注册本地域的地缘性商会。截至2014年，吉林省共有省级地缘性商会19家，商会成立的时间、会员数量如下表3-1所示：

---

① 孙学敏主编：《中国地缘性商会治理与发展研究（上卷）》，河南人民出版社2014年版，第6页。

表 3-1　　　　2014 年吉林省省级地缘性商会情况

	商会名称	成立时间	会员数量
1	上海商会	2006.8	70
2	福建商会	2007.2	287
3	广东商会	2007.4	200
4	山东商会	2008.3	160
5	浙江商会	2008.5	260
6	湖南商会	2008.8	206
7	川渝商会	2008.9	193
8	江苏商会	2008.10	115
9	山西商会	2009.9	45
10	河南商会	2011.4	110
11	安徽商会	2011.5	70
12	内蒙古商会	2011.5	40
13	辽宁商会	2011.5	55
14	河北商会	2012.9	162
15	江西商会	2012.7	70
16	陕西商会	2013.12	80
17	闽商总会	2014.4	150
18	云贵商会	2014.1	40
19	黑龙江商会	2014.8	100

数据来源：根据 2014 年商会调研和吉林省民间组织管理局数据整理。

虽然吉林省省级地缘性商会从管理模式来看，须接受吉林省民政厅和经济技术合作局的双重监督和管理，但从组织的运行实践来看，地缘性商会与行业协会不同，具有自组织的性质，呈现志愿性、非政府性、非营利性等社会组织的一般特征，实现了会员入会自愿、商会领导自选、管理人员自聘、办公场地自置、活动经费自筹、商会事务自理的独立性组织特征。其社会功能主要体现在两方面，其一是通过地缘关系联结新社会阶层，凝聚社会力量，规范会员经商行为，引导会员参与社会公益和地方建设；其二是助力地方经济发展，联通吉林省和原籍地政府的互通合作、招商引资等。地缘性商会的组织机制和作用机制成为我们关注的重点。

二 地缘性商会的组织发展机制

地缘性商会是同乡商人群体"自下而上"自组织而成立的社会组织。其发育生长过程主要包括两个阶段：第一个阶段是从地缘性商会的前身——同乡会到地缘性商会的成立，亦即从非正式组织到正式组织，其中地域文化和同乡情感是其主要的联结机制；第二个阶段是地缘性商会从低级到高级、从无序到有序的发展过程，在这个发展阶段地缘性商会自定规则和商会成员之间的相互合作等构成了其自组织运行的有效机制。

（一）商人群体自组织的前身——同乡会

费孝通先生视传统中国社会结构为乡土社会，乡土社会的基本特征之一就是人们终老是乡，不轻易流动，因此也就使世代定居于一地成为常态。那些远离故地的人难免会产生"身在异乡为异客"的漂泊感，进而同乡之间的情谊显得弥足珍贵，这也成了异地同乡聚合的基础。据学者推断，因地缘关系而聚合的现象形成的年代十分久远，"中国'认老乡'文化现象至迟在汉晋时代已经在观念和行为上出现"[1]。裴宜理在对民国时期上海工人罢工的研究中就曾发现无论在工人招募，还是在工人抗争行动上，籍贯都是其中的主要基础，"在原籍招募工人从事同类工作的习惯，能够在不同的移民群体中培养强烈的团结精神，这种团结涉及面广，足已解释上海工人为什么那么容易发起集体行动"[2]。顾德曼也将地缘关系的组织化作用视为近代"中国社会的一大特色"[3]。在当代中国社会，

---

[1] 贾忠文：《"认老乡"的文化现象解析》，《江汉论坛》1993年第9期。
[2] [美]裴宜理：《上海罢工：中国工人政治研究》，刘平译，商务印书馆2018年版，第28页。
[3] [美]顾德曼：《家乡、城市和国家——上海的地缘网络与认同，1853—1937》，宋钻友译，周育民校，上海古籍出版社2004年版，第3页。

由浙江温州到北京经商的农民工商户自发聚居形成了"浙江村";在数码快印行业中出现了"新化人"现象。对于旅居异地的商人群体而言,在成立符合国家《社会团体登记管理条例》的商会组织之前,部分省份的商人已经自发地组建了同乡会,使商人群体呈现低度整合状态,地缘关系也构成了该群体组织化的初始机制。

首先,地缘关系中包含着情感纽带。人类是具有情感的动物,然而人类的情感不仅单纯基于生理或心理,同时也是一种社会化的情感,受到社会情境与社会结构的制约。身处异地的同乡之间基于地缘关系能够产生一种共有的社会化的情感,主要体现为"个体在外地面对不熟悉的情境时,当遇到来自家乡或邻近地区的人,在心里产生的对家乡或邻近地区人所持有的语言、文化、情感、生活方式、价值观念、宗教习俗等的一种积极的情感卷入和趋同倾向的过程"[1]。这种因地缘关系产生的情感卷入和趋同倾向对于同乡群体的组织化具有重要意义,尤其是在地缘性组织的形成阶段,情感因素往往构成了其产生的原始动机。对于那些旅居异地的商人而言,他们脱离了故乡熟悉的生活环境和群体,情感上难免会产生孤寂感和失落感,这种情感一方面会使他们产生对故乡的怀念、对故乡人与物的依恋;同时,他们也希望在异乡找寻群体归属以获得情感上的支持和慰藉。因此,共有的同乡之情成为他们进行自组织的纽带,旅居异地的商人自组织产生之初多以同乡会的形式出现,而后因国家对同乡会组织的限制逐步转型为合乎国家社会组织规范的地缘性商会。地缘性商会为籍贯相同的商人提供了一个既能舒缓思乡之情又能找寻到群体归属的组织化形式。在这一点上,地缘性商会继承和延续了近代同乡商人会馆的功能,形成了同乡商人"敦亲睦之谊""叙桑梓之乐""虽异地宛若同乡"的空间[2]。地缘性商会也会通过组织制造思乡情境的活动并将之转化为会员对商会的

---

[1] 张海钟、姜永志:《和谐社会建设视野的中国区域文化心理差异研究》,《理论研究》2010年第3期。

[2] 李华:《明清以来北京的工商业行会》,《历史研究》1978年第4期。

归属感。在中国的传统习俗中，中秋节是唤起游子思乡之情的重要节日。因此，中秋节联谊也成为地缘性商会非常重视的一项活动，联谊形式多以同乡聚餐、娱乐活动、节目表演为主，始终贯穿其中的则是思乡之情和同乡之谊。这种由地缘关系生发的情感要素成为旅居异地商人自组织以及地缘性商会在初始阶段较之于其他社会组织更具凝聚力的关键。

其次，地缘关系蕴含着社会身份。在中国社会，籍贯作为一种先赋性因素一直都是形塑个人身份的重要标识。在顾德曼看来，籍贯与身份之间存在着密切联系，"家乡在传统中国是个人身份的关键部分。陌生人见面，照例先问'老家在哪儿?'""籍贯是某人姓名、字号之外第一个特征记录，在法律面前需要确认某人身份的首要事实"[1]。此外，籍贯还具有长期稳定的特征，"旅居者的身份没有因居住地的改变而改变"[2]。中国社会重视籍贯的传统强化了个体对这一个人身份特征的认知，这也成为个体因地缘关系建构其社会身份的基础。社会身份与个人身份不同，涉及的是个体与某一群体之间的关系问题。社会身份被认为是有关个人在情感和价值意义上视自己为某个社会群体成员以及有关隶属于某个群体的认知。这种两人以上的社会群体分享着共同的身份，是一种相同的社会类别，群体的属性是其基本特征。对于同乡群体来说，生活在同一地域的人们因为相同的籍贯获得了相同的个人身份，然而却并不必然导致其对地缘身份的强烈认知，正是旅居异乡的经历强化了具有相同籍贯的人们的相似性，触发了他们对地缘身份的认同，将自身类别化入同乡群体之中。这一点对于地缘性组织的形成和发展意义重大。众所周知，内部认同对于任何组织而言都相当重要，基于内部认同组织成员能够意识到自己与组织外成员的差别，明确自己组织成员的身份，而共有的地缘身份建构起地缘性商会的内部认同，为商人自组织奠定了基础。

---

[1] ［美］顾德曼：《家乡、城市和国家——上海的地缘网络与认同，1853—1937》，宋钻友译，周育民校，上海古籍出版社2004年版，第3页。
[2] ［美］顾德曼：《家乡、城市和国家——上海的地缘网络与认同，1853—1937》，宋钻友译，周育民校，上海古籍出版社2004年版，第3页。

出现于地缘性商会之前的同乡会虽然在整合外地商人群体方面发挥了一定的作用,然而就其本质而言,它仍然是一个松散的商人组织,维系同乡会的是地缘关系中蕴含的情感因素及其承载的地域文化,这也导致同乡会缺少清晰的组织结构,不具备规范的组织制度,组织目标主要体现在强化同乡之间的情感纽带,其活动也以聚会、娱乐为主。聚会时,同乡之间觥筹交错、把酒言欢,聚会之后又各忙各的生意,呈现"聚若一团火、散似满天星"的状态。同时,作为松散组织的同乡会并未依据《社会团体登记管理条例》在民政部门登记注册,并且国家对类似同乡会一类组织也采取了限制措施。2002年民政部曾下发《关于进一步做好"老乡会""校友会""战友会"等社团组织管理工作的通知》并规定:"严格对'三会'组织的登记审批工作。依据《社会团体登记管理条例》,并根据《中共中央办公厅、国务院办公厅关于加强社会团体和民办非企业单位管理工作的通知》(中办发〔1996〕22号)和《中共中央办公厅国务院办公厅关于进一步加强民间组织管理工作的通知》(中办发〔1999〕34号)的规定,今后,对申请成立'老乡会''战友会'的,一律不予审批。"吉林省民政厅也依据民政部的文件制定了《关于进一步明确社会组织登记若干政策问题的通知》,对"老乡会"等民间组织不予审批。此后,吉林省同乡会组织开始逐渐向地缘性商会转型,2006年吉林省第一家地缘性商会——上海商会在吉林省民政部门注册成立,随后其他地域的商人也开始陆续注册成立地缘性商会,吉林省外地商人群体告别了同乡会进入了商会时代。

(二)商人群体自组织的进一步发展

吉林省各地缘性商会注册成立后,虽然其在现有的社团管理体制下已经具备了社团法人资格,并且拥有了商会专门的办公场地、工作人员、银行账户等,成为利用地缘关系这种传统组织资源组建的现代社会组织。然而在成立之初,各地缘性商会尚未完全摆脱作为其前身——同乡会的某些特征,地缘关系中所蕴含的家庭主义倾向也使商会成员更看重同乡关系而轻视作为商会成员的应尽义务。

随着商会规模的扩大，这种同乡关系所蕴含的情感因素越来越难以独自维系商会自组织的持续运行，甚至还导致商会组织结构松散，会员组织行为散漫。例如，成立初期各地缘性商会召开会议时商人随意迟到或早退已成为一种普遍现象，还有一些会员长期拖欠会费，甚至在一些地缘性商会中，几方商人为了竞争会长闹得不可开交，严重影响了商会的正常运行。因此，地缘性商会成立初期只能说明某一地域商人群体初步实现了有序的组织形态，此时的地缘性商会仍是一个"粗糙"的组织，若窥探地缘性商会组织内部，又会发现局部的混乱和无序。在吉林省各地缘性商会不断发展过程中，一些成立时间较长的商会的领导者也开始意识到商会存在的问题并探索实现达到有序和精致组织状态的方法。这些地缘性商会在自组织发展过程中，根据自身在集体行动时面临的具体问题，通过商会成员共同协商，制定行之有效的规则，以实现组织的规范化和有序化运行；还有一些地缘性商会重视商会内部的合作行为，通过寻求商业项目，为商会成员之间的合作创造更多机会，增进商会内部的社会资本和社会信任，为商会稳定和持续发展提供动力。

从吉林省地缘性商会发展情况来看，成立时间稍长的商会已经形成较为良性的治理结构，重视通过商会规章制度规范会员行为，并为商会会员创造更多的合作机会，通过一系列举措，有些地缘性商会也达到了结构合理、规范有序的组织状态。吉林省外地商人的组织化形态从早期的同乡会到地缘性商会成立再到逐渐成熟这一动态发展过程，也正是从无序到有序、从粗糙到精致的相对独立的自组织过程。在自组织过程中，地缘性商会也体现出与一般社会组织不同的鲜明特征。

1. 充足市场资源的供给：自组织成本的自我承担

于晓虹、李姿姿通过对"个私协会"的研究认为，在现有个体工商户发展水平和制度约束之下，虽然个体工商业者有自组织的意愿，然而由于自组织成本过于高昂，官方组织成本不失为一种对自组织成本的有效替代，她们的研究也解释了社团为何会呈现

"官民二重性"的属性。① 在当下中国社会，与"个私协会"类似，大部分民间社团都存在受困于自组织成本不足的情况。

地缘性商会作为与市场联系最为紧密的社会组织之一，与其他类型的社会组织相比，商会能够获得更多来自市场的支持，从物质上为保证地缘性商会自组织可持续发展奠定了基础。按照《社会团体登记管理条例》的规定，成立社会团体必须有 50 个以上的个人会员或者 30 个以上的单位会员；个人会员、单位会员混合组成，会员总数不得少于 50 个。因此，地缘性商会少则由几十家企业组成，规模大的地缘性商会的会员企业可达到上百家，会员企业涉及建筑地产、机械制造、酒店餐饮、教育培训等多种行业和领域，由数目众多的会员企业组成的地缘性商会较之于其他类型的社会组织可谓"财大气粗"，能够承担商会开展各类组织活动所需的自组织成本。例如，某一地缘性商会 2012 年不包括会员企业赞助的实物（如酒水等）和提供的服务（如广告服务等）共收取会费 1035500 元，这些会费用于聘用商会专职工作人员开支及各种商会活动支出等。除了会费，每当商会有大型活动时，地缘性商会中的会员企业还会提供各种形式的赞助，如某商会周年庆典时，商会收到的会员企业赞助达到了 50 多万元，在充足财力的保证下，商会庆典活动总是隆重而热烈，商会的凝聚力和影响力得到提升。

组织社会学格外强调资源与组织发展之间的密切关系。种群生态理论认为，组织在特定环境下如果不能获得生存所必需的资源就必然走向死亡。同时，组织的行动能力是与它的资源动员能力密切相关的，组织只有获得了一定的资源才能开展并维系组织行动。因此，针对资源对组织的重要影响，杰弗里·菲佛等提出了资源依赖理论的四个重要的假设：（1）组织最为关注的事情是生存；（2）没有任何组织能够完全自给自足，组织需要通过获取环境中的资源来维持生存；（3）组织必须与其所依赖的环境中的

---

① 于晓虹、李姿姿：《当代中国社团官民二重性的制度分析——以北京市海淀区个私协会为个案》，《开放时代》2001 年第 9 期。

要素发生互动；（4）组织的生存建立在控制与其他组织关系的能力和基础之上。① 目前，许多社会组织由于缺乏资源从而丧失了自组织能力，这些社会组织缺少办公场地、活动经费，难以支付工作人员的工资，使得这些社会组织将大部分精力消耗在如何获取组织运行所需的资源上，一旦"断血"，社会组织立刻就会陷入困境，甚至导致其解体，缺乏足够的资源成为限制社会自组织发展的重要因素之一。与一般社会组织相比，"不差钱"的地缘性商会却没有这方面的顾虑，作为由市场主体的企业会员组成的商会能够摆脱对其他组织和外部资源的过度依赖而进行自组织，这也成为商会组织与其他类型社会组织明显的区别。当其他社会组织在为活动经费、办公场地和人员工资四处奔走时，地缘性商会则能够获得会员企业的物质支持，从而将更多的精力投入组织的自我治理上，市场资源的充足供给为商会实现自组织创造了有利条件。

2. 稳定治理结构的形成：自组织中的关键群体

吉林省各地缘性商会组织的结构都较为相似，商人在市场中所占资源的多寡起到了形塑商会治理结构的作用，企业的经济规模、个人的财力状况决定了商人在商会中的层级。一般来说，地缘性商会的组织结构主要包括三个层级：核心层级，如会长、监事长和常务副会长；中间层级，如副会长、常务理事和理事；普通会员层级。对于大部分地缘性商会而言，虽然商会中各职位之间并无实质性的隶属关系，只象征着一种身份荣誉和社会地位，但核心层级因在各方面的付出也成为商会自组织结构中的关键群体，他们能否发挥应有作用以及发挥作用的程度往往决定商会自组织的运行状况。

商会中的关键群体，首先意味着要承担更多的经济责任。加入地缘性商会的商人通常根据自身的企业规模、财力状况选择最为适合的职位，商会核心层级一年动辄十几万甚至几十万的会费令很多中小企业者望而却步。例如，吉林省某地缘性商会，会长会费标准为20万元/年、执行会长为5万元/年、常务副会长为3万元/年、

---

① ［美］杰弗里·菲佛、杰勒尔德·R. 萨兰基克：《组织的外部控制——对组织资源依赖的分析》，闫蕊译，东方出版社2006年版，第125页。

而理事和会员分别为2000元/年和500元/年,"商会中的会长、理事缴纳的会费较一般会员高,应被视为他们要履行比一般会员更多的责任"①。除了缴纳高昂的会费,在社会公益慈善及特殊事件发生时关键群体也要较其他会员承担更多的社会责任。例如,在2013年雅安地震后,某商会中的关键群体捐款数额几乎占到整个商会捐款数额的六成。其次,商会中的关键群体一般也是组织的领导层,需要投入更多的时间和精力处理商会事宜,负责商会组织的运行和管理。例如,有些商会采取"常务副会长轮流值班制度",每月由一名常务副会长负责主持商会工作,处理商会事务。对于商会来说,每年的年会或成立庆典是工作量最大、最忙的时刻。从筹备到开会,往往都是由其关键群体策划,并投入大量的时间和财力。最后,当商会中会员企业的权益受到侵害求助于商会时,往往也是由商会中的关键群体出面帮助其协调或提供庇护。

当然,商人有意愿进入商会中的核心层级也存在一定自身收益的考量。首先,在商会组织中职务的高低在一定程度上体现了商人的财富程度,无形中形成了声誉和担保机制,从而对他们的经营行为有所助益。多位在商会中处于核心层级如担任会长、常务副会长的商人表示,在商务洽谈时如果对方知晓其在商会中的职务后往往会更愿意与他合作或为他投资,因为对方会认为商会中的职务代表着他在经济上有足够的实力,更加值得信赖。其次,在商会中处于核心层级能够有更多的机会参与政府部门的会议,建立起与政府的联系和沟通渠道,获得更多信息和资源,从而对个人企业有所助益。

正是通过这种承担责任与获得收益之间的平衡,地缘性商会大都形成了相对稳定和有序的治理结构。在这种治理结构下,商会中的关键群体虽然承担了绝大部分的自组织成本,但是他们也通过一系列的收益获得了补偿;普通会员则在几乎无须承担自组织成本的前提下获得了商会的服务和庇护,同时他们又由于缺乏雄厚经济资

---

① 郁建兴、江华、周俊:《在参与中成长的中国公民社会——基于浙江温州商会的研究》,浙江大学出版社2008年版,第72页。

本的支持，不存在挑战关键群体的动机和能力，实现了商会组织结构的稳定性。

3. 从情感关系到混合关系：自组织基础的嬗变

人际关系可以分为情感关系、工具关系和混合关系。情感关系是一种长久稳定的社会关系，主要是家庭成员、密友等原级团体成员。交往目的是以满足双方之关爱、温情、安全感、归属感等情感方面的需要为主。工具关系是一种不稳定的关系，这类关系之交往双方主要是想从对方那里获得各自希望得到的某些资源，关系的维持是获取各自所需的手段，没有什么感情可言。混合关系的特点则是交往双方彼此认识而且具有一定程度的情感关系，但其情感关系不像原级团体那样，深厚到可以随意表现出真诚行为。① 如前文所述，地缘性商会最初是基于同乡商人之间的地缘情感和身份认同自组织而成，情感关系是旅居异地的同乡商人们聚合的初始化动因。然而，随着地缘性商会组织规模越来越庞大，会员人数越来越多，地缘情感和身份认同的组织化功能逐渐衰减，而工具关系也在不断渗入情感关系之中，重新建构了地缘性商会的组织化机制，在商会中能否获得实实在在的收益也成为商会成员在情感关系之外的重要考量。

地缘性商会中的领导者也认识到除了同乡之情外还需要通过获取收益来凝聚会员，因此，如何提供"组织化的收益和资源"使会员能从中获益成了他们思考的重点。地缘性商会中的主体仍然是中小企业，融资问题往往成为阻碍其发展的制约因素，而融资困难的症结是发放贷款的银行等金融机构对于中小企业的信用状况心存疑虑，担心其资不抵债，无力还贷。针对会员融资困难的问题，有的商会运用组织化的手段，动员若干会员共同向银行担保并承担连带责任，为需要资金的同乡获得贷款；有的商会汇集同乡会员共同出资成立小额贷款公司，无息或低息向资金周转困难的同乡放贷，助其渡过难关。除此之外，商会还通过组织展

---

① 黄光国、胡先缙等：《人情与面子：中国人的权力游戏》，中国人民大学出版社2010年版，第7—11页。

会或在商会网站展示等方式帮助会员企业推介其产品或项目；召开商会内部的业务交流会，为有合作可能的会员企业之间牵线搭桥，实现商业上的合作共赢。在商会的活动中，使许多会员获益并对商会产生了更多的归属感。正如一位商会负责人所说，同乡企业要"抱团取暖"，"抱团取暖"的基础除了同乡之情，更在于商人在商会中通过从同乡之情中衍生出的信任、合作、互助等社会资本，能够在组织中获得实实在在的收益。因此，在商人自组织的过程中，维系地缘性商会的纽带既包含情感关系又包含工具关系，两者共同构成了"情"与"利"交织的混合关系，实现了商会自组织基础的嬗变。

三 地缘性商会的社会功能与组织收益

就东北地区而言，得天独厚的自然资源使其在计划经济时期成为中国重要的粮食产地和工业基地，为国家经济发展作出了重要贡献。然而，改革开放后，东北地区逐渐失去了计划经济中心区域的地位，同时乡土社会和单位社会的惯性也造成了东北地区市场化程度不足、经济增长乏力的困境。自2003年起，中央制定了一系列振兴东北老工业基地的政策以扭转东北地区经济落后局面，东北地区的地方政府为顺应政策导向也将提升区域市场化程度，加速经济社会发展作为工作重心。按照公共选择学派的观点，各级政府都可以被视为"理性人"，都试图追求自身利益最大化，在社会组织的选择和培育上亦是如此，国家和政府会鼓励或限制某类社会组织的发展，使之服从服务于自身需要。地缘性商会之所以自2003年后成为东北地区发展最快的社会组织类型，重要的原因之一就是因为其具有深嵌于地方情境满足地方政府需求的组织功能，而在满足地方政府需求的同时，地缘性商会也获得了相应的组织收益。

(一) 嵌入地方情境的组织功能

地缘性商会之所以能够深嵌于地方情境之中，受到地方政府的青睐，主要在于其一方面能够满足地方政府发展经济、引入外援、促进 GDP 增长的政绩诉求；另一方面，地缘性商会能够参与和践行地方社会治理，缓解后单位时代地方政府在转变职能、加强社会治理、重建社会秩序等方面的压力。

1. 促进地方经济发展的有力抓手

在对地方政府的政绩评价中，GDP 是一个重要指标。为了促进 GDP 增长，地方政府一方面努力调动本地资本，参与各种项目的开发；另一方面大力招商引资吸引外地资本。在这一目标下，地缘性商会的作用显现出来，成为地方政府促进地方经济发展的有力抓手。

首先，地缘性商会的异地资源成为地方政府招商引资的重要渠道。改革开放以来，市场改革的不断深化，促进了商人群体数量大幅增加，以及商人群体跨地域流动性的不断增强，这也是地缘性商会产生的基础和前提。随着地缘性商会在各地的蓬勃发展，地区间具有相同籍贯的地缘性商会的联系也愈加密切，它们共同构建起一个个庞大的商会网络，形成了更大范围、更高层级的地缘性商会组织。如全国乃至全球范围的粤商大会、浙商大会、闽商大会、豫商大会等。当这些组织召开大会时，各省市的地缘性商会作为会员参加大会活动，活动期间它们与其他省市的同乡商会交流信息、推介产品、合作项目。各省、市地缘性商会作为庞大商会网络中的一个结点，也成为其所在地政府与原籍地政府之间、政府与企业之间、企业与企业之间沟通交流的重要桥梁和纽带，从而在招商引资方面扮演了重要的角色。一方面，地缘性商会通过参与政府牵头的经贸招商活动，协助完成政府招商引资工作。例如，2013 年吉林广东商会会长、秘书长跟随吉林省经贸代表团赴广州市开展招商工作，通过商会会长、秘书长积极奔走成功促成了多个项目的对接和洽谈；另一方面，地缘性商会成为其他省份同乡商会和同乡企业来吉林省进行经贸考察的"落脚点"和"接待站"。在接待过程中，地缘性商会通过介绍吉林省的特色资源、招商引资的优惠政策以及自身在吉林省经商的切身感受,吸引来访企业在吉林省投资置业,形成了"以商招商"的模式。例如,吉林川渝商会成立以来,积极为招商引资牵线搭桥,成功引进多家四川、重庆籍地产企业,累计投资总额达到了100多个亿。因此,正如一位商会负责人所言,与政府相比,地缘性商会在招商引资方面有自身优势,一个商会就相当于一个"招商局"。地缘性商会也因在招商引资方面的特有优势越来越受到地方政府的倚重,"当下各商会会长、秘书长已经成为各地政府的座上宾,商会到地方考察,可以直接见到书记、市长,受到极高的礼遇,很多县市甚至把招商专员派驻各异地商会,进行'贴身服务'"①。

其次,地缘性商会发挥平台优势形成资本聚合效应。在地缘性商会发展过程中,一些发展较快的地缘性商会已经形成了商会经济,实现了产业聚合和企业聚合。例如,吉林广东商会在吉林省农安县建立了广东工业园,总投资额达到了360亿元人民币,入驻会员企业涉及肉禽、农产品、生物制药、电子信息、汽车零部件等行业并形成了产业集群和产业链条,工业园区的建立、会员企业资源的聚集带动了所在地区的经济发展。

最后,地缘性商会发挥社会网络效应,助力政府收集和反馈信息。地方政府组织的各类经济工作会议经常会邀请地缘性商会组织参加。地缘性商会一方面可以把一些关于经济社会发展的好思路、好经验、好做法反馈给政府,为地方政府制定经济发展战略提供有益的借鉴信息,另一方面也能够及时反馈地方政府在营商环境方面的不足之处,督促地方政府及时进行调整优化。除此之外,很多地缘性商会组织负责人还具有人大代表、政协委员等政治身份,在所在地人大、政协、工商联组织中任职,他们也可以通过这些官方组织提供的渠道为经济发展积极建言献策。

2. 地方政府社会治理的有益帮手

王名认为社会组织可以分为公益性和互益性两类。互益性组织

---

① 北京住宅房地产业商会:《商会的力量大于企业单打独斗》,http://www.sohu.com/a/151451183_99920760,2019年9月6日。

是以服务于其成员或会员的利益为目的的非营利组织,该类组织一般实行会员制,如行业协会、学会等。① 按照这样标准,地缘性商会无疑属于互益性组织,其只代表会员的利益,指向局部的公共性。然而,在新制度主义对组织的研究中,许多学者也注意到组织在面临制度环境时的战略反应。在实际运作中,作为互益性组织的地缘性商会为了获得更多"合法性"也扩展了公共性范围,为社会整体利益服务,协助地方政府参与了诸多社会治理事务。

一是整合和管理外地商人群体。单位制时期,国家将大部分城市居民组织纳入各种单位,如党政机关、工厂、学校、医院等,剩下的少部分社会成员则被纳入街道居委会。单位组织被认为是计划经济时期中国政治、经济和社会体制的基础。它构成了一种"组织化"的社会形式,建立起"国家—单位—个人"的社会联结机制,单位对各种资源的占有和控制及严格的人事管理制度,使单位人完全依附于其所隶属的单位组织,难以在不同城市和单位之间流动。而街道居委会将单位之外的自由职业者和无业居民作为其组织和管理的对象,并辅之以粮食统购统销和户籍制度,使这一部分人员也固定下来,便于管理和控制。20世纪90年代初,市场经济的兴起对单位这样一种组织化形式构成了挑战。在市场中各种替代性资源开始出现,单位制不再是资源分配的唯一方式,其也逐渐转变为面向市场的生产性组织。在改革浪潮中,大量下岗工人、农民工及新兴民营企业家等成为缺乏组织归属的群体,社会原子化趋势不断增强。面对这种状况,国家曾经试图通过"社区制"代替"单位制"来发挥组织化功能。不可否认,随着越来越多的人住进了商品房小区,社区在整合社会成员、提供社区服务、实现基层民主等方面发挥了积极作用,然而在市场经济背景下,国家试图通过"他组织"的方式将社区打造成像单位一样的全能组织的各种条件已不具备,为了在新形势下达成组织化目的,许多组织化资源都应被加以利用。

---

① 中国行政管理学会课题组:《我国社会中介组织发展研究报告》,《中国行政管理》2005年第5期。

旅居异地的商人群体通过自组织产生的地缘性商会，在联结和整合商人群体方面扮演了重要角色。从商人群体的来源上看，在改革初期出现的商人，大多来自边缘群体，根据蔡欣怡的调查："在改革的最初十年中，私营企业家主要由农民和从未当过工薪族的人们组成。这些个体户一般由于缺乏体面的就业机会而转向从事私营商业。"[①] 伴随市场经济的发展，商人群体在来源上更为多元，进城农民、下岗工人、辞职的国家干部、毕业后创业的大学生等都是当前商人群体的重要组成部分。然而，这些商人群体的共同特征，就是游离于国家体制和各类组织之外。从这一角度来看，可以说商人群体成为后单位社会再组织化的重要对象，尤其是跨区域经商的商人在数量上不断增加更加大了整合的难度。面对这一现象，基于地缘关系的自组织提供了一条可行的组织化路径，地缘性商会将同一籍贯的商人有效地整合进入商会组织之中，缓解了商人群体的原子化、边缘化趋势。从吉林省各地缘性商会情况来看，规模较大的商会会员数量已经达到将近三百家，规模较小的商会会员数量也达到了近百家。各商会组织都详尽地掌握着会员的各类信息，对会员实行组织化管理。因此，在地缘性商会出现后，国家和地方政府依靠地缘性商会组织作为中间层，实现其对个体商业群体较为有效地管理，从而减少治理成本，提升治理绩效，同时国家和地方政府的意志与目标也能嵌入商会组织的运作之中，进而传递给商人群体。同时，地缘性商会也形成了代表某一地域的商人群体向国家和地方政府反映利益诉求的制度化渠道，为国家和地方政府实现有效的社会治理，形成稳定的社会秩序提供了可能。

二是参与和践行地方公益。中国商人组织历来有关注地方公益的传统。在小浜正子的《近代上海的公共性与国家》一书中，记载了 19 世纪太平天国起义之后，地方精英人士以善堂为据点开始加强对地方社会各种公共职能的参与。上海商人在商业资本不断扩大的同时也从资金上支持了善堂的活动，另外，还有绅商直接经营

---

① [美] 蔡欣怡：《绕过民主：当代中国私营企业主的身份与策略》，黄涛、何大明译，浙江人民出版社 2013 年版，第 70 页。

善堂在城市社会中发挥着公共职能。这类活动一方面促进了地方公益事业的发展,另一方面也缓解了伴随着城市发展所带来的政府与社会之间的矛盾。① 顾德曼的研究也发现旅居者团体在扩大非国家公共管理方面作出的贡献:"在晚清,当灾难侵袭他们的家乡或在上海或其他城市的同省人时,主要的同乡团体不仅尽最大努力予以救济,而且他们也支持全市性的慈善活动。"② 在社会转型的过程中,国家逐渐转变计划经济时期包揽全体人民福利事业的角色,转而让渡出部分社会空间并积极培育社会组织,使其成为当前社会公益事业的承接者。在众多社会组织之中,地缘性商会凭借强大的经济实力在扶贫济困、捐资助学、促进就业等公益事业中都贡献颇多,分担了地方政府在公益事业方面的资金压力,传承了商人组织参与践行地方公益的传统。

2010年,吉林省永吉县发生了"千年不遇"的特大洪涝灾害,给当地居民的生命和财产造成了巨大的损失。在永吉县灾情发生后,吉林省各地缘性商会纷纷行动起来,组织会员为灾区捐款、捐物。浙江商会在水灾后第一时间就采购了两车大米、白面、矿泉水等救灾物资连夜送往灾区。随后,浙江商会又组织会员为灾区捐款,在捐款中商会会长捐资1000万元、副会长捐资120万元、执行会长捐资50万,其他会员也纷纷为灾区慷慨解囊,最后浙江商会的捐款金额达到了1500多万元。广东商会也先后分两次为灾区捐款,在了解到该县下辖的一个村庄村部被洪水冲毁后,又主动捐款重建了该村村部并捐赠了电脑等办公设施,广东商会还联系了一家深圳企业为该村捐建了一所希望小学。2017年7月,永吉县再次因暴雨引发特大水灾,洪涝灾害造成18人死亡,18人失踪,房屋损毁严重,农作物大面积受灾。在了解到灾情后,河南商会一方面组织会员捐款,另一方面商会会长筛选了一支由20人组成的救援队伍,开着8辆载满救灾物资的货车赶赴灾区第一线参与救援。

---

① [日]小浜正子:《近代上海的公共性与国家》,葛涛译,上海古籍出版社2003年版,第117—118页。

② [美]顾德曼:《家乡、城市和国家——上海的地缘网络与认同,1853—1937》,宋钻友译,周育民校,上海古籍出版社2004年版,第90页。

除了救灾，地缘性商会在扶贫济困、捐资助学等地方公益事业中也贡献颇多。吉林省江苏商会连续七年资助学习特别优秀、家庭特别困难的"双特生"继续完成学业；当了解到一所高校的学生罹患白血病后，江苏商会的会员纷纷捐款，成功地挽救了这名学生的生命。地缘性商会在社会公益事业中的积极参与为会员参与公共服务、投身公益提供了平台，引导会员履行社会责任。同时，地缘性商会的公益行为在一定程度上缓解了政府所面临的诸多社会问题所带来的压力，为商会的发展赢得了充分的社会合法性。

(二) 嵌入地方情境的组织收益

地缘性商会通过嵌入地方情境之中，满足和服务于地方政府诸多现实需求的同时，也获得了相应的组织收益。

1. 获得政府掌握的资源

获得收益是商人经商活动的目的，而获得收益的方式除了采取市场行为，非市场行为对他们的收益同样会产生一定影响，尤其是地方政府掌握和控制着诸多关键资源，并具备一定干预经济的能力。地缘性商会通过嵌入地方性情境，与地方政府进行密切互动合作，有助于地缘性商会以及外地商人与地方政府之间关系的建立和维系，为地缘性商会以及外地商人获得信息和资源创造有利条件，进而增加商会的组织收益。

地缘性商会与地方政府之间密切合作成为其获得这些资源的重要因素。吉林省的一些地缘性商会通过与政府的良好互动获得政府支持，获取关键资源的案例并不鲜见。在调研中，一位商会负责人提到，该商会在吉林省某新城正筹建商会工业园，之所以能够与该新城签协议建设工业园，他认为是商会与政府"勤互动、善互动"的结果，多年来商会通过嵌入地方情境，和新城所在地政府形成良好的关系。他提到在签约时政府人员也表示，多年来商会对地方经济社会建设支持很大，必须给商会批一块土地设立工业园支持商会的发展。可见，地缘性商会嵌入于地方情境也为商会自身发展及商会内商人获得更多收益创造了更多的条件。

2. 提高商会会员的社会地位

当中国商人群体的经济实力达到一定程度后，随之而来的是他们在提高社会地位方面的更多考量。中国社会自古就有"重农抑商"的传统，商人处于四民之末。中华人民共和国成立后，商人群体成为被改造的对象，一直处于边缘位置，直到改革开放后市场经济体制的确立，商人群体的社会地位才有所提高，并被纳入现有的政治体制和政治系统之中。然而，毕竟这种转变时间还较为短暂，大部分商人仍然具有提高社会地位和声望的渴求。根据韦伯"财富、声望和权力"的社会分层理论，这三个因素能够相互影响、相互转化，商人们也希望通过获得更高的社会地位和声望使其转化为更多的财富。

商人群体提高社会地位的方式之一是通过商会组织而获得一定的政治地位和身份。进入商会领导层的商人将有更多机会通过经合局、工商联以及企业所在地政府等制度化渠道被推选为人大代表或政协委员，而当选为人大代表或政协委员也意味着他们在获得政治地位的同时也将获得更多经济收益的可能。Truex 的研究指出：企业家的全国人大代表资格能够为企业带来更高利润。他发现拥有全国人大代表的企业在 2005 年至 2010 年的业绩比没有代表的企业在资产回报和边际营业利润两个指标上分别平均高出 1.5% 和 3.4%。而且，这种效应在业绩规模越小、国有占股越低的企业上越明显。[1] 高勇强等也认为，通过获得政治身份"企业不仅能够谋取到合意的政府政策，获得诸如信贷支持、税收减免、土地优惠、财政补贴等方面的好处，而且可减少政府的不当干预，提高企业在市场中的声誉"[2]。因此，人大代表、政协委员等政治身份一方面能够提高商人获取优惠政策的机会，另一方面政治身份也形成了一种"庇护"，使商人的正常经营行为免受政府的干预，这两个方面都将对商人财富的增加有所助益，而商人财富的增加也将在一定程度

---

[1] Truex, R., "The Returns to Office in a 'Rubber Stamp' Parliament", *American Political Science Review*, Vol. 108, No. 2, 2014, pp. 253–251.

[2] 高勇强、何晓斌、李路路：《民营企业家社会身份、经济条件与企业慈善捐赠》，《经济研究》2011 年第 12 期。

上增强其所在商会的实力。

此外，如前文所述，外地商人通过地缘性商会履行更多社会责任也能够为提高社会地位增加筹码。最有政治名望的私营企业主并不总是取得最大经济成就的人，吕鹏在对影响私营企业主当选人大代表和政协委员的因素调查时发现，经济财富只是门槛，党员身份也不是当选的保证，而像具有社会责任感的"士绅"那样去行事才是当选最重要的条件。因此，他提出了"财绅政治"的概念，即认为私营企业主的政治参与可以被概括为"财绅政治"，也就是说，如果在政治和社会上像"绅士"一样行动，当选为人大代表或者政协委员的可能性就会增加，其他的因素如经济实力只是一个门槛而已。① 在吉林省每年召开的"慈善表彰大会"上，为吉林省慈善事业贡献巨大的商人将会获得由吉林省委书记和省长亲自颁发的"吉林省慈善奖"，这对于商人来说是莫大的荣誉，获奖商人的事迹也会被吉林省媒体广泛报道，社会影响力得到很大的提高。商人的慈善行为不可否认具有利他主义的动机，但这种促进地方公益的行为也为他们带来了"政治勉励"。

3. 维护外地商人的权利

地缘性商会在嵌入地方性情境后，实力的增强也使其在会员权益受到侵害时，维护会员权利的整体能力得到提升。吉林省川渝商会中有多家建筑劳务公司，劳务公司中的工人大多数也来自川渝地区，这成为吉林省川渝商会的一大特色。然而对于川渝籍劳务公司而言，工程完工后施工方拖欠支付工程款的事件时有发生。随着吉林省川渝商会实力的不断增强，川渝藉劳务公司遇到此类事件时，他们会主动寻求川渝商会帮助，而川渝商会则以组织的名义向相关政府积极反映情况，维护合法权益。例如，2012 年，何某、王某等 100 名川渝籍工人在由某建工集团等四家单位承包的工地上从事木工、瓦工等劳动。工程进展顺利，然而年底结算时，项目部在工地已出结算单的情况下却迟迟未兑现工程款 37.4 万元并无故罚款

---

① 吕鹏：《私营企业主任人大代表或政协委员的因素分析》，《社会学研究》2013 年第 4 期。

2万元。何某和王某作为代表曾试图与项目部负责人协商解决此事，然而项目部负责人态度蛮横拒不交付工程款。在这种情况下，何某和王某向川渝商会反映了情况，寻求商会的帮助。在了解此事件后，川渝商会以"红头文件"的形式向建委、劳动稽查等部门分别发函申诉，以"组织对组织"的方式寻求维权。川渝商会的申诉函引起了相关部门的高度重视，相关政府部门委派专门人员了解和调查拖欠工程款事件。最终，施工单位支付给了川渝籍工人全额工程款并取消了不合理的罚款。川渝商会正是依靠组织化和制度化的力量，以"组织对组织"的方式维护了受损农民工的合法权益。

由于地缘性商会自组织能力的增强以及其对促进地方经济建设、管理外地商人群体、改善地方公益等方面的组织功能，使地缘性商会能够成为维护同乡商人权益的重要途径。"国家塑造了社会力量的政策影响力，并在相当大程度上决定了社会力量可以通过何种方式来影响政策过程。"[1] 地缘性商会处于政府和市场的中间层次，代表着同乡商人利益并将商会成员的利益诉求向政府反映，使制度环境有利于自身发展，以组织化的力量拓展制度空间，此时，地缘性商会已经成为一种组织化的利益传导机制。"民主政治的发展、利益集团的涌现、传统结构的衰弱和多元社会的形成推动了当代政治结构的革故鼎新。在这种社会演变和政经转型的过程中，逐渐诞生了一种以利益集团为主体、以利益集团对各种社会政治部门施加影响而形成的压力体制为核心的多元政治结构。"[2] 以"组织对组织"的维权方式逐渐显现，是因为地缘性商会通过嵌入地方性情境之中发挥了符合地方政府需求的组织功能，也在于其经历了从无序到有序，从粗糙到精致的自组织演化过程，它不再是一个运作混乱、结构松散的组织，而逐渐成为一个具有较高凝聚力的整体。

---

[1] 黄冬娅：《企业家如何影响地方政策过程——基于国家中心的案例分析和类型建构》，《社会学研究》2013年第5期。

[2] 郭定平：《多元政治》，香港：三联书店（香港）有限公司1994年版，第47页。

四　地缘性商会的治理转型与推进路径

现阶段地缘性商会治理仍处于探索阶段，虽然各地地缘性商会发展得如火如荼，但繁荣背后也有作为"理性人"的政府主动选择和培育的结果。从当下地缘性商会发展的现状看，一些地缘性商会仍然暴露出传统商人会馆的某些特点，尤其是"家庭主义"倾向构成了其朝向现代社会组织转型和发展的障碍性因素。因此，思考并突破地缘性商会中"家庭主义"的局限，使其朝向现代社会组织的方向发展成为我们探索地缘性商会治理转型的核心议题。

（一）地缘性商会的"家庭主义"局限

地缘关系可以被看作一种类血缘关系，其中也隐含着"家庭主义"倾向。在张静教授看来，"家庭主义"采取特殊主义原则，只重视家庭和家族等小团体的利益，社会公共利益则被放置于次要和从属的位置，它是一种建基于私人关系，内部紧密、对外封闭的组织原则。[①] 虽然传统商人会馆与地缘性商会均以地缘关系作为组织化机制，但前者产生于传统社会，后者则肇始于改革开放后的中国特色的社会主义现代化进程之中。社会背景的变迁亦使组织的价值取向和治理结构具有严格的区别。现代社会是自主开放和多元的社会，其社会组织应该成为社会公共性的重要载体，这种公共性不仅是使社会组织超越狭隘的团体利益而关注公共生活的重要条件，也是形塑现代国家与社会组织间互相合作、互为监督格局的立基所在。因此，"家庭主义"倾向并不利于现代社会组织的建构，而地缘性商会中的"家庭主义"倾向也构成了限制其朝向现代社会组织发展的制约因素。

---

① 张静：《公共性与家庭主义——社会建设的基础性原则辨析》，《北京工业大学学报》（社会科学版）2011年第3期。

首先,有的地缘性商会中存在较为明显的"家长式"治理结构。"家庭主义"所形成的秩序突出了家庭或家族成员对家长权威的服从,在地缘性商会中也存在着类似的情况。地缘性商会虽然是在民政部门注册的正式社会组织,商会章程也写明最高决策机构为会员大会,但是在实践中一些地缘性商会的大小事宜往往由会长一人拍板决定,会员大会形同虚设。这种长老式权威管理能够在地缘性商会中通行无阻,究其原因是地缘性商会会长几乎都是由同乡商人中具有雄厚经济实力和丰富社会资本的大企业家担任,他们成了地缘性组织中的卡理斯玛型的行动者因素,然而,"这种精英治理的模式也表现出了自身所存在的局限性,因而也面临着治理结构的转型要求"[①]。

其次,有的地缘性商会存在对商会成员的过度保护。"家庭主义"最重要的功能之一即体现为对家庭或家族成员利益的重视,当成员利益受到威胁时提供保护。这一点在地缘性商会中体现为商会对同乡商人提供的维权服务。然而有时地缘性商会所维护的同乡权益,并非都是正当、合法之权。例如,某些商人因生产不合格产品被工商部门处罚,希望通过商会的"疏通"减轻甚至免除处罚,甚至会员个人因违反公共交通规则被吊销驾驶证件,也希望商会能"出面相助"。可见,某些地缘性商会在维护内部成员私人利益的同时却忽视了社会公共利益,有时甚至成了庇护同乡不法行为的"保护伞"。

最后,有的地缘性商会的封闭性限制了不同地缘群体的交流。"家庭主义"的内外有别,使社会信任与合作只发生在由家庭成员组成的熟人关系之间而无法向陌生人扩展。"搭建平台,资源共享"是地缘性商会宣传时经常使用的话语,然而地缘身份筑起的边界使资源共享只发生在一些商会内部,限制了商会外部成员对资源的获取。正如有学者在研究社会资本负功能时所言:在一个群体之中,为群体成员带来收益的强关系,通常也会阻碍该群体之外的

[①] 崔月琴、袁泉、王嘉渊:《社会组织治理结构的转型——基于草根组织卡理斯玛现象的反思》,《学习与探索》2014年第7期。

其他人获得为该群体控制的特定社会资源。①

（二）推进地缘性商会治理转型的路径选择

推进地缘性商会治理转型的关键在于突破地缘关系中所隐含的"家庭主义"局限，破除其封闭性，摒弃特殊主义，使地缘性商会成为既依托传统组织化资源又承载社会公共性的现代社会组织。

首先，制定商会组织相关法律。从吉林省地缘性商会发展现状看，一部分地缘性商会已经具备了现代社会组织特征，在社会建设中扮演了重要角色，成为公共性的重要载体。还有一部分地缘性商会则问题重重，有的商会内部治理混乱，民主制度缺位；有的商会封闭排外，成为只顾及同乡利益的小团体。之所以地缘性商会在发展过程中会出现诸多问题，其中一个重要原因就是中国至今未出台规制商会组织的相关法律，这也是制约地缘性商会治理转型的客观因素。在国家层面，目前地缘性商会可以依据的相关社会组织法规仅有《社会团体登记管理条例》，然而该条例不仅在法律效力层次上偏低，而且有关内容对商会组织缺少针对性，可操作性不强，不能适应商会组织的发展。纵观市场经济发达的国家，通常都制定并颁布了国家层面的商会组织法律。

因此，为契合地缘性商会发展的实际需要，推进地缘性商会治理转型，国家应当制定宏观层面的商会法律法规，对包括地缘性商会在内的民间商会的法律性质、法律地位、基本职能、法律权利、法律责任等做出明确规定。在依法治国不断深化的当下，制定宏观层面的商会法律法规有助于为地缘性商会治理提供根本的法律遵循，既能明确地缘性商会内部各角色之间的权利与义务，保障商会公共性不被商会中某些大企业的私利所侵害，也能够明晰地缘性商会在社会系统中的地位和作用，以及应当承担的社会责任，避免其成为封闭排外的利益团体，确保其朝向现代社会组织方向发展。

---

① 转引自张义宏《社会资本：理论争辩与经验研究》，《社会学研究》2003年第4期。

其次，国家管理层面应积极介入并引导地缘性商会的规范发展。地缘性商会虽然较之于其他类型的社会组织更容易获得民政部门的注册登记，但也应该注意到，近二十年来地缘性商会数量的快速增长与国家大力发展市场经济以及地方政府立足招商引资的背景关系密切，能够顺利获得注册并不代表其在组织治理方面明显优于其他类型的社会组织，国家介入并引导地缘性商会规范发展十分必要。在注册登记上，国家应守好地缘性商会的准入大门，不能仅仅因为地缘性商会在经济建设方面的贡献而降低其准入门槛，使一些仍不具备成立条件甚至是资质不良、行为不端的地缘性商会进入社会组织队伍。在组织治理上，国家应要求地缘性商会严格按照商会章程办事。章程规定了商会内部组织治理结构以及权、利、责的分配，是确定商会内部运行机制和外部负责机制的依据。从根本上看地缘性商会在运行中所暴露的绝大部分问题都是因为违反商会章程所致。因此，应积极引导地缘性商会组织充分尊重章程的权威地位，在人事、财务、活动以及事关组织发展方向等重大问题上由全体会员决策，构建商会民主机制，避免商会被会长或领导层垄断而沦为"大企业家俱乐部"，使章程成为商会组织良性治理的重要保障。在组织评估上，应采取国家相关部门和民间评估机构及公共媒体评估监督的模式，对商会组织的内部治理和运行状况进行科学合理的评估和监督，对评估中发现的问题及时反馈，并提出有建设性的意见，完善和增强商会的内部治理状况，对地缘性商会的行为做出客观评判，尤其防止地缘性商会因团体利益而侵犯社会公共利益，通过评估和监督推动地缘性商会自律性的形成。

最后，加强地缘性商会公共性的营造。田毅鹏教授将公共性的核心要素总结为：共有性、公开性、社会有用性和社会理念性，而"作为新公共性最重要的承载者，NPO、NGO等非政府组织和非营利组织在新公共性的构建过程中发挥着越来越重要的作用"[1]。加

---

[1] 田毅鹏：《东亚"新公共性"的构建及其限制——以中日两国为中心》，《吉林大学社会科学学报》2005年第6期。

强公共性的营造有助于地缘性商会将社会信任与合作由私人关系扩展至公共关系，使地缘性商会成为公共性的重要承担者。营造地缘性商会公共性的具体措施有以下两方面。一方面是通过其自身的各种集合纽带和运营逻辑将企业主纳入组织范畴中来，为组织内部会员提供互益平台，避免其成为只服务于商会内部某一小群体的私利集团，使地缘性商会成为会员公共利益的承担者。具体来说，地缘性商会应建立为全体会员企业服务的各种渠道和方式，包括信息咨询、办理证明、举办会展、开展培训、协调纠纷等有效的服务。从实践上看，地缘性商会服务做得越好，企业才越愿意加入协会并缴纳会费，财务状况良好的地缘性商会能够开展更优质的服务，吸引更多会员加入其中。因此，地缘性商会应以服务会员企业为抓手，吸引会员企业、凝聚会员企业，建构地缘性商会惠及所有会员的公共性。另一方面，地缘性商会应积极参与社会公益活动，承担更多的社会责任，加强与社会各界的良好互动，拓展社会公共空间。在此过程中，地缘性商会既能够培育和表达自身的价值理性，也可以实现价值追求的转向，构建社会秩序的微观环节，有助于基层社会治理。同时，地缘性商会也可以尝试与公益慈善组织和公益基金会进行合作，将商业与公益进行资源联结和优势互补，为社会公益事业提供充分和可依赖的资源，同时也能够克服自身参与公益慈善的随机性和业余性，与专业公益慈善组织的互动反过来也能影响地缘性商会的社会公益行为的展开方式和组织形式，推动地缘性商会朝着惠及范围更广的公共性方向发展。

在"单位制终结"的背景下，中国社会的再组织化一直为学界所热议。已有的研究以"官民二重性"[1]、"依附式发展"[2]和"分类控制"[3]等理论概念从整体上把握了中国社会组织发展的特

---

[1] 于晓虹、李姿姿：《当代中国社团官民二重性的制度分析——以北京市海淀区个私协会为个案》，《开放时代》2001年第9期。

[2] 康晓光：《依附式发展的第三部门》，社会科学文献出版社2011年版，第97页。

[3] 康晓光、韩恒：《分类控制——当前中国大陆国家与社会关系研究》，《社会学研究》2005年第6期。

殊性。本研究认为即使是所谓"自下而上"方式发育的社会组织，其组织化机制也不仅仅是社会力量基于某种社会性原则的自组织；即使是所谓"自上而下"方式发育的社会组织，也并非完全缺失内在的自组织机制。具体而言，地缘性商会的组织化过程实际上包含了两种不同类型的关系模式：其一是地缘性商会成员之间的互动交往，这构成了地缘性商会成立的最初动力；其二是地缘性商会成员同政府以及其他社会主体之间的互动交往，一定意义上构成了地缘性商会发展的外部环境。这两类关系的区分意味着，地缘性商会的成立和发展一方面是旅居异地的商人群体相对独立的自组织过程：基于文化符号、地缘传统和地缘情感所实现的从非正式的同乡会到正式的商会的组织嬗变以及商会内部通过精英动员、自定规则和相互合作实现的商会组织从低级到高级的进一步发展；另一方面其运作又与地方性的社会情境保持紧密的关联，嵌入了独立于社会领域的政治经济格局之中。不可否认，作为地缘性商会组织化机制的地缘关系可以被看作一种类血缘关系，其中隐含着"家庭主义"倾向。就现阶段地缘性商会的发展状况而言，在一些地缘性商会中也确实暴露出只重视同乡团体利益、内部紧密而外部封闭、"家长式"治理结构等问题，限制其朝向现代社会组织发展和转型。然而，正如秦晖教授所言："民间的任何合作与认同方式都是一种值得珍视的组织资源。"[1] 针对目前地缘性商会存在的问题，只要认清地缘关系的本质并通过在制定商会组织相关法律、国家引导商会规范发展、商会加强自身公共性营造等方面采取相应措施，地缘性商会在社会治理的新格局中，也将突破"家庭主义"局限，摒弃特殊主义，破除封闭性，实现从传统向现代的定位与转向，成为既依托传统组织化资源又承载现代社会公共性的社会组织，对社会主义现代化建设有所助益。

---

[1] 秦晖：《农民需要怎样的集体主义——民间组织资源与现代国家整合》，《东南学术》2007年第1期。

五　本章小结

地缘关系无论在近代还是当下的中国社会均构成了组织化的重要机制，它是同乡群体在异地生存中获得情感归属、建构身份认同、扩展社会资本的重要载体。改革开放后，在商人群体组织化的内生需求、充足的市场资源、国家力量的规制引导等多重因素的共同作用下，地缘性商会异军突起，得到了快速发展。

本章的研究表明，嵌入地方情境中的地缘性商会已经成为促进地方经济发展和社会治理的重要协同力量。本章的研究同时发现地缘性商会所蕴含的中国社会重乡土乡亲的传统，及由此形成的凝聚力和信任感在促进其内部整合的同时，也使其表现出"家庭主义"的发展倾向。这种倾向构成了地缘性商会由传统向现代转型的障碍性因素。由此，认清地缘关系的本质并通过在制定商会组织相关法律、国家引导商会规范发展、商会加强自身公共性营造等方面采取相应措施，将有助于地缘性商会突破"家庭主义"局限，在承续传统组织化资源的同时实现现代化转型。

第四章　基金会发展的探索与突破

基金会①是中国社会组织体系中的重要组成部分,是中国公益慈善事业发展的中坚力量,虽然基金会的数量远远落后于志愿团体和社会服务机构(民办非企业单位),但是它"源于公益,成于财富,是拥有财富的人之于公益的最佳表达形式,是一个社会通过组织化的形式激励富人对社会弱势群体以公益捐赠的方式表达社会关怀的制度安排,也是使财富在社会公益的名义下得以重新分配和永续存在的合法形式"②。作为现代公益慈善事业蓬勃发展的"发动机",基金会不仅仅具有散财功能,更具有聚财功能,充分体现了"众人拾柴火焰高"的社会团结效应。基金会的发展是现代社会文明进步的重要表现形式,其对于多元利益调节、社会矛盾缓解、促进社会公平正义、公民社会责任意识增强等均具有重要作用。

近年来,中国基金会取得了巨大的发展,无论在组织数量、组织类型方面,还是在社会救助金额、运作流程方面,都较以往实现了长足进步。然而,现有的基金会仍然存在模式较为陈旧、管理体制尚未成熟、运营不稳定、思维理念较为落后等诸多困境。本章在概述中国基金会发展历程和基本情况的基础上,围绕着东北地区基金会发展的现状,探讨基金会的发育路径和管理模式,并在此基础上考察当前在中国社会较有影响力的基金会,以寻求推动新时期中国基金会组织创新发展的治理

---

① 基金会是指符合中国《慈善法》与《基金会管理条例》的相关规定,按照要求在各级民政部门登记的具有公益性、非营利性与慈善性的法人组织。
② 王名、徐宇珊:《基金会论纲》,《中国非营利评论》2008年第1期。

模式与推进路径。

一 基金会的兴起与发展现状

基金会是人类社会发展过程中重要的组织制度创新，基于公益捐赠的财产，基金会致力于实现社会公平、缓和社会矛盾，进而增进全体社会的福利。基金会作为一种具有久远历史的社会现象，在西方社会的发展历程十分清晰，但其作为一种现代公益性社会组织在中国社会语境中得以关注、研究和探讨则是近三十年来的事情。20世纪八九十年代，伴随着全球"基金会浪潮"和基金会"黄金时代"的出现，基金会的实践发展和理论研究开始在中国社会起步并日益兴盛。1981年中国第一家公益慈善基金会——中国青少年发展基金会的成立，标志着中国基金会的发展迈出了历史性的步伐。四十多年来中国基金会的成长空间不断扩大，发展动力不断增强，逐渐成为中国社会组织的重要组成部分和推动公益事业发展的重要力量。虽然现代意义上的基金会在中国的发展历程并不是很长，但其在社会组织发展中的作用却不可小觑，扶贫开发、救灾救助、社会服务、环境保护等众多社会领域都可以发现基金会在其中的影响，也引起了学界的极大关注。

基金会是资源支持型与资金筹集型的社会组织。基金会的兴起和发展与经济发展水平密切相关，社会资本和慈善资源的汇集与流动促进了基金会的数量增长。作为一种财富传承与公益表达形式，社会思想观念与慈善理念的转型也进一步促进了基金会的社会认知度提升。

随着改革开放进程的深入推进，中国的经济社会发展水平不断提高，基金会的数量也实现了井喷式增长。2004年的《基金会管理条例》、2005年的《非营利组织会计制度》、2008年的《企业所得税法》、2016年的《慈善法》等法律法规和政策文件的出台极大地激发了社会公众、企业等相关组织和个人的公益积极性。截至

2020年年底,民政部的年度统计公报显示,中国基金会数量已经达到8432家,其中公募基金会2136家,占比25.3%,非公募基金会6296家,占比74.7%,近5年平均增长率达12.0%[1],换言之,目前从总量上看,非公募基金会远远超过公募基金会,数量相差三倍。

中国基金会的发展道路不同于欧美等西方国家,具有极其鲜明的中国特色,整体呈现自上而下、项目主导、公益慈善导向、规模零散、覆盖领域广的特征。[2] 从基金会的类型上看,中国的基金会最早起源于政府主导或派生的公募基金会,如中国青少年发展基金会、中国残疾人福利基金会、中国妇女发展基金会等,这类基金会的成立与资源动员、活动开展、组织运作大都依托党政部门,凭借行政权力与影响力,在权威媒体的宣传与舆论造势下,自上而下强力推进,其所具有的行政合法性、社会公信力使得它们迅速建立其全国知名度,然而这类基金会大多高度依赖业务主管单位,独立性不足。随着经济体制改革的深化,民营企业、股份制企业等市场主体的财富实力逐渐强大,由企业主导或派生的企业型基金会和个人、家族式基金会开始逐渐增多,日益发挥重要作用和产生广泛影响,如内蒙古老牛慈善基金会、腾讯公益基金会、阿里巴巴公益基金会等。尤其是自2010年以来,非公募基金会的数量类型和资金体量增长迅速,在公益慈善和社会服务领域的社会影响力急剧扩大。而随着中国社会转型的不断深化和社会治理时代的来临,基层社会治理的重心不断下移,社区治理创新时期社区服务需求多元化多层次化的压力,促进了专注于解决社区问题、回应基层民众需求的社区基金会的兴起。专注于地域性与空间性民众需求的社区基金会的不断涌现,充分回应了基层社区公众的差异化多元化生活需求,有效激活了本地的社会资源,促进了更加积极的社区参与和社区营造,提高了社会创新度和社区福利水平。

---

[1] 民政部:《2020年民政事业发展统计公报》,2021年。
[2] 王名、徐宇珊:《基金会论纲》,《中国非营利评论》2008年第1期。

基金会的自身属性决定了它的发展与地域经济发展水平具有较高的关联度，从而呈现显著的地区分布差异，经济发展水平较高的东部地区的基金会数量占比超过60%。[1] 东北地区是中国的老工业基地，在中国的社会经济发展中一直处于比较重要的地位，而特殊的地缘经济政治位置又使其整体的经济社会改革进程比较缓慢。据统计，截至2014年年底，东北三省的基金会资产总额共计23.41亿元，辽宁省7.81亿元，占比33.4%，吉林省7.14亿元，占比30.5%，黑龙江省8.46亿元，占比36.1%；2014年度，东北三省的基金会接受捐赠的额度达到7.04亿元，分别为辽宁省3.05亿元、吉林省2.44亿元、黑龙江省1.55亿元[2]；通过以上数据的比较，可以看出东北三省基金会的整体发展水平相差并不大，基本上处于同一水平，不管是基金会的数量、资产总额，还是接受捐赠总额都旗鼓相当，但与全国相比较，尤其是相比于基金会组织发展较快的东南省份，还存在较大的差距。下面我们从全国和吉林省这两个不同层面上的基金会发展状况统计数据，透视基金会在这一时期中国社会中的一般发展状态。

截至2014年年底，吉林省登记成立的基金会共有79家，在全国排名第17位，较2013年增加18家，年增长率为29.5%。[3] 从全国来看，2014年全国基金会总数达4211家，较2013年增加584家，年增长率为16.1%（表4-1），[4] 公募基金会与非公募基金会均有所增加，但非公募基金会增速明显大于公募基金会。

---

[1] 基金会中心网、中央民族大学基金会研究中心编：《中国基金会发展独立研究报告（2015）》，社会科学文献出版社2015年版，第36页。

[2] 数据来源：基金会中心网，http://www.foundationcenter.org.cn。采集日期为2014年12月31日。

[3] 中国基金会发展报告课题组编：《中国基金会发展报告（2015~2016）》，社会科学文献出版社2016年版，第108页。

[4] 基金会中心网、中央民族大学基金会研究中心编：《中国基金会发展独立研究报告（2015）》，社会科学文献出版社2015年版，第32～33页。

表4-1　　2014年全国及吉林省基金会数量与年增长率

	基金会数量（个）	年增长率（%）
全国	4211	16.1
全国平均	135	无
吉林省	79	29.5

数据来源：吉林省基金会年检管理信息系统数据库。

（一）分类情况

1. 按基金会性质分类

吉林省的79家基金会中，公募基金会24家，占比30.38%，非公募基金会55家，占比69.62%，非公募基金会的数量和比例已经远远超过公募基金会（图4-1）。而2014年全国4211家基金会中，公募基金会1487家，占比35.31%，非公募基金会2724家，占比64.69%。因此吉林省的非公募基金会的占比略高于全国水平。此外，非公募基金会仍是每年新成立的基金会主力。2014年度，全国新成立基金会584家，平均每天有1.5家新基金会成立。[①]

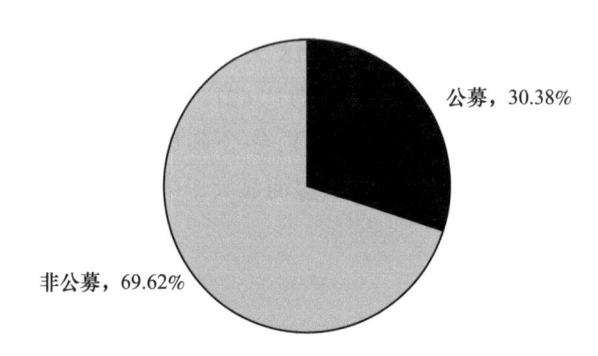

图4-1　2014年吉林省公募与非公募基金会占比情况

数据来源：吉林省基金会年检管理信息系统数据库。

---

① 基金会中心网、中央民族大学基金会研究中心编：《中国基金会发展独立研究报告（2015）》，社会科学文献出版社2015年版，第32页。

2. 按基金会发起方的单位性质分类

吉林省 2014 年具有政府背景的基金会 46 家，占比 58.22%；大学教育基金会 13 家，占比 16.45%；企业基金会 12 家，占比 15.19%，其中国企类 4 家，民企类 8 家；其他类基金会占比 10.14%（图 4-2）。[①] 从全省范围看，具有政府背景的基金会占据明显的优势地位，以接近 60% 的比例大大领先于企业和教育类。同时，企业基金会作为一种新兴的基金会类型也开始发展起来，特别是近年来，一些有影响力、有公益慈善热情的民营企业家，为了彰显社会责任、回报社会，纷纷成立基金会，积极投身于公益慈善事业。大学教育基金会依托其丰富的校友资源，也成为近些年来成长迅速的基金会类型，无论在数量还是资产规模上都具有很大的发展潜力。

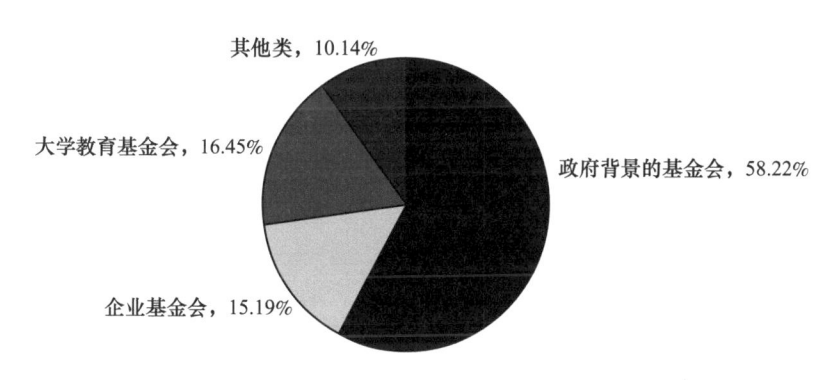

图 4-2　2014 年吉林省各类基金会占比情况

数据来源：吉林省基金会年检管理信息系统数据库。

3. 按基金会受益人群的地域级别分类

在吉林省，出资单位为省级部门的基金会有 26 家，出资单位为市级的基金会为 33 家，出资单位为县级的基金会有 4 家（图 4-3）。全国数据方面，2014 年度新增的基金会中，市县级基金会较往年有明显增加。在 2014 年新增的 584 家基金会中，市县级基

[①] 中国基金会发展报告课题组编：《中国基金会发展报告（2015~2016）》，社会科学文献出版社 2016 年版，第 108 页。

金会数量为 232 家，占比达 40%。2012 年民政部通过部省协议的形式，允许市级民政部门和县级民政部门登记管理非公募基金会。同年，广州、浙江、福建等地纷纷下放权限，全国共成立 64 家市县级基金会，截至 2014 年，市县级基金会增至 401 家。基金会登记管理权限下放到市县，使那些本来需要到省级民政部门注册的公募基金会，能够直接在本地部门注册，为基金会成立和管理提供了便利。

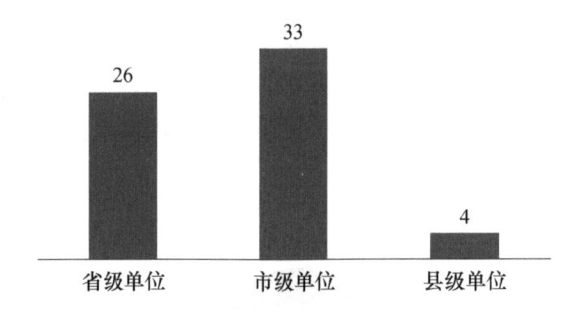

图 4-3 吉林省基金会地域级别分类情况（个）

数据来源：吉林省基金会年检管理信息系统数据库。

4. 按照基金会的功能分类

基金会就其一般类型而言，主要有资助型基金会、运作型基金会，以及资助运作综合型基金会，截至 2014 年年底，吉林省的基金会中 90% 是以运作自身项目为主的资助运作综合型基金会，还没有出现完全以资助其他社会组织成长发展为主要目标或使命的基金会。[1]

（二）基金会领域分布情况

按照国民经济的行业分类标准，吉林省基金会以社会服务领域和教育领域为主，其他依次是政法服务类、医疗卫生救助、环境保护领域。从领域分布上可以看出，吉林省基金会呈现如下特点。

---

[1] 中国基金会发展报告课题组编：《中国基金会发展报告（2015~2016）》，社会科学文献出版社 2016 年版，第 109 页。

1. 基金会分布领域开始进一步扩展

虽然基金会在传统的安老、扶幼、助学、济困、助残、救灾等慈善领域还占主导地位，但是发展中的基金会已经开始拓展到环境保护、法律服务等公益领域。

2. 社会服务和教育领域占据主导

吉林省79家基金会中一半以上基金会的服务项目主要是围绕传统的扶贫济弱和资助贫困学生，覆盖人群也比较集中，这可能会造成基金会项目的重叠和资源的重复利用。

（三）财务情况

1. 原始基金情况

原始基金是基金会对外公示和社会评价其规模与实力的一个非常直观的参考指标，基金会可以根据需要进行变更。截至2014年年底，吉林省基金会的注册原始基金共计2.94亿元，其中公募基金会共计1.17亿元，占比39.8%，非公募基金会1.77亿元，占比60.2%。原始基金在1000万元以上4家（表4-2），占基金会总数的5.0%，原始基金在500万元以上6家，占比7.6%，平均每家原始基金为372万元。

表4-2　　吉林省原始基金超过1000万元的基金会

序号	基金会名称	原始基金（万元）
1	吉林省教育基金会	1820
2	吉林省人才开发基金会	1000
3	吉林省神华社会救助基金会	1000
4	吉林省富奥汽车技术与管理创新基金会	3566

数据来源：吉林省基金会年检管理信息系统数据库。

2. 收入情况

基金会的收入主要包括捐赠收入、提供服务和商品销售收入、政府补助收入、投资收益和其他收入等，其中捐赠收入是主要收入来源。2013年度，吉林省基金会年度总收入为1.54亿元，其中捐赠收入1.14

亿元，占比73.83%，政府补助0.31亿元，占比20.23%，投资收益0.02亿元，占比1.19%，其他收入0.07亿元，占比4.75%。

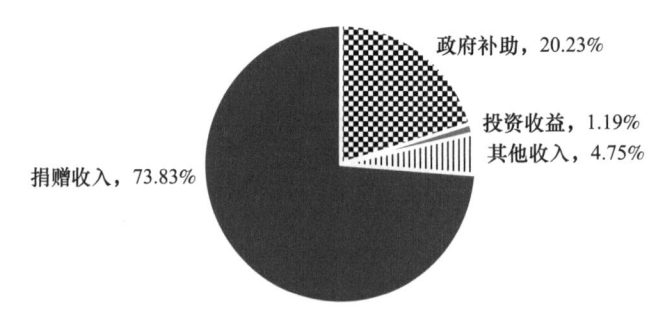

图4.4　2013年度吉林省基金会收入来源情况

数据来源：吉林省基金会年检管理信息系统数据库。

在捐赠主体上看，还存在极大的不平衡，98.17%的现金捐赠来自境内，约为5600万元，只有1.83%的现金捐赠来自境外，约为88万元（见表4-3）。

表4-3　　　　2013年度吉林省基金会接受捐赠情况

序号	资助类型	现金总额亿元	非现金折合总额亿元	总额亿元
1	境内	0.47	0.09	0.56
2	境外	0.01	0.00	0.01
3	合计	0.48	0.09	0.57

数据来源：吉林省基金会年检管理信息系统数据库。

根据基金会中心网统计，截至2013年12月31日，全国基金会收入约为519.60亿元，比2012年同期增长19.06%，其中捐赠收入占全部收入的83.54%，其次为政府补助收入，占6.55%，投资收入占4.13%，其他收入占5.19%，提供商品和服务的收入占0.59%，而90.99%的捐赠收入来自境内。

吉林省基金会的收入体现出以下主要特点：捐赠收入是最主要的收入渠道，与全国的情形大体一致，境内捐赠是主体，境外捐赠贡献甚微，随着国家对境外社会组织管制的加强，境外捐赠可能会继续减少；政府补助收入是基金会的第二大收入来源，政府的资金注入扩充了基金会的财富宝库，基金会的发展离不开政府的扶持；资产的投资收益不高，仅占总体收入的1.19%，资产保值增值的水平和积极性还有待提升（在不同的地域比较中，北京的基金会投资收益高达8.64亿元），面对通货膨胀和组织独立性等方面的挑战，基金会保值增值的压力也越来越大。

3. 支出情况

基金会的支出包括业务活动成本、管理费用、筹资费用和其他费用。业务活动成本主要指基金会为了其核心业务活动目标，运作项目活动或者提供服务所产生的各项费用，其中绝大部分是公益事业的支出。管理费用反映基金会为组织和管理其业务活动而发生的各项费用总额，主要包括行政办公费用和人员工资福利费用。以上两项费用构成基金会的主要支出，反映基金会的运作状况和活跃程度，受到登记管理机关和社会公众的关注。

2013年吉林省基金会总支出为1.21亿元，其中公益支出1.16亿元，占比95.87%；管理费用（行政办公和人员工资福利）0.05亿元，占比4.13%。基金会的公益支出与管理费用之比约为23.2∶1，也就是基金会以1元的成本做了23.2元的公益，公益成本效率较高。2013年有61家基金会参加年检，年检合格率为90.17%，2012年有60家基金会参加年检，年检合格率为95%。

全国数据方面，2013年全国基金会支出总额为389.54亿元，其中公益支出为377.81亿元，较上一年增长19.22%，占总支出的96.99%，管理费用7.44亿元，占比1.91%。全国基金会的公益支出与管理费用之比约为50.78∶1，公益成本效率非常高（见表4-4）。

表4-4　　　　2013年吉林省公益支出与全国的比较

	公益支出亿元	管理费用亿元	公益支出：管理费用
全国	377.81	7.44	50.78∶1
吉林	1.16	0.05	23.2∶1

数据来源：吉林省基金会年检管理信息系统数据库。

从数据上看，全国的该项费用比例远低于《基金会管理条例》规定，公益成本效率很高，吉林省的管理费用较大程度地高于全国水平，公益成本效率低于全国水平，但这并不说明吉林省的基金会运作效率低。根据《基金会管理条例》规定，基金会人员工资福利和行政办公费用比例不得超过当年总支出的10%。此项规定用于约束基金会的运作规范性及提高公益资金的使用效率，但并不意味着管理费用越低越好，而应根据基金会的运作类型和具体情况而定，合理、高效地使用善款是最终目的。为保证基金会项目的良好运作，产生相应的费用是合理的，公益是有成本的，尤其是自己独立运作项目的基金会，必然需要一定的行政成本及人力支出，否则将无法维系组织正常的运作。

（四）队伍建设情况

1. 人员队伍情况

2013年年底，吉林省基金会共有专职人数179人，志愿者13886人，而到2014年年底，则仅有专职人数137人，志愿者总数8864人（表4-5）。专职人员和志愿者的减少表明，吉林省基金会的人员队伍的不稳定性较大。截至2014年年底，每家基金会平均专职人员1.7人，其中公募基金会专职人数69人，平均每家2.9人，非公募基金会专职人数68人，平均每家1.2人，总数上二者基本持平，但是平均数上看公募基金会是非公募专职人数的2.4倍（图4-5）。公募基金会拥有的专职人员多于非公募基金会，一方面可能是因为公募基金会规模大、成立时间长，另一方面，非公募基金会为节省工作成本支出，工作人员一般是由发起设立基金会的企业、单位员工兼任。

表4-5　2013—2014年吉林省基金会工作人员情况统计

年份	2013	2014
专职人数	179	137
志愿者人数	13886	8864

数据来源：吉林省基金会年检管理信息系统数据库。

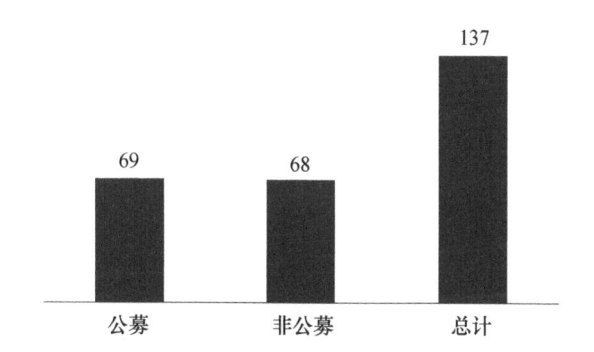

图 4-5　2014 年吉林省基金会专职人员人数

数据来源：吉林省基金会年检管理信息系统数据库。

专职工作人员的状况在一定程度上反映了基金会的规模情况，专职人员较少也在一定程度上制约了基金会的发展。基金会的发展需要全身心的投入和专业能力，而不仅仅是爱心与高尚。在调研过程中，吉林省的基金会也普遍认为，所有资源里面，最重要的是人才，人才是公益事业最宝贵的资源。

专职工作人员的学历状况方面，截至 2014 年年底，吉林省基金会从业人员中，硕士及以上学历人员占比约为 20.27%，本科学历占比约为 54.18%，专科及以下学历占比约为 25.55%（图 4-6）。

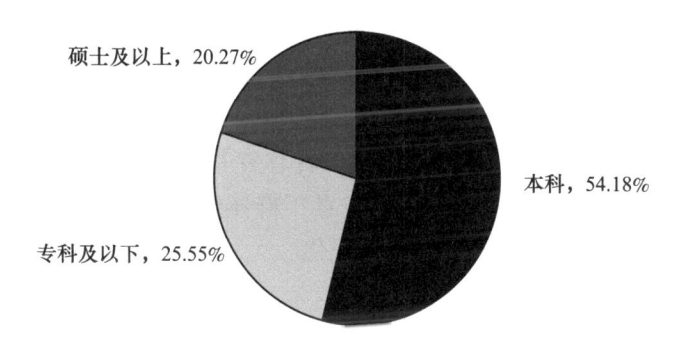

图 4-6　2014 年吉林省基金会从业人员学历构成

数据来源：吉林省基金会年检管理信息系统数据库。

从业人员的年龄结构：根据2014年年检数据，吉林省基金会从业人员中35岁及以下的约占29.20%，36—50岁的约占43.81%，50—60岁的约占19.91%，60岁以上的约占7.08%（图4-7）。

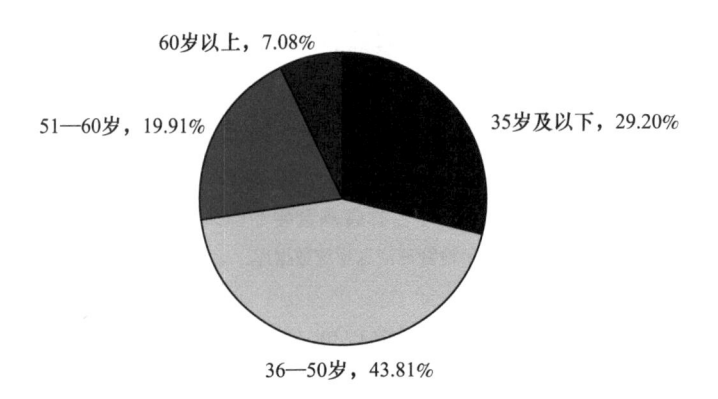

图4-7　2014年吉林省基金会从业人员年龄结构

数据来源：吉林省基金会年检管理信息系统数据库。

近年来，基金会从业人员队伍的特点是：

（1）专职从业人员。数量不多，平均每家不足2人，平均每家公募基金会的专职人数是非公募的2.4倍，支持基金会高效运转的人力资源缺乏。

（2）学历素质。从统计数据来看，基金会的专职从业人员的学历水平较高，整体素质较高，本科以上学历者占比74.45%，这对于提高基金会的专业化水平具有重要意义。

（3）年龄结构。从数据上看，吉林省基金会从业人员以中老年为主，占比44%，接近一半，青年群体数量不足，仅占29%，从业人员的年龄结构还需进一步优化。

2.理事会、监事会队伍情况

理事会是基金会的决策机构，《基金会管理条例》规定，基金会每年至少要召开两次理事会。截至2014年年底，吉林省参加年检的79家基金会均按规定设立了理事会、监事会。以2013年的理事会的召开次数为参考，2013年度全省各类基金会共召开理事会议113次,平均每家召开1.43次,平均不足2次。吉林省的统计数据表明,有19家基金会理事会议只有1次,占比31.15%,38家基金会理事会议召开次数符合规定,占比62.30%,理事会召开3次以上的只有4家,占比6.56%(图4-8)。其中公募基金会召开41次,非公募基金会召开72次。

全省基金会共有理事1032人,平均每家13.06人;监事148人,平均每家1.87人。2013年,全国基金会共有35440名理事,平均每家基金会12.63名;共有6143名监事,平均每家基金会的监事人数为2.1人。

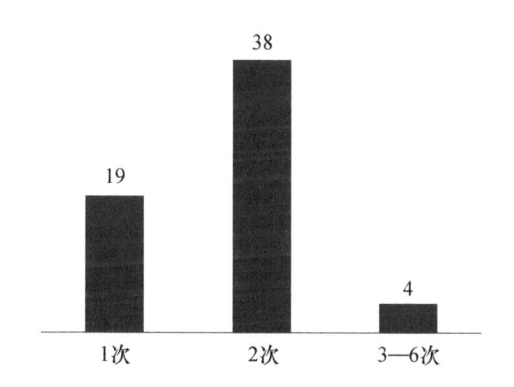

图4-8 2013年吉林省基金会理事会召开次数

数据来源:吉林省基金会年检管理信息系统数据库。

(五) 信息公开情况

基金会的公信力建设是整个社会关注的焦点,其中公开透明是必然要求。越来越多的基金会开始成立网站、创办刊物,当然拥有网站和刊物不代表基金会一定公开透明。公开透明的基金会公布的内容应该包括公开募捐、支出及成本,以及简洁易懂的公益活动收支明细及对象、财务会计报告等,方便社会对基金会的监督,也能增进公众对基金会的了解和信任。吉林省已经建立了社会组织信息披露平台,通过"吉林省社会组织网"开始对基金会实行信息披露制度,包括基金会的基本情况、年检报告以及财务报表等。2014年吉林省继续加大信息披露的力度,对基金会的重大活动情况、资产财务状况、接受捐赠资助情况等实行公开,接受公众监督。伴随政府的重视和管理部门的监督,吉林省基金会的信息公开意识日益增强。

吉林省大部分基金会公布公益项目和资金流向的载体是网站。基金会发行内部刊物是进行宣传推广的一种手段,然而大部分的基金会都没有内部刊物,根据2013年度吉林省的统计数据,只有9.84%的基金会拥有内部刊物(见表4-6)。

表4-6 吉林省基金会2013年度发行内部刊物情况

序号	类型	数量(家)	所占比例(%)
1	没有内部刊物的基金会	55	90.16
2	拥有内部刊物的基金会	6	9.84

数据来源:吉林省基金会年检管理信息系统数据库。

二 基金会的发展路径与管理模式

2015年夏季,我们研究团队在吉林省民间组织管理局的支持和协助下,对吉林省内已注册的基金会展开为时两个月的走访和调研,获取了大量的第一手资料并形成研究报告[①]。本部分以研究团队获取的吉林省基金会发展状况为依据,透视基金会的发展现状及管理模式。

吉林省自1989年年底成立第一家基金会开始,到2014年年底已成立了79家基金会,我们通过对其中具有代表性的近20家不同类型的基金会的走访和调研,对吉林省基金会的主要类型进行了分析归类,主要提炼出以下三种类型。

---

① 此部分的写作参考了《2015年吉林的基金会发展现状及运行机制研究报告》的内容,该报告被收录于中国基金会发展报告课题组编《中国基金会发展报告(2015~2016)》,社会科学文献出版社2016年版。

（1）具有政府背景的基金会。指那些由政府机构牵头创办，依托政府资源、实施行政管理，挂靠政府相关机构并开展公益活动的基金会类型。此类基金会在全省共计46家，占总比重的58%。

（2）大学教育基金会。指那些由高校组织成立，依托高校资源、校友资助筹措资金，从事与高校教学、科研、人才培养等相关的公益资助活动的基金会类型。此类基金会在全省共计13家，占总比重的16%。

（3）企业基金会。指那些由一个或多个企业组织成立，依附企业资源，以企业名义开展公益活动的基金会类型。此类基金会中有国企类4家、民企类8家，共计12家，占总比重的15%。

这三种类型的基金会基本上涵盖了中国基金会发展初期的主要类型，这也是中国基金会初期发展的三种路径。下面分别就三种基金会的管理和运作模式进行分析。

（一）具有政府背景的基金会

1. 具有政府背景的基金会的内部治理概况

（1）财务管理

此类基金会中，一些基金会的资金主要来源于系统内部，或直接或间接依靠政府强制性力量，通过已有的组织机制、行政化的手段来获得基金会。这类基金会由于得到地方政府或相关机构的支持，往往开展的活动多、影响大。例如，吉林省见义勇为基金会是由省公安厅创办并实施管理，省财政每年为其补足400万注册资金，另外省慈善总会每年为其拨款150万元，用于对见义勇为人员进行表彰和奖励；中国青少年发展基金会每年会为吉林省青少年发展基金会注资，拓展了基金会纵向资金的支持网络。

还有的基金会尽管具有政府背景，但是其筹资模式趋于多元化，社会募捐逐步开展，发动企业家参与公益。正如吉林省青少年发展基金会理事长表示，其所有资助款项的来源都是公募，没有政府转移支付或津贴等方面的资助，同时基金会借助媒体、微博、微信等互联网技术，动员社会力量参与，发动具有公益情怀的企业家参与公益活动。又如吉林省残疾人福利基金会，其与狮子会合作在欧亚卖场启动"关爱盲人，众筹微捐"活动，通过微博进行捐款，采用众筹微捐的方式，实现众人拾柴火焰高的公益效应。

支出方式方面，基金会趋向于开放式散财，拓宽项目实施方的涉及面，不仅仅局限于行政系统内部的正式组织，同时基金会资金支出方式不再局限于直接资助受益人，增加了资助社会组织的间接形态。例如，吉林省残疾人福利基金会扶持为孤独症儿童提供助养服务的民间机构，包括吉林市的明智之家、四平市的阳光天使，为其提供资金补助和康复道具。又如，吉林省老龄事业发展基金会与省武术协会、省集邮协会、省老年体协乒乓球协会等共同举办适宜老年人的比赛，支持协会的公益活动。

总体来看，此类基金会的财务管理尚未脱嵌于行政系统，并未实现独立运作，一般是由系统内公职人员对基金会的财务进行管理，或者基金会的财务直接归并于主管单位的账目里面。同时，由于这类基金会依附于政府的相关机构，人员待遇、办公费用混同于公职人员，资金来源有一定的保障，对于引入市场化运作，寻求资金的保值增值缺乏足够的重视，导致缺少对资金的保值增值的关注。我们在调研采访中，吉林省青少年发展基金会理事长表示，基金会的核心业务应该实现资金的保值增值，这是基金会应有的义务。2012年吉林省民政厅印发了《吉林省基金会资金管理办法（试行）》的通知，规定基金会可以参股风险小、收益好的国有控股企业或投资兴办经济实体。但是被访基金会往往表示没有充盈的资金和必要性来冒险实现资金的增值，而选择风险小、利率低的银行存款来实现资金的保值增值。

（2）组织架构

第一，具有政府背景的基金会按照国家出台的《基金会管理条例》规定，具备相对完整的、符合本机构运行特色的组织架构。随着工作的推进，基金会在结合行政科层化管理结构的基础上，融入与企业、民众的伙伴关系的建构，动员不同层级参与公益慈善的积极性。例如，吉林省见义勇为基金会在全国同系统中率先建构了见义勇为基金会、见义勇为办公室、见义勇为评审委员会三位一体的组织构架，并在全省各市公安机构中建立了见义勇为基金会，在县级建立见义勇为办公室和协会。

第二，基金会依据国家出台的《基金会管理条例》，设置与章程相符的理事、监事制度，其中基金会理事呈现多元化的身份构成，他们分别来自政府、企业、媒体、高校等，重大决策和事项通过召开理事会来决策。在国家推进社会组织去行政化的进程中，这类基金会正在经历着理事长、副理事长和秘书长不能由现职国家工作人员兼任的问题，实施主要负责人的转换。2015年，吉林省民政厅出台了《吉林省社会组织规范化建设操作规程（试行）》，在建立健全民主决策机制的内容中对此做了明确规定。

第三，基金会的组织使命、目标的确定在一定程度上响应了政府或主管单位的需求，为其工作提供补充，以政府或主管单位的名义开展慈善活动。例如，吉林省残疾人福利基金会作为省残联的下属单位，基金会的财务由残联的计财科负责管理，包括人员的配置受制于省残联的安排，基金会项目活动围绕着残疾人群体展开，为主管单位拾遗补阙，开展更为细致性和个人化的慈善捐助，同时基金会接受中国残疾人福利基金会提供的钱和物，与其合作共同开展公益活动。

（3）组织建设

吉林省基金会总体发展偏向以自我运作为主，其中具有政府背景的基金会的项目运作以服务主管单位为主。调研过程中我们发现吉林省这类基金会面临着专职人员不足的问题，基金会负责人表示，专业人员的缺失造成现职人员工作任务繁杂、工作压力繁重，并且承担了主管单位的很多事务。我们调研的7家此类基金会中，专职人员最多的是12个人，最少的是1人，都呈现专职人员短缺的问题。正如吉林省残疾人福利基金会的理事长所言，因为资金支撑不足，加之国家规定行政开支不超过10%的比例限制，而基金会接收的大都是实物捐助，资金来源有限，致使缺乏资金来为社会招聘的工作人员发放工资，也就没办法招聘人员。

吉林省发展较好的基金会已开展对下属机构、民间草根组织的资助，这可能带来组织建设的创新。例如，吉林省见义勇为基金会建构三位一体的组织架构，在县一级成立了见义勇为协会，负责见义勇为相关的基层工作，基金会可统筹性地引领见义勇为事业，在一定程度上减轻了工作的强度和压力，同时能够真实地了解基层需求和信息。

志愿者队伍的组织和公益项目的运行也是基金会组织建设的重要方面。志愿者是公益慈善事业不可忽视的重要力量，通过人人参与公益，能够汇聚全社会的力量，营造人人为公益的社会氛围。调研中了解到，吉林省见义勇为基金会善于发动志愿者的力量，如，2014年辽源市见义勇为基金会举办了一场现场会，发动了广大人民群众的力量，从街道到单位，乃至普通百姓，都戴着袖标，充当志愿者，包括夜间巡逻。又如，吉林省残疾人福利基金会积极开发利用志愿者资源，省残联注册志愿者12万人，平均每个地区1万人，基金会可调用省残联志愿者开展活动，其理事长表示，基金会坚持"两手抓"的理念，一只手抓基金会和狮子会筹钱，另一只手则是调动志愿者服务队的力量，二者共同促进公益项目的运行，形成公益组织与志愿者的合作，带来更广泛的公益影响。

（4）组织认同

慈善组织需要富有热情和使命感的领袖来带领，正如吉林省青少年发展基金会的王理事长自诩"鸡血侠"和"鸡汤侠"——带着打鸡血一样的工作激情奋斗的同时，还传递着正能量的心灵鸡汤。王理事长表示，做公益就要发自内心，绝不可勉强为之或者道德绑架，在与王理事长的访谈中我们充分感受到他的公益情怀和激情。吉林省青少年发展基金会做了ISO9001国际质量认证，成为全国青基会系统唯一一个获此认证的地方机构，以此形成机构的一种精神文化及标准化的操作方式，王理事长表示，此项质量认证为组织成员的正向改变提供一种制度性促进。又如，吉林省老龄事业发展基金会建立了学习制度，坚持每周一学习和传达中央有关文件、省级会议文件精神，讨论交流安排一些工作，充分掌握政策、法规的动态。

2. 具有政府背景的基金会项目运作的主要特点

（1）项目关注的领域

吉林省具有政府背景的基金会以工、青、妇、大学、省市厅局为依托成立的较多,其关注的领域多为助残、助学、助老、扶幼、济困、救灾等传统慈善领域,但是我们在调研过程中发现,此类基金会在关注传统领域的同时,运用科学方法,坚持以需求为导向不断丰富和创新项目内容。例如,吉林省青少年发展基金会与饭店合作为希望小学捐赠图书的项目,民众将二手图书捐赠到饭店,根据图书的价值获得等值的饭店代金券。又如,吉林省残疾人福利基金会通过调研,了解到很多贫困家庭的孩子从未吃过比萨饼,基金会联系长春城市披萨总店,为每个孩子捐赠一个披萨饼。

(2) 项目运作流程

基金会项目的运作关乎基金会资金使用的效率,关乎基金会的定位。这类基金会具备相对完善的项目运作流程。吉林省青少年发展基金会的项目从项目设计、论证、执行到后期复盘,以类似于企业的 PDCA 模式来设计,在项目设计之初坚持以需求为导向开展前期调研,并提出了发展痛点,王理事长表示,基金会做项目要以社会痛点为导向,把握了捐赠人和受助人的需求,项目才能得以运作和执行。吉林省残疾人福利基金会的项目运作由县区残联提供基层信息和需求,基金会派专业工作人员到当地进行沟通,并动员捐赠者一起进行项目策划,按照最后形成的项目进行宣传、捐赠物资。残疾人福利基金会注重微博、微信众筹微捐平台,基金会潘理事长表示众筹模式实现了个人直接参与慈善,民众可以去运作和执行众筹项目,同时众筹微捐项目的所有经费开支向社会公开,受到民众的监管。通过实践,潘理事长表示这种日常性的公益慈善、众筹模式,调动了社会人士参与到公益慈善中来,是一种爱心、一种公益精神的体现,是未来公益慈善的重要趋向。

(3) 项目实施效果

吉林省具有政府背景的基金会需要接受的评估包括年检和社会组织管理局或业务主管单位的检查。基金会年检需按照国家、省级规定的材料予以整理,提交到政府民管局予以评估,最后通过政府指定网站、媒体予以公布,同时基金会接受政府民管局或业务主管单位日常性的检查和监督。少数基金会有自己的独立网站,能够及时发布财务、项目信息和状况,例如,吉林省老龄事业发展基金会秘书长谈到关于资金的透明度时表示，老龄事业发展基金会所有项目款项的支出都在其自己的网站上予以公布，接受捐赠人和民众的监督，实现账目的公开透明。2014年吉林省民政厅公布《吉林省社会组织评估管理暂行办法》，省民政厅从登记管理机关、行业主管部门、研究机构、会计师事务所、律师事务所和省本级社会组织中聘任87名评估专家，组建了评估专家库和评估专家委员会，表明吉林省政府已开始重视高校、专业评估团队为代表的第三方评估对基金会评估工作的重要意义，以此补充政府、基金会自身评估的缺陷，为基金会的能力建设和项目开展提供一些专业性的建议。

3. 具有政府背景的基金会的外部关系情况

第一，基金会的组织运作受到政府的影响较大，与政府关系密切，对政府职能提供补充，基金会的组织结构也沿用政府的科层化机制，组织的领导往往具有行政级别，受制于政府的领导和监督。

第二，基金会重视与媒体的合作，利用媒体的力量宣传基金会的项目和形象，吸引企业、民众参与到慈善项目中来。但此类基金会与高校、草根民间组织间的合作较少，虽然注重利用企业的力量参与慈善，吸纳企业家作为基金会理事，但企业的捐助不多。

第三，总体上基金会之间的交流和合作甚微，调研过程中有些基金会呼吁建设不同类型省内基金会交流的平台，学习和借鉴健全的机制和有益的项目。除青少年发展基金会、残疾人福利基金会利用纵向支持网络，其他基金会与省外基金会的交流和合作甚微。

4. 具有政府背景基金会的特点

第一，基金会从成立之初，就能获得系统内基金会项目支持、省财政资金和慈善总会资金的长期支持，基金会开展的项目活动多、影响大。

第二，基金会以政府或主管单位的名义开展慈善活动，可利用纵向的行政网络，具备广泛的宣传渠道和民众基础。政府影响力大、信任度高，此类基金会易获得民众的支持，促进项目的执行和完成。

第三，项目运作上以自我运作为主，往往作为主管单位的下属部门开展工作，为主管单位拾遗补阙。基金会负责人与政府或主管单位的关系网络，也可帮助基金会获得必要的资金和项目，同时基金会具备相对完善的项目流程，实现了基金会项目的优质完成。

（二）大学教育基金会
1. 大学教育基金会内部治理的基本概况
（1）财务管理

第一，资金主要来源于海内外校友、各界人士和企业的捐赠。从获赠资金构成来看，指定用途捐赠及基建类捐赠占较大份额，常见的有奖学金捐赠、基建类捐赠。2009年，财政部、教育部联合制定了《中央级普通高校捐赠收入财政配比资金管理暂行办法》，中央财政设立配比专项资金，对中央级普通高校接受的捐赠收入实行奖励，这成为中央级高校基金会的重要收入来源。出于追求低风险的考虑，吉林省的大学教育基金会主要采取与银行合作的方式来实现资金的保值增值。

第二，筹资渠道趋于多元化。大学教育基金会在面向校友和企业筹资的同时，也通过网络平台开展众筹，拓宽筹资渠道。例如，吉林大学教育基金会联合校友会，推出基于移动互联网的高校组织、管理和沟通服务平台——微校园，将校务管理、校友交流、校友数据库、小额捐赠、信息发布等功能集成整合于手机终端，方便快捷，目前已经吸引了大量用户，吸纳资金的同时扩大宣传，增强了基金会的社会影响力。利用便捷的网络技术，面向广大群众筹款是基金会的一个普遍发展趋势，值得借鉴和推广。

第三，财务独立于所在高校，并设有专门的财务人员进行管理。为加强对捐赠基金的安全、有效管理，维护捐赠人和受赠人的合法权益，基金会高度重视基金财务管理工作，配备专职会计、出纳人员，实现财务电算化管理。定期组织人员参加民政部门的各类财会业务培训，提高基金财务管理的能力和水平。同时，基金会接受会计师事务所的年度审计，审计报告对外公示。

(2) 组织架构

吉林省大学教育基金会的管理模式主要是行政管理型，即：将基金会作为学校的一个职能部门来进行管理的模式。基金会的决策机构是理事会，理事会基本由学校领导构成，行使理事的选举、罢免权，决定基金会重大募捐、投资活动及重大业务活动计划。大学教育基金会配备专职工作人员从事基金会工作，配套办公用房和办公设备，实现了基金会独立办公及办公自动化，为基金会的发展提供了有力保障。

2. 大学教育基金会的项目运作情况

(1) 项目运作概述

大学教育基金会开展的公益活动主要面向学校内部，开展募集资金活动，支持学校教育事业的建设和发展。基金会根据学校和各学院的实际情况设计项目，确定资助对象，向校友及企业寻求资助。大学教育基金会开展的项目主要有以下几类。

第一，面向学生的奖助学金项目。以培养具有创新能力的杰出人才为目标，设立各类奖学金、助学金、学生科研基金等，奖励成绩优异的学生，鼓励创新，并对贫困学生进行资助。

第二，面向教师的发展基金项目。以支持教师的学术探索和创新研究工作为目标，奖励在学术上卓有建树的优秀教师，激励青年教师迅速成长发展。

第三，校园基础设施建设项目。致力于为学生提供良好的学术氛围及生活环境，改善办学条件，提高教师工作环境，构建和谐校园，为学校捐建用于教学、科研的建筑设施。

第四，面向学院的发展基金项目。根据学院的发展规划和实际需求，开展筹款活动，支持学院的发展。

(2) 项目实施成效

随着国家配比奖励额度的不断提高，社会各界捐赠教育事业的热情也逐年提升，大学教育基金会配合学校在开展募捐、筹资、大额捐赠工作上取得了很大的成效。基金会以项目为引导，开展了包括校园建设、学科建设、奖助学金等在内的多项公益活动，全面支持学校发展。例如，吉林大学教育基金会在2014年成功获得吉林康乃尔集团捐赠1亿元人民币,用于学校新体育馆建设;获得力旺集团捐赠3.1亿元人民币,用于学校基础设施建设及人才培养工作,该笔捐赠也创造了吉林大学接受单笔捐赠的最高纪录,更在国内高校基金会工作中产生了较大反响。尽管中国公立高校主要依靠国家事业拨款,但大学教育基金会还是为高校的事业发展提供了十分重要的资金支持。吉林省大学教育基金会发展历史并不长,却在资金募集和使用等方面发挥了越来越重要的作用,为吉林省高等教育事业的发展作出了一定的贡献。

3. 大学教育基金会的外部关系情况

在大学教育基金会的外部关系中,校友会发挥了十分重要的作用。无论是国外还是国内的高校基金会,从诞生开始就与校友资源密不可分,基金会与校友会工作联系紧密,校友会为学校开展对外联络、筹募发展资金提供了重要基础。大学教育基金会普遍重视挖掘校友资源,充分利用学校校庆、学院院庆等活动时机联络广大校友,开展筹资工作,在大额筹款项目等方面寻找突破口。另外,基金会也在加强与社会各界的交流合作,不仅与省内各类基金会、企业及商会开展合作,也开始积极寻找海外资源,拓宽筹资渠道的同时增强社会公信力和影响力。例如,吉林大学教育基金会与国内一汽集团、潍柴动力集团、移动通信公司等数十家企业开展了全面战略合作,企业在学校设立各类奖助学金,为学生提供实习就业机会,同时学校在人力资源开发、科学技术应用等方面为企业提供帮助,开创了校企合作新局面。另外,吉林大学教育基金会还分别与韩国IB集团、三星公司、日本东北物产株式会社、中国香港英惠公司等进行了深入的接触和交流,拓宽了对外交流合作的领域。

4. 大学教育基金会的特点

第一,大学教育基金会开展的公益活动基本面向学校内部,主要包括奖学金、助学金、教师发展基金、基础设施建设、创新创业基金等。

第二,大学教育基金会从属于学校的领导,基金会的理事也都由学校领导担任,很少有校友与教师代表参与。

第三，大学教育基金会的收入大部分来自特定人群，即校友，校友捐赠是基金会的重要收入来源。在重视校友资源的同时，大学教育基金会的筹资渠道也趋向于多元化。

（三）企业基金会

1. 企业基金会内部治理的基本概况

财务管理方面，企业基金会的资金来源渠道单一，主要来自企业或企业家捐赠以及政府补贴。基金会一般没有专门的财务人员，大都是由企业相关人员进行资金管理。基金会在提供服务、投资理财方面的收入较少。

组织架构方面，企业基金会由企业或企业家注资成立，出资人或发起人在基金会决策中起到了决定性作用。理事会由公司内部领导构成，决策权掌握在企业董事长或总裁手中。吉林省企业基金会处于刚刚起步阶段，很少有专职工作人员，往往是企业员工兼职，并不在基金会中领取薪水，而是在企业中领取员工报酬。

2. 企业基金会的项目运作领域及成效

吉林省的企业基金会关注的公益领域主要有教育、医疗卫生、扶贫、救灾、创业等。公益项目主要针对儿童（含青少年）、贫困学生、贫困家庭、残障人士、受灾人口等。资金实现方式主要是散财，即直接地捐钱或捐物。吉林省企业基金会从事的具体公益项目主要有捐建希望学校、捐赠教学设备、资助贫困学生、贫困家庭救助、医疗救助、重大灾情捐款等。例如，吉林省大禹助学基金会为吉林榆树某校捐赠价值 50 万元的教学设备，在吉林省四平市投资 20 万元建设希望学校；吉林省中东爱心基金会对吉林省贫困家庭先天性心脏病儿童进行救助，为吉林省孤儿学校捐款；等等。调研发现，儿童是大多数企业基金会共同关注的群体，大量的奖助学类项目以及医疗卫生项目都将儿童作为帮扶的首选对象，针对儿童的项目是企业基金会的重点项目。

在调研期间令人欣慰的发现是，有些企业基金会的公益项目已经开始将资助项目延伸至创业等新兴领域，并且不只是简单的散财，在提供资金支持的同时更注重项目的持续性和长期社会效益。

例如，吉商冠城助学基金会投入 2400 万元资助学生创业，预计用 12 年时间打造一批优质企业，由基金会出资成立公司，交给学生运营，运营收益作为自己将来的公司股份，既为学生创业提供了资金、信誉等资源，解决其就业压力，又利用学生的工作热情和学业专长为公司创造良好的营销业绩。

吉林省企业基金会虽然在数量和资金量上相对较弱，但通过吸纳社会资源，扩大公共服务，发挥了拾遗补阙的重要作用，尤其对政策不能覆盖的边缘困难群体的帮扶作用更为明显。

3. 企业基金会的外部关系

由于吉林省企业基金会多为运作型基金会，其选择合作伙伴的渠道比较有限，主要与企业、慈善总会等有一些合作。但近年来，企业基金会也意识到与外界交流合作的重要性，一些基金会开始与其他基金会建立联系，例如，吉林省吴太慈善基金会于 2014 年为韩红基金会捐款 60 万元。同时，企业基金会也日益重视媒体的作用，通过与媒体合作扩大宣传，增加知名度和社会影响力。

4. 企业基金会的特点

第一，企业基金会的收入来源比较单一，主要来自企业家的捐赠，基金会的理事主要由企业领导构成，董事长或总裁在基金会决策中起决定性作用。

第二，吉林省企业基金会基本没有专职工作人员，主要由企业员工兼职，领取企业报酬。

第三，企业基金会拥有相对稳定的资金来源。由于企业基金会的收入主要来源于企业家捐赠，企业一旦成立了基金会，就会不断向基金会注入资金，使其持续发展。

借由企业基金会，企业能够进入公共领域，利用自己的资源优势，让受助者感受到一份来自社会的温暖。同时，企业可以将自身发展的经验带入基金会的运作中，将企业的管理优势与公益领域的专业优势结合起来，更好地促进企业基金会的运作和发展，实现其公益目标。

三 新时期中国基金会的创新发展与推进路径

近年来,随着中国社会改革开放进程的深入推进,市场经济日益活跃,基金会呈现迅猛发展的势头,从数量上看,民政部的统计年报显示,截至 2020 年年底,基金会的总数达到 8432 家;从类型上看,企业基金会、个人家族型基金会、社区基金会等各种新型的基金会不断涌现。同时,原有的基金会也在不断拓宽其活动领域和服务项目,借助互联网和新媒体手段吸纳各种社会资源,集聚社会力量,扩大服务人群和服务领域,增强社会影响力。基金会在整个公益慈善领域和社会组织发展领域日益产生重要的影响,发挥了不可替代的作用,尤其在社会创新、公益创新、慈善发展等方面成为最重要的"推手"。

(一) 社区基金会的创新模式

社区基金会作为一种新型独立运作的非营利组织形式,同其他基金会一样依托于自然人、法人或其他组织捐赠的资金和财产,但是社区基金会以解决社区问题、促进社区发展、提高社区福利、满足社区需求为主要目标,活动的空间往往聚焦于特定的地域范围。社区基金会的主要宗旨在于提供社区公共物品和公共服务,是社区公共事务治理中的重要治理主体。20 世纪初期,世界上第一家社区基金会——克利夫兰社区基金会在美国成立。[1] 中国社区基金会的出现则相对较晚。2008 年深圳桃源居公益事业发展基金会的成功创立,标志着国内社区基金会的发展迈入新阶段,其在社区治理中所采取的社区共治策略,为创建新型社区提供了一种全新路径。2014 年 3 月,深圳通过《深圳市社区基金会培育发展工作暂行办

---

[1] 原珂、许亚敏、刘凤:《英美社区基金会的发展及其启示》,《社会主义研究》2016 年第 6 期。

法》，开始大力推进社区基金会建设，这无疑将推进全民慈善事业的发展，为改善社区民生和公共福利、提升社区治理水平提供强大助力。① 现在，社区基金会已经在全国各地陆续出现。社区基金会可以撬动多方治理资源，吸引企业、社会组织、社会工作者和居民参与社区建设，为完善社区治理结构、创新社区治理机制、提高社区治理效能提供组织载体与服务平台。

1. 深圳光明新区社区基金会：三社联动与社区发展的新思路

深圳光明新区社区基金会（简称光明新区基金会）在社区治理创新中走出了一条独特路径。光明新区基金会以多元包容的理事会治理结构为特色，其理事既包括企业精英，也包括热心居民，理事会成员由捐赠人、发起人、居民代表、专业人士等5—11人组成，通过推荐和居民会议协商产生；监事则由居委会主任担任。为了提升理事会的专业水平，光明新区基金会还邀请了16名专家学者、律师、记者等专业人才进入理事会、监事会。同时，聘请了1名专业社工担任专职副秘书长，动员了6—8名社区志愿者参与基金会秘书处工作。光明新区基金会实行项目化运作，项目实施须经过"收集项目—建立项目库—秘书处初选—社区综合党委意见—民议事会审议理—理事会决策—第三方社会组织实施—第三方评估"等流程，并在"社区家园网"等网络平台进行公示，接受公众监督。整个遴选过程既体现党的领导、居委会主导，又充分体现社会参与、群众需求。总结光明新区基金会的成功经验，有以下几方面。

首先，光明新区基金会关怀弱势群体和困难群众，根植于社区，对弱势群体困难群众个性化服务需求精准回应，满足了他们的福利需求，成为社会福利的有益补充。有些服务民生的项目已经成为各自所在社区的服务品牌。

其次，光明新区基金会激发了社区多元主体参与，在项目运作中发扬民主、广泛协商，广泛动员社区成员以自治、互助的方式解

---

① 徐家良：《中国社区基金会关系建构与发展策略》，《社会科学辑刊》2017年第2期。

决社区问题，激发了社区多元主体参与社区治理的活力，改变了以往社区建设政府唱"独角戏"的现状，焕发了基层自治的活力。从 2014 年试点以来，吸引社区居民、企业、社会组织等各类主体参与社区治理活动近万人次。

再次，光明新区基金会注重发挥"三社联动"的纽带和平台作用，主要表现在：第一，通过培育社区社会组织、资助社会组织和专业社工开展公益项目，为社会组织和社工发展开拓资源渠道，改变了社会组织发展仅仅依赖政府扶持的现状，推动了社区社会组织和专业社会工作服务的发展；第二，激发社区组织的主动性，促进其针对社区治理中存在的实际问题设计解决方案，社区社会组织和社工主动对接，分工实施、合作解决问题，实现了自发、主动的"三社联动"服务模式。

最后，光明新区基金会大力传播社区公益慈善理念。通过项目设计的创新，培养居民的公益意识和公益习惯，有钱出钱、有力出力，促进公益慈善行为成为社区居民无处不在的社会自觉行为。

总之，光明新区基金会作为基层社会的支持型公益组织，充分发挥了支持、凝聚、协同的作用，一方面有效集聚了社区的各种公益资源，承接了政府项目，建立了社区其他社会组织的协同合作关系；另一方面，通过各种公益项目，开展社会动员，充分调动了社区居民积极性，扩大居民的社会参与，促成社区治理中的联动机制，使政府、市场与社会组织协同共治，共同维护了社区的和谐与稳定。

2. 广东千禾社区基金会：社区公益创新与多元参与的先行者

广东千禾社区基金会（简称千禾基金会）是一家立足于珠三角地区关注城市社区发展的社区基金会。它在 2009 年由一群具有公益情怀的企业家和学者携手成立。作为首批获得广东省民政厅认定的慈善组织之一，2017 年 7 月其获得广东省民政厅颁发的 5A 级基金会荣誉。千禾基金会以珠三角社区面临的民生、教育和环境问题为聚焦核心，动员并联结基层政府、企业、基金会、慈善团体和研究机构等各方力量，持续开展社区服务、共建共享社区资源、打造社区文化，推动社区创新发展、合作与多元治理，进而建设公正、关爱和可持续发展的社会。①

千禾基金会致力于打造珠三角社区公益的枢纽型平台，一方面通过与基金会、慈善团体、企事业等单位共同建立专项基金等方式，撬动社区资源，募集、管理和使用社区发展的公益资金，并为捐款人提供专业化的公益咨询服务和委托管理服务，实现公益资金社会效益的最大化。另一方面，基于专业化的项目操作和社会问题及解决方案研究，资助有利于促进社区公正、关爱与可持续发展的公益项目，培育社区行动者，推动社区组织与居民参与社区问题的解决，并通过社区公益理念传播和社会政策提案等方式，提升社会、环境的多元参与及治理水平。

千禾基金会秉承着扎根本土、以人为本、平等尊重的价值观，将育人为本、社区为基、治理为要的核心理念，以建设公正、友爱和可持续的社区作为其发展愿景，尽可能支持萌芽中的社区社会组织与个体。千禾基金会的社区公益活动主要围绕以下四大领域展开。

第一，城市支教项目。该项目是千禾基金会针对城市流动儿童教育公平问题而发起的公益项目，通过为珠三角地区关注流动儿童成长与教育、希望实现自己社会价值的志愿者赋能，支持其在珠三角流动人口社区开展儿童教育活动，来为流动儿童可持续地提供高质量的陪伴和教育活动，支持他们成为内心温暖而有力量的人。其主要的项目产品包括"菜市场经济学"和"橙汁书袋"，"菜市场经济学"是城市支教项目基于社会教育学习理论开发的以社区为本的课程。该课程根据孩子认知水平和学习规律，带着任务和探索方向逛菜市场。孩子们在真实情境和场所中，观察、理解社会发展和经济水平，围绕"我们如何生活"去探索。"橙汁书袋"的活动形式是在流动人口社区招募爱心志愿者组成志愿者小组，为其配备橙汁书袋，每个书袋包含3本精选的正版儿童读物，通过线上培训、线上微课和经验分享，让志愿者们掌握开展社区故事会的技

---

① 千禾社区基金会网站：http://www.gdharmonyfoundation.org，2022年7月19日。

能，为邻里的孩子们提供故事的盛宴，用故事陪伴孩子成长，用行动温暖社区。

第二，小禾的家项目。该项目支持社区互助教育与社区公共空间建设，塑造社区的公共空间，打造家庭互助教育和互助成长的平台。项目产品之一是禾唱团，该项目由千禾基金会、蜜得创益联合发起，倡导通过合唱建立紧密的邻里关系、增进邻里感情，并通过合唱团的运作使得成员们在分工协作中探索属于自己的协作方式，让禾唱团成为社区公共生活平台，营造有趣、有爱、有料的社区氛围。

第三，可持续社区项目。该项目关注珠江流域水污染防治与珠三角社区气候行动问题，通过动员当地社会力量，搭建环保议题网络和建设社区示范试点。项目一方面支持珠江流域河流周边的社区居民绿色参与，让每一个珠江畔人都成为河流守护者，关注水安全、保护水环境，共建可饮用、能亲水、宜居住的流域生态环境；另一方面，基于对珠三角地区气候变化影响的评估，结合不同社区的环境、文化及生计发展特点，开发气候行动方案，提高社区应对气候变化的适应能力，促进可持续发展。

第四，社区参与的益动项目。该项目作为一个开放平台，将快乐运动与社区公益体验相结合，集公益活动策划、公益理念传播、社区公益筹款和地方公益支持于一体，致力于联结社会各界热心公益伙伴，共创精彩的公益活动。项目动员珠三角本地资源、推动本地参与、促进公益传播，共同营造美好社区，帮助合作方更高效地开展社群公益活动、打造慈善形象，同时实现社会公益目标。

3. 广东德胜社区慈善基金会：慈善信托的开创者与公益生态的共建者

广东省德胜社区慈善基金会（简称德胜基金会）于2017年5月16日在广东省民政厅注册。广东省和的慈善基金会荣誉主席何享健家族在2017年发布60亿元捐赠计划，其中捐赠5亿元现金设立了目前国内单笔现金最大的双受托人慈善信托"顺德社区慈善信托"，委托人为美的控股有限公司，受托人为广东省和的慈善基金会和中信信托有限责任公司，执行人为广东省德胜社区慈善基金会。①

作为慈善组织，德胜基金会定位为资助型、支持型的社区基金会。基金会坚持务实、尊重、诚信的价值理念，聚焦于顺德的社区发展和公益慈善事业，以顺德205个村居的社区问题和居民需求为出发点，通过开展"和美社区计划"公益行动，致力于资助教育发展、社区照顾、社区营造、公益创新四个领域的公益慈善项目，发挥慈善资金的杠杆作用，推动社区多元主体和资源共同参与，积极搭建顺德本土公益资源与专业支持平台，努力成为顺德社会问题的响应者、慈善资源的推动者和公益生态的共建者。

德胜基金会紧扣社区关键需求，聚焦资助领域，确立了"和美社区计划"的教育发展、社区照顾、社区营造和行业支持四大资助领域，并将"幼儿优育，长者照顾，文化传承，社区力量"确定为战略目标。资助领域和重点方向的聚焦，避免了慈善资源的分散投入，提高了公益资助的整体效率。德胜基金会的社区公益活动主要围绕以下领域展开。

第一，支持村（居）幼儿园改造提升。项目在顺德9个镇街实现社区全覆盖，实现了项目的规模化资助。

第二，支持社区养老服务设施改造和为老专业服务项目的开展。德胜基金会根据顺德区"坚持居家为基础、社区为依托、机构为补充、医养相结合"的养老服务总体思路，支持养老空间的建设，资助了医养结合服务中心、敬老院、社区养老服务中心、星光老年之家、老人康体活动中心以及社区综合服务中心、文化活动中心、慈善综合体等社区服务设施的建设和改造提升，拓展了社区养老服务阵地。同时支持社区的养老服务，资助开展为老专业服务项目，重点回应"社区困难长者助餐配餐需求""社区长者生活照料、康复护理、健康促进、心理关怀等专业服务需求""社区长者精神文化需求"三类需求，支持专业社会服务机构下沉社区开展服务，推动了顺德社区养老服务多元供给格局的逐步形成。

---

① 广东德胜社区慈善基金会网站：http://www.shundccf.org，2022年6月18日。

第三，积极探索精神障碍人士社区康复服务支持模式。德胜基金会响应民政部、财政部、卫生计生委、中国残联四部门印发的《关于加快精神障碍社区康复服务发展的意见》，探索性地对资源投入较少的精神障碍人士社区康复服务项目进行资助。

第四，激发社区内在活力，积极推动社区治理共同体打造。德胜基金会在社区营造板块形成了以社区特色文化传承、社区社会组织培育和社区公共事务协商议事三大内容为核心的资助体系，激发了社区内在活力，积极培育社区社会资本，促进社区居民参与，有效改善了党群、干群、政社关系。

第五，德胜基金会不仅在社区层面直接开展公益项目资助，而且非常关注所聚焦领域和行业专业水平以及整体发展能力的提升。通过与镇街政府部门、枢纽型、支持型社会组织等紧密合作，以人才培养和专业化建设为核心，资助开展多个行业领域发展项目，资助7个镇街开展"学前教育质量提升计划"；支持养老服务行业专业人才培养，以长者服务人才培养、行业标准、行业规范指南制定为重点，资助实施了"顺德区社区养老服务中心运营实施手册编制"和"一线养老护理人员业务提升计划"等多个项目；提升精神障碍社区康复工作人员专业水平，针对精神障碍人士的特殊性，要求服务提供者必须具备过硬的专业知识与实务技巧。面对顺德精神康复服务发展处于初期、大部分工作人员经验不足、专业性有待提升的现状，德胜基金会联合顺德区社会工作联合会开展"社区精神康复工作者实务能力提升计划"，对社区精神康复服务实务型人才进行培养，促进了行业的稳健发展。德胜基金会还将推动顺德本土地域的公益生态建设作为机构发展的一项重要战略和公益使命，以社会组织非限定资助、青年公益项目资助、发展冠名基金为主要策略和方法开展相关工作。通过非限定资助的创新方法，以本土专业服务机构和志愿服务组织等为重点对象，累计资助46个非限定项目，资助总额为395.28万元，覆盖33个本土社会组织。发起"德益青年公益行动"，支持青年公益团队成长。发展冠名基金，开展公益项目联合资助，特别是社区基金的成立，为基金会在未来更加深入动员社区资源，支持社区建设提供了新的模式；成立专属的和美志愿服务队,延伸工作手臂。这些实践激发了顺德的本土公益力量,搭建了多元的参与平台,营造了良好公益生态。

(二) 专业细分型基金会的创新发展

专业细分型基金会是基金会发展过程中不断进化的结果,其基于专业知识积累和专业领域深耕,在项目质量和进展掌控上具有优势。随着公益事业的发展,社会慈善文化的形成,专业细分型基金会的高效运作成为社会创新的一个新的生长点。

1. 北京市西部阳光农村发展基金会:项目的多维有机生长

北京市西部阳光农村发展基金会(简称西部阳光)于 2006 年 5 月 26 日在北京市民政局登记成立,主要致力于改善西部农村教育及社区发展,以多元形式支持和帮助教师、学生及农村弱势人群,为他们提供自我改变的机会,使乡村进入自主、良性、全面的发展。[1] 目前主要开展"阳光童趣园——农村幼儿学前教育支持""陪伴成长——农村寄宿制学校驻校社工""青葵花导师——农村教师培养""桥畔计划——初创期教育 NGO 支持平台"等服务于 3—12 岁留守儿童的教育质量改善项目。[2] 到 2016 年,连续十年的探索发展使西部阳光成长为行业头部基金会,在教育领域作出了重要贡献,其组织发展也形成了一定的特色。

西部阳光的发展得到社会各方的鼎力相助,资金方面获得了国内外各类企业和基金会的扶持,并将众多爱心人士的心意聚沙成塔;实际工作领域和技术支持方面,得到了教育部相关部门、关注农村教育的各方专家、基层教育主管部门及一线校长、教师、基层干部的倾心支持。目前,西部阳光已形成一套行之有效的整合各种资源、解决针对性问题的工作机制。"多维有机生长"这一独特的项目模式值得行业人士、研究者和从业者学习和借鉴。

西部阳光通过系统的能力建设,打造了可复制、可积累的教育

---

[1] 该部分的写作参考了崔月琴等《行动·拓展·创新:社会组织案例集》中的《北京西部阳光农村发展基金会:项目的有机生长》的案例,特此说明。
[2] 崔月琴等:《行动·拓展·创新:社会组织案例集》,中国社会科学出版社 2021 年版,第 23 页。

体系。其成功之处在于以下几点。

第一，紧扣问题，层层深入，形成体系。西部阳光的问题意识一部分来自他们自身对西部农村教育问题的实践和思考，团队具有思考问题和积极行动的主动性，而不是为了单纯完成"一个项目"。同时，理事会为这样一个思考—研究—探索的团队提供了专业支持，其理事会最大的特点就是，以研究教育的专家为主，其他团队成员为辅，一次次地在理事会上讨论基金会关注的核心问题，并碰撞出切实可行的项目行动方案。

第二，瞄准教师真实需求而设计项目。在培训初期，西部阳光并不是一开始就进行灌输，而是每一次培训之前都有为期两天的教师心理关怀咨询。教师关怀包含两件事教师的情绪疏导和师生关系，教师不再是被动的教学工具，而是被引导为积极主动的、具有激励作用的引领者与启迪者。

第三，关注培训之外的项目拓展。教师培训只是一个起步环节，之后的公开课巡讲和教学能手竞赛才是真正将培训成果运用的过程，这个过程始终以实际问题为核心，以参加培训的教师为主体，让他们真正参与其中。

第四，横向生长——关注相关的基础教育问题、整合更多外部资源。一开始的项目生长是西部阳光在项目设计阶段为了落实项目的效果而匹配的行动，项目的第二步生长过程便是一种开创性的过程，是西部阳光其他项目进入当地后，结合当地情况生长出的新活动，包括对培训项目的支持，也包括对接图书馆、实验室等基本的硬件设施的外部资助，还有对西部农村代课教师和贫困学生的资助等。

第五，纵向生长——通过青葵花导师计划推动影响当地教育政策，建立一种新机制。该计划由山东等地区的优秀农村教师作为"导师"，以一对三的比例伴随西部地区的教师成长，关注西部教师群体综合层面的需求，同时探索教师共同体，尤其是本地教师共同体的形成，改变当地的教育氛围，建立一套可持续的发展机制。

"多维有机生长"的模式不仅适用于教育类公益项目的运作，也概括了其他领域公益项目运作及机构能力发展的内在规律。西部阳光的实践，不仅让有机生长的概念得以产生，而且可具象化为一些重要的管理原则和技术手段，具有十分重要的参考价值。有机生长的核心技术要点是"激发本土主体的内在动机，实现责任主体归位"，这涵盖了从嵌入、激活、选择、退出和陪伴以及形成事业共同体等一系列环节和与之相配套的技术手法。

2. 北京春苗儿童救助基金会：困境儿童人文化社会服务模式的开拓①

北京春苗儿童救助基金会（简称春苗）是一个民间的基金会，其创始人刘东医生在美国留学期间长期参与医疗服务类公益活动，深入了解了美国医疗社工的运作体系。回国之后，他与公益伙伴崔澜馨一同投入中国孤残儿童服务和贫困儿童先心病救助的事业之中。基金会于2010年10月在北京市民政局正式登记注册，2013年被北京市民政局评为5A级社会组织，并于2017年正式获得公募资格。春苗始终以儿童的需求作为自身发展的方向，目前春苗三大服务项目（小苗医疗、小花关爱、小树成长）已经形成较为完善的大病儿童救助体系和孤残儿童服务体系，给予儿童身体—心理—社会全方位服务，不断践行其"致力于为儿童提供医疗、养育专业服务，帮助孩子们快乐成长、融入社会"的使命，并为实现其"愿每一个孩子都拥有家、健康、关爱、快乐和希望"的愿景持续努力。截至2016年年底，春苗共服务困境儿童8651名（主要包括孤残儿童和大病儿童），共获得捐赠资金1.15亿元人民币。

作为一家在儿童慈善领域进行前沿模式探索的社会组织，春苗从困境儿童救助入手，探索出一套满足儿童身体、心理、社会、发展等全方位需求的儿童服务体系，最终形成了一种典型的人文化社会服务模式。这一服务模式产生了非常显著的社会效果。困境儿童不仅获得了生存保障，而且在身心—社会发展层面获得积极助益。春苗主要关注两个群体，贫困大病儿童和孤残儿童，以儿童的真实需求为出发点，站在儿童的前沿需求点上去探索项目的发展方向和

---

① 该部分的写作参考了崔月琴等《行动·拓展·创新：社会组织案例集》中的《人文化社会服务：春苗困境儿童服务体系的探索与创新》的案例，特此说明。

模式，最终形成了比较完善的医疗社工为基础的大病儿童服务体系和基于儿童需求层次的孤残儿童服务体系。而这两大服务体系都具有非常典型的人文化社会服务的特色。

第一，春苗搭建了以医疗社工为基础的大病儿童服务体系。大多数公益机构针对的都是简单先心病儿童救助。因为复杂先心病的救助过程非常复杂，手术风险高、死亡率高，手术费用昂贵，而简单先心病则相对容易救助，手术风险低、存活率高，产生医患纠纷的概率也会降低。春苗却在成立之初就将救助范围覆盖到了复杂先心病，以"社工＋实习生＋志愿者"的联动模式，建立一支具有专业知识、职业素养的春苗医疗社工队伍，为救助的贫困患儿家庭提供定制化的医疗社工服务，建立医疗社工服务档案。救助过程中，春苗帮助所求助贫困患儿寻找医疗资源，帮助寻找资助信息并协助申请，帮助调解医患关系、帮助患儿家庭重建生活信心、术后回访、传播公益理念等，体现出很强的人文关怀。目前，春苗的医疗社工服务已经形成了比较成熟的服务体系，从接受申请到需求评估，再到为每个患儿制订个性化的服务计划，以及介入服务，最终对服务进行评估结案，整个流程非常规范，服务内容也非常专业。春苗通过医疗社工有效的服务提高了复杂先心病救治的存活率和减少了医疗纠纷发生的概率，并且为先心病患儿提供了更加人性化的就医体验，这种人文化社会服务模式的探索也为中国未来医疗社工的发展和儿童福利体系的完善提供了有益的经验。

第二，春苗形成了基于儿童需求层次的孤残儿童服务体系。目前大部分儿童福利机构对孤残儿童只能提供养育服务，针对康复训练、心理矫正和治疗、学习成长、社会关系完善等方面的系统服务方案缺失，造成儿童缺乏安全感，容易产生自卑、性格孤僻、心理封闭等情况，如果不予以及时关注，即使治疗好身体疾病，未来融入社会也可能出现问题。在中国，儿童福利机构内4岁以上智力基本正常的重症孤儿难以被领养或独立融入社会。在目前国内的孤残儿童救助领域，多数公益组织主要聚焦于"拯救生命"这个层面，运作方式也相对比较简单，更多是提供物质帮助来解决问题。但是，事实上在救助过程中会发生很多靠钱、靠提供物质解决不了的问题。孤残儿童的养育、教育和社会融入是一个非常复杂的体系，不仅仅是提供物质和硬件支持就能够解决，要想让孤残儿童能够真正独立融入社会需要更加系统全面、专业细致的人文化社会服务。春苗的孤残儿童救助以小花关爱项目和小树成长项目为基础，形成了较为成熟的孤残儿童服务体系。春苗与贫困地区福利院合作，为0—18岁患有先天性疾病的孤残儿童提供"全人多元"社工服务，帮助他们顺利融入领养家庭，能够独立有尊严地融入社会。针对特殊儿童的成长需求，其服务内容包括：小婴儿之家、教育寄宿家庭和特殊儿童学习康复中心。春苗的孤残儿童救助不仅仅关注儿童的基本生存，而且关心孤残儿童的长远发展，为其提供类家庭服务和专业的教育服务，覆盖了儿童从生存到发展，从生理到心理和社会融入等各个方面的需求。目前春苗为孤残儿童提供养育、医疗、康复、教育、心理、安全、筑梦等七个方面的服务，贯穿儿童成长的各个阶段。

春苗的两大服务模式都具有非常鲜明的"人文化社会服务"的特点。在其服务过程中始终以儿童的需要为出发点，用更加人性化的方式去满足他们的需要，其特色就是不仅关注儿童的基本生存和安全，而且在服务过程中加入了更多"人文"色彩，包括人文关怀、情感陪伴、人格平等、尊重接纳等软性的人文化的社会服务。事实证明，这样的服务模式对于困境儿童的身心健康和全面发展具有显著的效果和长远的价值。

3. 北京市新阳光慈善基金会：*教育服务与医疗服务的互补性供给*

北京新阳光慈善基金会[①]（简称新阳光）是一家专注于白血病等血液肿瘤救助，为血液与肿瘤领域民间公益项目提供综合性支持的5A级公募基金会，是中国第一个由草根组织发展为非公募基金会，进而转型为公募基金会的公益机构。其缘起于2001年，北京大学光华管理学院研究生刘正琛被诊断罹患白血病后，立志帮助所

---

① 该部分的写作参考了崔月琴等《行动·拓展·创新：社会组织案例集》中的《教育服务嵌入医疗服务的探索——以北京市新阳光慈善基金会病房学习为例》一文，特此说明。

有患者，并坚持至今。新阳光在成立后本着"用自己的爱去爱别人"的宗旨，将业务范围锁定在资助赈灾及灾后重建、疾病防治、孤儿孤老孤残救助、重大疾病人道主义救助、教育支持、公益研究及培训方面的公益活动和公益项目。

现阶段，新阳光的工作以抗击白血病等血液与肿瘤疾病为主。新阳光以"人人享有健康生活"为愿景，以"助力提升血液与肿瘤疾病的预防、服务与治疗水平"为使命，为患者直接提供优质资助、信息、配型查询等服务。同时，为血液与肿瘤领域内民间公益项目的发展提供综合性支持作为自身战略，提供经济资助与救助咨询、骨髓配型查询、患者教育、病房学校等服务，来提高患者的生存机会及其家庭的生活质量。白血病儿童在治疗期间，因长期隔绝住院治疗而远离社会，导致他们出现缺乏人际交流等心理和社会化问题。新阳光的病房学校项目正是为解决这一问题而设立。该项目通过提供课程教育和陪伴等方式，还给孩子一个多彩的童年，综合促进患病儿童的发展成长。截至 2016 年 12 月，新阳光病房学校覆盖了 11 个省，设立了 23 所病房学校，服务了 3446 名儿童，提供了 95928 人次的服务，投入资金达到了 367 万元，共调动了 2889 名志愿者的参与，服务对象家长满意度达到 90% 以上。

在社会意义层面，新阳光病房学校展现出其独特的社会价值。第一，作为填补长期住院白血病儿童义务教育的空白而存在，贡献了教育方面的价值；第二，实现了特殊教育的功能，为这些家庭提供医疗社工的专业化服务；第三，运作过程中体现了生命教育的真谛，还原了教育本身的意义；第四，运作过程中承载了对生命的思考和建构了一套对生命的解读，实现了生命意义的绽放。

在公益性层面，新阳光病房学校以公益服务填补了当前白血病儿童在教育层面上的缺失。在受益对象的选择上，接纳所有的白血病孩子，并且力图实现公益效果最大化。

在专业性层面，新阳光病房学校为患儿及家庭提供了一个教授课程、传递力量的社会化学校公共空间。其中的关键要素包括：营造一个区别于医院的类学校空间，提供五个层面的发展课程，促进社会化融入，过程中的行为矫治。该项目最大的专业性价值在于建构了完全不同于冰冷压抑医院环境的另一个场域，源源不断地传递希望和美好，并且影响相关的所有群体。

在延伸的社会影响层面，新阳光病房学校在家长、医院和行业方面都作了积极的社会贡献。首先，为家长提供了喘息服务，并且逐渐探索建构家长共同体；其次，为医患之间提供了一个理解和沟通的缓冲空间；最后，新阳光病房学校也成为中国儿童大病救助领域，"硬件"向"软件"升级中具有发展前沿点的长期住院儿童发展项目。为此，新阳光病房学校也获得了广泛的社会关注及行业认可，获选2016年北京第四届中国儿童大病救助论坛"中国儿童大病救助十大示范项目"。

（三）专业资助型基金会的创新探索

专业资助型基金会将筹集到的资金主要用于资助其他组织运作公益项目，而非自己运作公益项目，将资助与支持第三方公益组织作为其核心目标。资助型基金会是现代慈善机构的重要类型之一，中国公益慈善行业的整体发展亟须更多资助型基金会的出现。

1. 浙江敦和慈善基金会：弘扬中华文化与慈善基础设施建设的领军者

浙江敦和慈善基金会（简称敦和基金会）成立于2012年5月11日，专注于资助非营利组织的专业慈善公益活动，业务主管单位为浙江省民政厅。敦和基金会以"弘扬中华文化，促进人类和谐"为宗旨和使命，秉持"尊道贵德"的价值观，深耕文化传承、公益支持、慈善文化等领域，并大力开展公益慈善资助。其资助策略主要是以国学传承为中心，国学引领公益，公益贯彻国学，不同的资助领域相互支持、协同发展，相得益彰。2019年，浙江省民政厅将其评为"5A级社会组织"。成立至今，敦和基金会先后运作实施"种子基金"、"活水计划"、"优才计划"、"竹林计划"、"敦和雅集"、"全球华人国学大典"、共建北京师范大学跨文化研究院等品牌项目，先后联合发起成立中国资助者圆桌论坛、中国公益筹款人联盟、深圳国际公益学院，并与国内一流院校、优秀学者合作开展文化、公益等领域的学术研究，先后举办道·医生命科学峰会、首届公共智慧与社会发展阳光论坛、首届中国跨语际生命传播思想峰会、中国慈善文化论坛等。2015 年，敦和获评"2015 中国基金会评价榜——金桔奖"国内基金会第三名、"责任中国"公益盛典公益组织奖、入选第十三届中国慈善榜非公募基金会 TOP15。① 敦和基金会在以下领域做出了重要推动。

第一，聚焦公益慈善基础设施建设。敦和基金会致力于以文化精神引领公益发展，聚焦于公益行业基础设施建设，通过平台推动公益慈善文化沉淀、提炼、转化和倡导，通过支持关键公益枢纽平台的建设，基础设施议题的整体扫描和细分领域的研究与倡导等方式，助力行业联结、公共意识和公共参与能力的进一步提升。公益慈善基础设施是公益慈善行业整体生态系统的重要组成部分，其优化和提升有助于增强整体社会组织行业的运营管理能力。公益慈善事业的可持续发展有赖于资源和能力两大核心要素的发展及其良性互动，公益慈善基础设施就是回应促进单一要素发展和要素之间良性互动过程中产生的共性需求的解决方案。敦和基金会积极发布《中国公益慈善基础设施扫描报告》，启动了中国公益慈善知识生产研究、中国慈善政策法律图谱项目，举办慈善基础设施展望论坛，延续开展平台领导力发展项目。

第二，深耕公益慈善文化研究与传播。敦和基金会重点关注慈善文化领域，试图回应中国公益慈善的文化精神缺失议题，既研究慈善文化，又关注慈善教育，同时深刻诠释公益慈善伦理文化及其对慈善行为的推动作用，不断探索构建本土化的慈善价值体系、理论体系与知识体系，持续推进公益慈善领域中的理论与实践、传统与现代、本土与国际之间的深度交融。敦和基金会自 2016 年以来，不断推动慈善研究地跨学科融合，以实现研究范式的转变，推动基于中国现实国情和历史文化、可以指导公益实践和社会发展的慈善研究路径，助推中国式公益的整体建构和理论与实践的协同发展。五年来，敦和慈善研究议题项目紧紧围绕学术人才、学者网络、学术论坛、核心刊物、知识生产五个维度，逐渐呈现点、线、面的立

---

① 敦和基金会网站，http：//www.dunhefoundation.org，2022 年 4 月 23 日。

体化布局，诞生出一批全国知名的项目品牌如敦和·竹林计划，敦和·竹林论坛等。同时，敦和基金会还关注慈善教育资助，将慈善教育看作慈善文化的重要传承路径和推广领域，大力资助高校教育、发展研究力量、建设议题网络、推动政策倡导，有关的敦和·菡萏计划、敦和·善识计划、深圳国际公益学院、红十字国际学院等国内外项目深受好评。

　　第三，激活优秀传统文化的内在活力，探寻国学创造性转化的实践路径。敦和基金会致力于中华优秀传统文化的传承与复兴，试图通过溯源性发掘、原创性研究、体悟性实践和弘扬性传播四个维度的拓展，运用系统性资助策略，深入探求中华文化本源及其当代的创造性转化路径。通过激活本土、转化外源、创新未来的方式，致力于推动中华优秀传统文化在现代化、全球化背景下的创造性转化和创新性发展。敦和基金会资助、浙江大学共建的"马一浮"书院项目便是典型代表之一，该项目致力于中华优秀传统文化的整理、研究、传习与弘扬，通过学术研究、人才培育、书籍出版、文化传播四个层面，积极构建具有一定影响力的开放型学术平台。敦和基金会支持的北京师范大学跨文化研究院项目则基于对在全球化与跨文化对话环境中加强中国文化建设的理念认同，提供资助资金，协调文化研究资源，致力于共建全球视野下中国文化研究和多元文明对话。而敦和·种子基金项目则聚集文化领域的弘扬传统文化的各类组织，为其提供资金和配套支持，促进组织和个体的成长与交流合作，目前累计资助了49家传统文化发展组织，分布在全国15个省市。同时，敦和基金会还试图通过社会传播弘扬中华文化，增强公众文化向心力和凝聚力，以举办"全球华人国学大典"的形式，发起大型文化推广项目，让中国传统文化深入人心。

　　2. 南都公益基金会：公益慈善创新的领航者

　　南都公益基金会（简称南都基金会）是由上海南都集团有限公司提供原始基金1亿元人民币，于2007年5月11日经民政部批准成立的非公募基金会。南都基金会以支持民间公益为使命，以倡导社会公平正义，人人怀有希望为愿景，其标识设计以银杏树为原型。象征着中国民间公益组织顽强生长的品格，同时蕴含南都基金会倾力培育民间公益之树的美好寓意。南都基金会将自身定位为资助型基金会，在整个公益行业的生态链中作为资金和资源提供者，扮演"种子基金"的角色，通过资金支持来推动优秀公益项目和公益组织，带动民间的社会创新，实现支持民间公益的使命。

《中华人民共和国慈善法》在2016年正式颁布，规范慈善领域的同时也助推着慈善事业的发展。2016年12月30日，南都基金会获得慈善组织认定。基于此，南都基金会提出了自己的阶段性战略（2017—2019年）：建设公益生态系统，促进跨界合作创新。[①] 立足资助型基金会的定位，从行业建设、公益产品规模化、公众倡导等方面开展行动。

行业建设方面，南都基金会发起了"沃土计划"项目和"区域公益生态建设"项目。"沃土计划"通过联合发起、策划、领导/协调、资助以及倡议推广等方式，建设有助于第三部门可持续发展的公益慈善基础设施，促进第三部门资源和能力两大核心要素的发展及其良性互动。2022年，"沃土计划"支持了慈善组织保值增值助力计划、中国基金会发展论坛、资助者圆桌论坛、筹款行业培育平台方德瑞信、基金会救灾协调会、中国社会企业与影响力投资论坛（简称"社企论坛"）、捐赠圈孵化培育及捐赠圈本土模式探索、中国慈善组织信息系统、爱德传一基金、未来乡村教育协同网络等10个基础设施项目，呈现第三部门可持续发展机制的深刻剖析与对第三部门资源和能力的切实提升。"区域公益生态建设"项目旨在促进区域公益生态要素的完善及协同，达成资源与地方组织间的良性循环，进而更充分地回应地方问题，推动地方公益生态的发展和完善。在该项目的支持下，开展了"山东区域公益生态建设支持""湖北公益发展支持计划"等区域公益生态促进工作，搭建了区域生态建设社群网络。

公益产品规模化方面，南都基金会于2016年11月成立了一个开放共享的公益产品规模化平台——"中国好公益平台"。该平台在全国范围内遴选经实践检验有效并有意愿规模化地解决社会问题

---

① 南都基金会网站，http://www.nandufoundation.org，2022年4月22日。

的优质公益产品，为他们提供资源链接、能力建设、资金支持、合作渠道及网络搭建、经验总结和传播等方面的支持，助力优质公益产品实现影响力规模化，推动公益生态发展，高效和大规模地解决社会问题。截至2021年年底，好公益平台累计签约优质公益产品84个，当前合作61个，覆盖教育、安全健康、环保、助老、特需人群关爱、性别平等、社区发展及乡村振兴等多个领域。好公益平台为入选项目的发起组织提供了有力支持，助推了一线公益组织的项目模式梳理与组织影响扩大，更重要的是，推动了公益产品规模化理念的实践与传播，在需求远远大于供给的中国公益"市场"中，优秀公益项目的规模化对于回应更大规模的社会需求，具有重要的意义。截至2021年年底，好公益平台的公益产品共覆盖全国34个省（自治区、直辖市），单个项目最多覆盖了1900个区县，累计受益人次超过10.8亿，共有超过1.2万家次社会组织、志愿者团队、事业单位和学校，在8万多个项目点落地开展这些优质公益项目。

公众倡导方面，南都基金会发起了思想平台"南都观察"和"公益好声音"项目。"南都观察"邀请专家、学者、资深媒体人等，探讨转型期中国的社会问题，关注社会公共议题，以多元视角和专业解读呈现独立观察，产出了大量颇具人文关怀与思想深度的内容。"公益好声音"则注重公益的传播与破圈，通过与媒体/自媒体合作，将公益项目与有流量、有影响力、真正触及公众的传播渠道进行有效对接，向公众传递公益的价值，提升公众对公益的理解、认可和支持。2022年，"公益好声音"与新华网客户端、故事FM、丁香医生及CC讲坛等不同传播渠道和平台开展合作，以播客、演讲、图文等丰富的形式，助力9个优质公益项目面向公众的传播倡导。"公益好声音"还通过支持公益议题媒体沙龙、"吕朝说公益"自媒体、共益资本论"解困式报道支持行动"等有社会影响力、公益传播价值和公益启蒙性质的论坛式项目，普及公益精神，激发公益热情，促进公众对公益事业和公益理念的理解与认同。南都基金会的公众倡导工作，体现了对公益议题与故事的深入挖掘以及对公益内容传播渠道的广泛开拓，有力地促进了更多媒体和公众对公益形成深入认知。

3. 腾讯公益慈善基金会：互联网公益的引领者

腾讯公益基金会（简称腾讯基金会）是由腾讯发起，于2007年6月26日经民政部批准成立的全国性非公募基金会。腾讯集团保证每年将经营利润的一定比例捐赠给基金会，用于开展扶贫救灾、教育发展等公益慈善项目。截至2016年12月，腾讯公司给腾讯基金会的捐款额累计已超过16.8亿元，腾讯公司员工捐款超过6000万元。[①] 作为中国首家由互联网企业发起成立的公益基金会，腾讯基金会致力于推动互联网与公益慈善事业的深度融合与发展，通过互联网，尤其是移动互联网的技术和服务推动公益行业的发展，在网络公益、扶贫救灾、教育发展等领域开启了多项创新型项目，用于公益慈善事业的支出累计已经超过8亿元。

腾讯基金会尝试以"互联网+公益"为核心的公益探索。基金会成立之初，便创新性地提出"公益2.0"，即人人公益、随手公益、微公益的理念。2006年6月，腾讯基金会利用腾讯的互联网技术和网络平台搭建的国内首个互联网公开募捐平台——"腾讯公益"网络募捐平台上线，正式开启了中国公益慈善事业的"互联网+"模式。特别值得一提的是，2015年，腾讯基金会在民政部、中央网信办指导下，联合百余家公募基金会、知名企业、明星名人、顶级创意传播机构等社会各界力量，通过"腾讯公益"网络募捐平台发起了全球首个互联网公益日"99公益日"。该活动希望通过腾讯基金会的配捐机制，以"移动互联网+公益"的模式，利用互联网的影响力和动员力量，号召全社会公众积极关注公益慈善、参与公益慈善、传递爱心力量、传播社会正能量并推动公益行业的健康发展，从而共筑美丽中国梦。"99公益日"推动了公益的破圈与参与形式创新，带来了前所未有的公益参与盛况，呈现互联网与公益结合的巨大能量。

---

① 腾讯公益基金会网站，http://gongyi.qq.com/jjhgy/index.htm，2022年4月26日。

（四）基金会创新性发展的推进路径

随着基金会在慈善公益领域的社会影响力增强和社会服务领域的拓展，基金会的创新性也日益从不同的维度展现出来。基金会的实践探索，为其发展与创新提供了有效的推进路径。

第一，促进基金会之间的联合互动。很多知名大型基金会越来越倾向于联合其他基金会进行跨领域合作。例如，南都基金会、敦和基金会、友成基金会等相互合作开发了很多项目，在社会上产生了很大的影响力。而且由于不同的基金会关注的服务领域不同，这种基金会的跨领域合作还促进了各种领域的融合和沟通，为各自关注领域的服务创新提供了助力。与此同时，基金会之间的合作互动促进了各类公益资源的流动和配置优化，使公益资源和慈善资源更加高效地产生社会价值。

第二，注重所在领域的深耕。在注重联合互动的同时，基金会没有忽视对自身关注领域和独特定位的重视，深度挖掘所关注领域的有价值议题和有效行动逻辑，推动关注领域成长和基金会品牌打造。例如，敦和基金会作为一家关注国学与传统文化的资助型基金会，从2012年成立以来就一直致力于传统文化领域的传播和项目运作，每年都会举办各种类型的全国性大型传统文化论坛，"种子基金计划"的成功运作也成为其主打项目。这些活动和项目的开展使得敦和基金会成为全国性的首屈一指的专注于传统文化传播的知名基金会。

第三，推动社会创新和社会参与。社会创新已经成为解决社会问题的新型手段，多元的社会主体的创新方式推动着社会治理的转型和创新。基金会作为握有大量资源的社会创新主体，引领着社会创新的潮流和方向。南都基金会自其成立以来就秉持着民间立场，立足支持民间公益组织社会创新的价值观，通过资金支持来推动优秀公益项目和公益组织，带动民间的社会创新，实现支持民间公益的使命。其"新公民计划"项目荣获2008年度"中华慈善奖"之"最具影响力慈善项目奖"。基于此，南都公益基金会提出了自己的阶段性战略（2017—2019年）：建设公益生态系统，促进跨界合作创新。

总之，近年来，中国基金会不论在数量上，还是在类型和服务领域上都得到了迅猛发展，但是中国基金会的整体发展还处于初级阶段，发展不平衡、不充分，具有政府背景的基金会和高校基金会数量庞大，大量的基金会资金实力薄弱，服务领域传统，专业化不强，保值增值能力受限，基金会的未来发展之路依然充满挑战和机遇。从运行机制和管理模式层面看，主要表现为依附性较强：具有政府背景的基金会依附于政府机构或类政府机构，按照科层化的方式运作；教育基金会依附于大学的行政机构，服务于高校基础设施和教育事业；企业基金会作为企业运营管理的一部分，完全依靠企业的支持和资助。三类基金会虽在内部治理、项目运作、外部关系维度展现了不同的特征和面向，但其实质仍然是依附性的治理结构。

随着中国社会现代化进程的深入推进，市场经济日益活跃，个人家族型基金会、社区基金会等各种新型的基金会不断涌现。与此同时，原有的基金会也在不断拓宽活动领域和服务项目，借助互联网和新媒体手段吸收各种社会资源，集聚社会力量，扩大社会影响力。基金会的创新性也日益从不同的维度展现出来，形成了一些具有共识性的创新发展之路：促进基金会之间的联合互动、注重所在领域的深耕，推动社会创新和社会参与。

如今，中国的经济社会发展和相应的法治建设为基金会的发展壮大提供了前所未有的机遇，也在治理结构等方面提出了许多问题和挑战。长远来看，中国慈善公益事业的发展必将造福于人类，中国基金会的成长壮大和健康发展也一定会为缩减贫富差距、增进社会福利，从而为改善人类生存状况作出更大的贡献。

四　本章小结

时至今日，我国已经全面建成小康社会，经济社会发展水平迈入新的历史时期，以《慈善法》的出台为标志的慈善法治建设也为基金会的后续发展奠定了成长壮大的基础，同时也在规范化治理和创新性运作等方面提出了许多问题和挑战。从更长远的视角来看，我国慈善公益事业的发展一定会为中国社会的共同富裕提供一种可能路径。基金会的发展壮大和健康成长也一定会为缓和社会矛盾、提高社会福利水平、促进社会创新，从而提高人民的生活质量贡献不可或缺的支持力量。

简言之，基金会是我国社会组织体系中的重要组成部分，也是公益慈善事业的重要推动力量。基金会的整体规模虽然不大，但是其扮演的角色和发挥的作用却不可忽视。种类多样的基金会在社会的不同层面展现着它们的影响力，抗震救灾、环境保护、扶危济困、社会救助、弱势群体关怀、公共政策倡导等领域中随处可见基金会的身影，其运作的项目惠及数以千万计的普通民众，为我们的国家和社会增添了巨大的福祉。作为一种兼具聚财与散财属性的非营利组织，基金会以其庞大的资金体量和广泛的社会影响力不断拓展公益慈善组织的社会活动空间，引领着公益慈善事业的发展方向和社会创新的前沿领域。展望未来，基金会这种公益财产的组织化捐赠形式和制度安排必将激励更多的社会财富汇聚其中，激活更多的公益慈善人才置身事内，基金会将会为中国式现代化的高质量发展、全社会的共同富裕和社会治理共同体的构建提供一种有效的解决方案和治理工具。

第五章　草根组织的本土发育与成长

社会组织的概念本身涵盖庞杂且繁多的不同社会实体，无论是其结构形式、活动领域，还是类型规模，都存在显著的差异。在差异中凸显的社会组织最为重要的核心特征就是其非政府、非营利的社会性，并在草根组织这一类型上有着明确体现。社会组织并不必然是源自草根的一种自发结构体，草根组织却是社会组织这一领域必不可少的有机组成。国内草根组织的发展不仅呈现其本土实践，同样牵动着社会环境与制度结构的总体变革。

一　草根组织的地域性发展

草根组织是中国社会组织发展的重要组成部分，代表了社会自下而上动员力量的崛起和社会自我治理能力的发育。通过介绍和阐释草根组织的内涵与现实发展的变迁，结合东北草根组织的发展概况与特点，本节尝试呈现的是草根组织在国内的发展及其地域性关联。

（一）草根组织的内涵与现实发展

草根组织（Grass Roots Organization，GRO）这一概念在西方语境下，源于发展政治学范畴，特指非营利组织中那些扎根于城乡社区的基层民众组织，侧重于发展中国家的基层组织。但是，中国学界对这一概念的援引和使用则基本脱离了其原本的内涵，转而用以指涉那些由民间人士自发成立并自主开展活动的自下而上产生和发展的自组织。这种本土化的转换，根源于中国社会组织产生和发展的独特历史。1949年之后，中国基本取缔了民间的社会团体，并自上而下地成立了共青团、妇联等人民团体。改革开放之后，为适应市场和社会的发展需求，国家相关部门主动成立了一批具有官方背景的行业协会、基金会、社会服务组织等。与此同时，国家逐步放开的社会空间与市场经济的发展，也使得源于民间的社会组织萌芽并逐渐发展。由此，中国的社会组织在内涵上比西方更为复杂，因其融合了官与民两种元素。其外延也随之扩大，不仅包含西方经典意义上的纯粹民间组织，也包括具有官方背景的组织。为了与官方背景的组织（GONGO）相区别，学界约定俗成地援引"草根组织"这一概念，将源于民间的自下而上的社会组织称为草根组织。但是，我们认为草根组织并非因此而成为一个一成不变的概念。正如为了与本土经验相适应，草根组织的内涵做出了本土化的调整，现在随着社会组织的发展和变化，草根组织的内涵也存在阶段化的变迁。概而言之，广义的草根组织仍然指涉所有自下而上的民间组织，但就狭义而言，时至今日草根组织的内涵和外延都应有所缩减，具体指涉那些体量并不庞大、活动领域相对专一、处于公益链条中下游、在城乡社区开展活动的民间组织。下文将通过对广义而言的草根组织的发展变化的阐述，来解释我们对这一概念在新时期进行调整的原因。

1995年世界妇女大会在北京召开，成为草根组织进入一个快速发展期的重要分水岭。此次大会的独特之处在于，在会中一些国外NGO与本土的政府官员、学者、官方背景社团有了直接接触，全新的理念与本土需求发生了碰撞。其重要影响之一，就是为一些社会精英提供了创办社会组织的想象和蓝图。随后十余年，中国的草根组织逐渐增多，但主要集中在北京、云南等地，活动领域集中在妇女、环保与扶贫等领域。这一阶段是草根组织发展的稚嫩期，最突出的特点是依附性。这种依附表现为对政府和国际性社会组织的高度依赖，其根源在于本土社会土壤的薄弱。有学者将这一阶段草根组织的发展条件概括为五大困境。其一是法律困境，主要是指双重管理制度所造成的注册难题和合法性缺失。其二是人力困境，即专业人才精英流向企业政府，导致社会组织人才匮乏。其三是资金困境，由于国际基金会财力有限，掌握本土资源的主体对社会组织缺乏足够的重视，草根组织普遍面临资金困境。其四是信任困境，由于社会理念尚未有足够传播，社会组织自身尚处于发育初期，社会组织内外对组织都缺乏信任。其五是知识困境，由于缺乏先例且相关经验和培训严重不足，社会组织往往热情大于专业，在自身建设和工作领域中都缺乏必要的知识积累。由于以上原因，这一阶段的草根组织相对而言规模较小、专业性较低、志愿色彩浓厚、依赖少数知识、政治精英、专注于一些具体领域的服务和倡导。即便如此，草根组织依然在行动中促发改变，并不断积累经验与社会资本，逐渐壮大起来。

从2004年到2010年，草根组织进入了一个相对成熟期。2004年，温家宝同志在政府工作报告中明确指出"要进一步完善公众参与、专家论证和政府决策相结合的决策机制"。中国的草根组织抓住这一重要转型机遇，通过提交两会议案，制造舆论等制度内外各种方式积极建言献策，从而促进政府公共政策更加具有民间代表性。这标志着草根组织从单纯的服务领域，进入更为核心的倡导领域。"草根环保组织"是这一转型的先锋，而2004年成功改变怒江水电开发计划则是这一转型开启的重要标志。2004年的另一个标志性事件是新《基金会管理条例》颁布，非公募基金会由此发轫。非公募基金会出现的现实意义是完善了社会组织资源链条，拓宽了一线组织的资金来源渠道，增加了慈善资源总量。但是非公募基金会资金量庞大，且往往并不直接从事一线倡导和服务，这与之前存在的草根组织具有明显不同。一些学者仍然将其归为草根组织，但也有学者认为应当另作考虑。现实与概念之间的张力也由此产生。发生汶川地震的2008年，则被学界普遍视为公益慈善元年。以汶川地震抗震救灾为契机，已经积蓄多年力量的草根组织积极投入救灾行动，志愿、公益、慈善的理念更加深入人心，政府也更加认识到社会组织参与社会服务的能量。2008年之后，草根组织由于各方面条件的好转，进入了一个更加快速发展的时期，行业内部也日渐成熟。就内部治理而言，已经开始从精英治理逐渐过渡到制度建设；就专业能力而言，也从业余志愿逐渐进入专业化、领域化、行业化的阶段。就组织间关系而言，也通过建立各种网络和联盟，从单打独斗进入一个更为注重合作的阶段。

2010年之后，草根组织则在上述发展基础之上进入了一个分化期。在这一阶段，一些发展多年的草根组织，专业能力显著提升、体量日益庞大，逐渐成为行业中的领头羊。非公募基金会不仅数量和资金量都越来越大，其工作重点也从直接从事服务转向资助一线社会组织开展活动。更具标志意义的是，在新的时期里一些专注于为一线社会组织提供各种支持和平台的支持性社会组织开始出现，并成为一种趋势。显然，再将以上几种社会组织与规模相对较小、专注于在一线开展服务或倡导的社会组织，一起归为草根组织已不大妥当。"草根"就其词义来看，至少有三种含义，一是民间性，二是底层性，三是基层性。这三重含义并不完全重合，比如民间的不代表是底层的，就民间的社会组织而言，处于公益资源链条下游的社会组织比大基金会和大型公益组织会更具底层性。民间的也不代表必然是基层的，并不在一线提供服务的支持性社会组织通常并不扎根于城乡社区基层。长期以来学界之所以把所有民间组织都归为草根组织，除了为了与中国官方背景的社会组织区分开来，另外一个原因在于自民间的社会组织出现以来的相当长一段时间内，这些组织大都是规模较小的、处于基层一线的社会组织。时至今日，随着中国第三部门的日益发展，其内部行业分工也日益专业化，公益链条也逐渐形成，不同体量和规模的组织也出现分层，如果我们再将这些分化的民间组织都不加区分地视作草根组织，则不仅会引起词义上的误解，也会遮蔽组织生态内部的差异性，从而消解有价值的研究问题。但是，考虑到中国特殊的官民生态，以及既有的研究脉络，也不能简单地将草根组织的内涵和外延从民间组织缩减为一部分民间组织。所以，可以对草根组织这一概念做广义和狭义两种解读。就广义而言，草根组织仍然指涉所有自下而上的民间组织，但就狭义而言，草根组织具体指涉那些体量并不庞大、活动领域相对专一、处于公益链条中下游、在城乡社区开展活动的民间组织。本章对草根组织的论述则主要基于其狭义的概念。

（二）东北地区草根组织的发展及特点

与其他地区和省份相比，东北三省的社会组织数量总体偏少。三省中辽宁省的社会组织最多，截至 2014 年，全省包括注册与备案的组织共有 37675 个，主要集中在工商、服务、卫生及文化方面。吉林省的社会组织总数为 17134 家，其中社会团体 6119 家，民非 5278 家，基金会 75 家，另外还有社区社团 4227 家，农村专业协会 1435 家。黑龙江省的社会组织在三省中最少，有 14000 多家。[①] 根据对于三十余家草根组织的调查，东北地区草根组织的发展可总结为以下四个特点。第一，由于市场经济落后及缺少政府支持等原因，东北地区的草根组织数量少、发展滞后，成熟的组织更少。第二，地方政府尚未充分认识到草根组织在地域社会建设中的作用，尚未形成良好的互动。第三，草根组织的发展有依赖领导者个人资质及能力的倾向，而东北地区草根组织领导者的文化程度偏低，视野也不够开阔。第四，成功的草根组织普遍擅长与政府部门沟通，且自律性强，未形成对于政府输出资源的依赖。

为了更清楚地认识这些特点，笔者将这些草根组织分为三类。第一类，从志愿者组织发展起来以社会服务为目标的组织，特点是专业性相对较弱而地域性强，主要以地域内的社会弱者为支援及服务的对象。社团登记成功并有相对固定的工作人员及办公场所。第二类，组织从起步就有很明确的专业目标，而且在技术要求上比第一类高，也有跨区域合作的意愿。这类组织也大多以各种形式（包括工商注册）登记成功，而且获得资源的渠道较多，一般也有固定的工作场所及相对稳定的工作人员。第三类，大量注册及没有注册的志愿者组织。这类组织结构松散，人员流动大，通常没有长期的发展目标。数量虽多，但由于缺少专业性甚至随时都可能消失。本节主要通过实例介绍及分析第一类及第

---

① 这些数据来自 2015 年 3 月 21 日召开的"东北三省民间组织发展论坛"上的各省民管局干部的报告。

二类的草根组织。

1. 从草根志愿者组织到以社会服务为目标的社会组织

吉林省C市的XY志愿者协会成立于1996年10月，在东北地区可以说是成立最早的草根组织。经过十几年的发展，XY协会已有固定员工11名，工作方向主要放在助学、助残与心理支持三个方面。这与发起人H是残障人士有关，组织服务方向也定位为贫困家庭学生及残疾人等社会弱势群体服务。协会的一个特点是充分利用C市高校多的特点，先后在多所高校建立了志愿者服务团队。协会陆续推出"XY班助一""阳光伙伴"等项目，为贫困家庭的学生筹集助学金，为单亲家庭、农民工子女等青少年提供了心理援助。为残友服务也是协会的重要活动内容之一，先后推出"自立之家""网络商场"等项目，以远程教育等形式为全国各地的残友提供了基础文化知识及职业技术培训。协会也定期开展"生命之光残友俱乐部"等活动，并且编辑印刷助残刊物为全国的残友服务。

在国内外基金会及企业的支持下，协会从2012年开展了"东北三省民间组织能力建设"的项目，为草根组织间的横向合作提供了难得的平台。与政府部门的良好关系也是促进协会发展的一个重要原因。在其他草根组织普遍面临注册难的问题时，协会早在1996年就顺利在市民政局的推荐下，找到市社科联作为主管单位并注册成功为社团，这跟当时协会开展了很多公益活动受到媒体的关注有关，而发起人H的影响力是其中最重要的因素。依照H的说法，XY协会也是经历了迷茫期、裂变期而逐渐进入了自我完善的阶段，既自主独立，又能广泛与政府及其他各类组织开展合作是协会的战略方针，也是它成功的秘诀。

作为与XY协会的比较，这里介绍一下辽宁省LZ扶贫发展服务中心的成长。LZ中心成立于2004年，在2012年才在S市K县民政局注册成功为社团。之所以能够注册成功，是因为中心常年展开扶贫活动而获得了当地民政局的信赖。现在中心逐渐将工作重心从K县转向省会S市并设立了办公室，雇用了5名正式员工。中心的工作主要为以下三个方面：第一，支援KZ地区留守儿童的生活；第二，改善 S 市流动儿童的教育卫生及营养条件，帮助他们更好地融入城市生活；第三，建立辽宁省内的公益联盟。2013 年，中心成为"壹基金"的辽宁省合作伙伴，开展灾区救助也成为重要工作之一。LZ 中心发展至今基本上已经明确目标，组织构成也相对稳定，这与发起人 J 的贡献及决策有关。年轻的组织发起人从欧洲留学归国，留学经验也使她在获得国外基金会资助方面占有优势。J 也非常重视与政府部门及高校研究人员的沟通，东北某大学教授的常年支援（包括与政府部门联络沟通等）及指导，也为组织发展创造了有利条件。她还利用一切机会参加有关社会组织发展的培训，逐渐形成了自己的社会网络并开拓了获得更多资源的渠道。今年，LZ 中心又组织发起辽宁省内的公益联盟，定期组织辽宁地区的草根组织学习交流，并聘请专业教师指导讲课。

XY 协会与 LZ 中心在发展方面存在着很多共同点，两者皆是没有官方背景的纯草根组织。但是随着长年活动的展开及对地域社会的贡献，都逐步取得了地方政府的信任而在注册等方面得到帮助。另一方面，两位发起人都对组织的发展起到了决定性的影响作用，他们的组织能力及战略构想能力很强，特别是在构筑社会网络方面表现积极。因为两个社会组织都活跃于为社会弱势群体服务的领域，这也是能够得到当地政府支持的重要原因。它们一方面通过实际工作承担了政府的社会工作，从而得到了政府部门的信任。另一方面政府部门也取得了社会建设的实际成果。尽管与当地政府都形成了良好的信赖关系，但在资源获得等方面两个组织都有很高的自律性。

2. 专业型草根组织的发展

与上述两个活跃于社会服务领域的组织不同，东北地区也有从开始就拥有明确专业目标的草根组织，比如闻名全国的环保组织——PJ 市 HZO 保护协会。此协会被称为中国环境 NGO 第一家，成立于 1991 年 4 月并在市民政部门注册，发起人 L 是当地的一名资深记者。这个协会能够顺利注册是因为 L 与当地民政局官员的熟人关系。就像王名指出的那样，善于利用当地的社会资本，充分发挥作为媒体人的优势，协调乃至驾驭和政府的关系是发起人的"生态智慧"。善于与各级政府的官员打交道是 L 的强项，既是促进协会发展的最重要原因，也是"生态智慧"的最重要内容。

历经多年的实践与努力，协会创立并运用开展环境教育、借助舆论监督、发挥专家智慧、影响政府决策的环保四步法，有效地保护了黑嘴鸥栖息地（湿地）50 余万亩，使黑嘴鸥数量由协会成立之初的 1200 只增加到 10500 余只。由于协会对黑嘴鸥保护取得了显著的成绩，L 更是先后获得"地球奖"等奖项与称号，更被誉为"中国环保第一人"。作为环保第一人，L 的影响力越来越大，这对于开展工作是非常有利的。但是另一方面，协会也面临着培养人才及获得稳定资金支持的问题，这需要制定推动协会向更深层次发展的战略规划。作为东北地区乃至全国最有影响的环保组织，协会可以发挥更大的影响及联结作用。

相对于前述协会只是活跃于某个地区，位于吉林省 TH 市的 BB 回家志愿者协会的工作却是辐射到全国各地。协会成立于 2007 年，主要工作为两个方面，一是通过全国的志愿者发现被拐卖儿童并帮助他们找到家人，二是帮助成年被拐卖者寻找亲人。这个组织的起步跟发起者 Z 夫妇丢失孩子（后找到）的个人经历有很大的关系。2008 年组织正式在市民政局登记取得社团资格。组织成立时就制作了网页，办公室的 5 名工作人员也是通过网络与全国各地的志愿者联络协调。组织的互联网应用主要是利用 QQ 群的功能，除了海南和西藏，在全国每一个省都建立了群。在网络公司的协助下，每个群的可参加人数都达到了 2000 人，在每个群中都有一个相对固定的核心团队。组织的每个团队的成员都有分工合作，比如安排专人接待寻亲者，帮助登记，在网上贴出信息，版主工作组会审核、整理及修改帖子，转帖工作组会将帖子转到各知名网站。各个群的工作组如果获得被拐卖儿童的准确信息就会通知当地的公安机关。

从 2007 年至 2016 年，BB 回家已经帮助 1000 余名被拐卖儿童找到了亲人，也是因为取得了这样的成绩，组织知名度快速上升，志愿者人数也增加到几万人。协会之所以能够在全国范围内顺利地开展打拐的工作，不只是因为利用互联网建立了发达的信息交流网络，也是因为他们拥有公安部的支持。2009 年协会与公安部建立合作机制以后，逐渐实施了公安采血、立案及线索举报等一系列措施，也推动公安部修订了诸多打拐政策。由于长期的合作及成果，协会已经和公安部建立了稳固的信赖关系，这种信赖关系对于 BB 回家是最重要的社会资本与关系资源。另外，媒体的报道及著名人士的帮助也使组织获得了极高的知名度。很多知名企业也加入并以项目的形式支持他们的行动。

除了专业性很强的环保组织和打拐组织，东北地区也存在为进城农民工提供融入城市服务和协助维权的草根组织，以及为男性艾滋病患者服务的草根组织等。与第一类组织相比，这些组织的突出特点就是专业性强，也容易受到国外基金会的资助。虽然这一类组织在东北地区数量还不是很多，影响力也有限，但是因为专业性相对很强，具有不可忽视的潜力。在外界环境还不理想的情况下，这些专业性强的草根组织已经积累了丰富的经验、社会关系及人才，是将来在地域社会中补充政府职能的重要力量。但无论是第一类还是第二类的草根组织，能否处理好与政府的关系形成良好互动是促进自身发展的关键因素。

3. 东北草根组织的问题所在

东北草根组织虽然在几个层面上都有一定发展，但其组织的问题也很突出。第一，存在着组织成员流动性大，组织结构松散的现象，虽然也活跃在服务社会的各个领域，但方向不明确，也缺少专业训练，其中很多组织没有正式登记。第二，东北地区大多数草根组织的领导人都是第一代，而且组织的成长跟领导人的个人努力及拥有的社会关系资源有很大的关系，这些领导人是组织的绝对权威，甚至可以说是组织的"卡理斯玛"，这对于组织发展而言是双刃剑。虽然领导者发挥了强力的领导作用并具有凝聚力，这对于面临种种困难的草根组织而言极为必要。但由于草根组织的发展过于依赖领导人，会影响组织的制度化建设及接班人的培养。第三，草根组织之间缺少横向合作，即便是活跃在同一个领域的草根组织也很少相互支援。这是因为在东北地区草根组织所能获得的资源较少，而一些草根组织又不想因为横向联合而被别的组织夺走资源（特别是关系资源）。另外，全国性的社会组织到东北地区来发展分支机构的情况也很少。

东北地区草根组织的发展尚处于初级阶段，正式登记成功并且已经在专业领域有所成绩的草根组织更是屈指可数，市场经济不发达也使草根组织很难从市场中获得资源。政府部门在社会管理改革方面相对保守，很少有突破性的改革。即使在其他地区已经开始放松双重管理体制，东北的大多数地区也没有发生根本性变革。不能登记成功因而无法向基金会等申请项目，也不能进行税务处理，这已经成为阻碍东北地区草根组织专业化发展的一个重要原因。虽然第三类草根组织数量居多，由于领导者个人资质及登记注册上的制度性障碍等原因，能否向第一类组织成功转型是个很大的问题。但总体而言，即便是在社会发展滞后的东北地区，草根组织也已逐渐成长为关注和解决社会问题的重要力量，而政府也应该认识到这种力量的存在与可能性。在政府职能转型的大趋势下，具有强烈社会责任感的草根社会组织是可以成为参与地域社会建设的重要力量的。

二 草根组织的发育路径差异与创新发展

通常认为，草根组织都是自下而上地从社会之中发育而来，但是如果考虑到国际性社会组织在中国的影响，那么草根组织还可以再细分为两种：其一是纯粹自本土社区发育而来的，其二是虽然源于本土社区但在发育过程中受到国际性社会组织显著影响的。可以将前者的发育路径概括为自下而上的发育路径，其结构、关系、资源均根植于本土；而后者则可视为外部输入的发育路径，其资源较为依赖国际性社会组织资助，其理念与制度建设受国际性社会组织影响较大。两种不同的发育路径，对草根组织的内部管理结构造成了不同的影响与后果。自下而上型的草根组织的内部治理结构通常呈现为精英人治的治理形态，此种治理形态在草根组织发育的初级阶段具有不可忽视的价值，但是随着组织的日益发展，其个人主导、缺乏制度规制的弱点开始阻碍组织的进一步发展。而外部输入型的草根组织则通常直接学习与嫁接发达国家流行的治理结构，此种治理结构的迅速建立为草根组织的制度化转型提供了捷径，但也因与中国社会状况的差异，可能产生水土不服的副作用。两种内部管理模式的瓶颈，要求中国的草根组织运用其智慧与魄力，进行进一步的内部管理模式创新。

（一）自下而上的发育路径：从人治到制度化的治理模式

自下而上型组织中的能人即"动员精英"，指能干的或在某方面才能出众的人。[1] "在中国文化的语境下，'精英'与'能人'并非一个新的学术话题。当代中国的社会转型中，学界关注农村社会中的政治精英、经济精英与宗教精英对于农村社会的治理结构与经济发展的影响，以及城市中精英阶层的再生产。但这里所谓的精英更多地表示为一种权力与资源的占有者。"[2] 自下而上型的能人治理，即指那些有非凡魅力和能力的领袖发起和成立的草根组织，依靠组织精英的超群能力和威望，基于社会的价值和使命而凝聚群体，实行领袖权威治理的组织结构。

对于中国现存的草根组织来说，它们的成立与组织的生存和发展，得益于马克斯·韦伯所指向的卡理斯玛式的能人。在中国社会由国家单一主体的权威结构向社会多元主体治理结构转型过程中，社会主体的发育往往是由社会各界精英来维系和推动的。"对于草根组织来说，其最初的发起者或推动者总是具有一定特质的人，他或者具备一定的资源和人脉，或者具有某种知名度和影响力，或者具有突出的领导才能。与政府部门的关系往往也是草根组织卡理斯玛领袖所具有的重要资源。……草根组织发展的初期，组织领袖的

---

[1] 罗家德、孙瑜、谢朝霞、和珊珊：《自组织运作过程中的能人现象》，《中国社会科学》2013年第10期。
[2] 崔月琴、袁泉、王嘉渊：《社会组织治理结构的转型——基于草根组织卡理斯玛现象的反思》，《学习与探索》2014年第7期。

勇气、视野、创造力都是组织进一步发展的必要条件。从组织自身的发展方向、总体规划和行为模式,到组织外部的环境支持、资源获取与网络建设,都有赖于组织领袖的开拓建设。"① 这些卡理斯玛式的能人既是组织初创时的重要"发起者",也是组织发展中的掌舵人和组织的管理者。

在中国社会转型初期,国家主义和单位制的影响很广很深,"草根组织的成长可谓步履维艰,因而其创始人的卡理斯玛品格就显得弥足珍贵。草根组织领袖的卡理斯玛特质,既呈现出凝聚价值认同的个人魅力,包括将公益组织的价值诉求广为传播,还包括挣脱体制束缚,循使命奉献牺牲的勇气。如果其发起者或推动者没有足够的信心和能力,不仅难以带动和领导草根组织有效开展活动,更难以使得组织维持生存下去"②。因此,草根组织的能人治理结构往往呈现如下特点。一是高度集权。组织的创立者即能人主导组织方向和决策组织发展及行动,组织中的理事会等决策机构形同虚设,还没有建立起规范的组织结构。二是议行合一。组织中的领袖既是决策者,也是执行者。对于许多初创的草根组织来说,组织结构简单,人员少,创立者自身兼有多种职能。三是特立独行。草根能人自主意识强,对组织的发展有理想有规划,既能多渠道获取资源和支持,也不依附于任何权威,坚守组织的使命和理想。这些特点表明,自下而上型的草根组织在组织成立与运行过程中主要凸显了领袖的能力和权威,凸显了卡理斯玛式的权威治理特性。

卡理斯玛化的组织治理结构,虽然有其历史的应然性,但在草根组织的不断发展中呈现明显的限制性,主要表现如下。一是草根组织的可持续发展问题。卡理斯玛式领袖在组织的成立和运行过程中,扮演着带头人、引领者的角色,对组织的发展起着不可替代的作用,但正是这种不可替代性,随着第一代领袖的离

---

① 崔月琴、袁泉、王嘉渊:《社会组织治理结构的转型——基于草根组织卡理斯玛现象的反思》,《学习与探索》2014 年第 7 期。
② 崔月琴、袁泉、王嘉渊:《社会组织治理结构的转型——基于草根组织卡理斯玛现象的反思》,《学习与探索》2014 年第 7 期。

开，由于其组织的规范性结构尚未形成，组织的后续能力不足，许多组织面临着因第一代领袖的离开而难以为继的问题。正如韦伯提出："卡理斯玛支配若想转化为一种持久的制度，其所面临的首要基本问题，也就是找寻先知、英雄、导师及政党首脑之后继者的问题。正是此一问题，无可避免地开始将卡理斯玛导入法理规则与传统的轨道。"① 寻求可信赖的"继承人"，维系组织的健康发展是卡理斯玛式草根组织面对的难题。二是草根组织的能人依赖和制度化缺失问题。在中国制度变迁的背景下，自下而上成立的草根组织，在成立之初面临着诸多难题，如资金获取不足、注册困难、影响力弱等问题，富有非凡魅力和品质的卡理斯玛领袖运用自己的社会资本和不懈的努力去克服和解决这些难题，这更加增强了组织成员对卡理斯玛式领袖的信任和依赖，其代表性已成为组织的"符号"。卡理斯玛式领袖在组织中建立起极高的威望并形成组织的依赖性，在组织的决策机制和运行规则不健全的状态下，使组织的发展过多地呈现个人化和初级化现象。三是草根组织的社会服务能力不足的问题。自下而上草根组织的大量兴起，主要是应对市场经济背景下社会公共服务的需求，填补国家社会福利所缺失的部分。近年来，国家对社会组织的培育和发展给予了较多的关注和支持，国务院在政府机构改革中，加强与社会组织的合作，并通过购买社会组织服务、项目制、招投标等各项措施来激发社会组织的活力。但对于初创时期的草根组织来说，组织规模小、人员少、专业服务能力弱、执行项目和参与购买服务的能力不足，往往不能引起政府购买服务时的注意，造成政府寻求转移职能和草根组织孱弱发展的非良性互动。

　　草根组织的上述问题，限制了组织健康有序的发展，造成组织个人化、初级化和孤立化的困境。尽管卡理斯玛权威治理是社会转型初期社会组织自下发展的必经路径，符合社会组织初创的一般规律。然而随着国家社会治理模式的逐步调整，以及草根组织自身影

---

① ［德］马克斯·韦伯：《支配社会学》，康乐、简惠美译，广西师范大学出版社2010年版，第274页。

响力的日益拓展，卡理斯玛治理向现代社会组织治理的转型则成为组织健康有序发展的前提。① 一定时期，这种人才色彩浓厚的治理模式开辟了一条有别于"自上而下"的社会组织发育路径，其对于中国社会组织发展的意义非同寻常。然而，随着社会治理理念得到各方认同，这种治理结构的弊端也不容忽视。

（二）外部输入的发育路径：从嫁接到本土化的治理模式

外部输入型社会组织，指资源结构中国际性社会组织支持占主体，资源路径指向境外而非本土的社会组织。外部输入型的制度化治理，是基于组织的资源结构与治理结构的一种理想型的划分，指组织的资金来源、项目运作、治理方式主要来自境外非营利组织的输入、培训和参照。外部输入型草根组织，大多致力于环保、扶贫、卫生等公益慈善领域，它们依靠国外非营利组织发展的经验和国际资金的支持，在中国境内开展公益慈善活动，以此形成"较为开放的治理结构、公开透明的决策机制和运行高效的服务模式"②。

中国有相当一部分草根组织是在国际组织的资源支持下生长发育起来的，而不少的草根组织至今仍然主要甚至全部依赖国际组织的资金和项目维持其生存和发展。一些在国际上具有影响力的非政府组织（NGO），如：乐施会、联合国儿童基金会、世界自然基金会、国际小母牛组织等，在中国先后建立了分会并积极开展公益慈善活动，与中国的本土社会组织形成了互动的网络，为草根组织学习国际性社会组织的组织结构和运行模式提供了方便。

国内学者对国际性社会组织对中国草根组织影响进行了研究。韩俊魁通过宣明会培育本土草根 NGO 的个案研究，认为国际组织的介入一方面能够使得草根 NGO 获得启动的注册资金，另一方面

---

① 崔月琴、袁泉、王嘉渊：《社会组织治理结构的转型——基于草根组织卡理斯玛现象的反思》，《学习与探索》2014 年第 7 期。
② 王名、孙伟林：《我国社会组织发展的趋势和特点》，《中国非营利评论》2010 年第 1 期。

也可以通过自身的正式与非正式关系帮助草根 NGO 获得行政合法性以利于其注册。① 凯瑟琳则从环境倡导的视角研究了三个接受国际资助的草根 NGO 的发展状况,认为国际组织通过理念、项目、资金等多维度的支持促进本土草根 NGO 生长与倡导能力。② 归纳以上研究的逻辑可以发现,原本资源匮乏而发育缓慢的草根 NGO,由于国际资源注入,可以迅速获得发展,提升自身的社会服务与政策倡导的能力,甚至能够在国际组织的帮助下与地方政府搭建关系获得合法身份,进而使其能够与政府构建合作关系并获得社会认可,扎根民间社会,最终利于组织实现资源本土化的可持续发展。③

国际性社会组织在国内的落户,为国内社会组织提供了很好的组织示范和资源链接。本土草根组织在向外寻求资源支持的同时,也接受了国际性社会组织的制度化引导,吸纳了它们的制度化管理方式。成立并实施理事会的决策机构,发挥理事的决策参与和组织的民主化、规范化运行。开展项目运行中的规范化管理,从而优化了组织治理的结构,提高了草根组织运作的效率。

不可否认,在中国社会组织的发育和发展中,国际性社会组织给予了大量的资源上的支持和理念、制度上的影响,对中国草根组织的成长及组织的规范化运行提供了较好的示范。但我们在研究中也注意到,这种单纯由国际性社会组织获取支持而成长起来的本土草根组织,其成长和发展也存在一系列的问题。

一是草根组织对国外资金、管理模式的吸纳,造成了草根组织的制度性依赖。规范和正规的组织结构值得学习,但一些草根组织采取直接"拿来主义",使之成为被动的接受者和执行者,而缺乏符合本土情境的原创性、开拓性的组织项目和活动。二是境外非营

---

① 韩俊魁等:《境外在华 NGO:与开放的中国同行》,社会科学文献出版社 2011 年版,第 100—114 页。
② [荷兰] 皮特·何、[美] 瑞志·安德蒙主编:《嵌入式行动主义在中国——社会运动的机遇与约束》,李婵娟译,社会科学文献出版社 2012 年版,第 261—286 页。
③ 崔月琴、李远:《"双重脱嵌":外源型草根 NGO 本土关系构建风险——以东北 L 草根环保组织为个案的研究》,《学习与探索》2015 年第 9 期。

利组织制度化治理与本土情境融合的问题。草根组织在模仿国外非营利组织的运作模式和决策机制时,常常出现与中国的本土社会或熟人社会难以契合,甚至造成与本土社会关系的疏离,因而影响组织的发育和进一步发展。三是受境外资金支持的草根组织注册难的问题。在现行的制度环境下,如果社会组织脱离于行政管理或与政府关系疏离,其组织的合法性地位的获取就成为一个难题。如一些草根环保组织由于主要依赖境外资金的支持,并独立开展项目,与地方政府及其相关部门联系不多,很难得到政府相关部门的信任和支持,出现"注册难"的问题。这些组织虽然成立多年,开展了许多项目活动,但由于合法身份的缺失致使其处于非法状态,仍缺乏现实中的合法性。

(三)治理转型助推草根组织发展

在社会治理改革的宏观背景中,社会组织的治理转型最根本的目标是建构起现代社会组织的制度机制。避免只注重制度形式上的模仿,缺乏适应组织生存和发展的制度创新。社会组织治理创新应从以下几点入手。

首先,建立志愿者的社会动员机制。从社会治理需求来看,志愿者的动员和培育,是建立社会公共服务体系,形成社会公众参与社会事务的有效机制。有必要从社会和组织两个方面来建立和完善志愿机制,形成以社会动员和组织吸纳为主导的社会参与机制。

其次,引入市场竞争机制,运用商业手段增强组织的造血功能。社会组织应主动增强自身资源获取能力,拓宽组织资源获取的途径和领域,开发并探索促使社会组织可持续发展的商业模式和社会企业模式,让社会组织的发展呈现蓬勃生机和活力。

最后,对于那些本土资源匮乏,依赖外源建构发展起来的社会组织来说,建立多元资源渠道,汇聚本地志愿者队伍,开展地方服务的社会项目,逐步形成组织的特色和影响力,接上地气才能真正获得现实的合法性。对于政府管理部门来说,提供社会服务项目的资金,合理投放资源,提供社会组织购买服务的公正平台,才能让那些有专业基础,依赖外源项目的社会组织回归本土,成为提供社会公共服务队伍中的有生力量。任何制度的良性运行有赖于与地方性情境的耦合,否则他山之石亦难以攻玉。前文也指出了这种制度"嫁接"的诸多局限性,因而,如何使外源性制度更好地契合当前社会治理的创新则是此类社会组织转型与发展的关键。

三 草根组织参与社会治理的模式创新

社会组织在提供服务、社区建构、政策建议方面发挥越来越重要的作用,逐渐成为参与社会治理的关键主体。社会组织在参与社会治理中的生命力源于其社会创新能力。相较于政府,社会组织因其组织形式以及运行机制的灵活性往往更能实现治理的创新探索,从而为社会治理开辟多元有效的路径。而草根组织由于扎根基层、在一线服务,对社会需求的变化有更灵敏的嗅觉,组织形式和运行机制又比大型的基金会和社会团体更为灵活,从而创新实验速率快且试错成本低,资源相对不足等种种不利的客观条件也客观上要求草根组织只有不断创新才能在竞争中生存,所以大量草根组织已经在参与社会治理方面提供了许多模式创新的案例与经验。本节主要通过两个东北草根组织的创新实践的呈现,来对草根组织参与社会治理的模式创新提供一种可能的思路拓展。

(一) 草根组织文化与传播的力量:以 HZO 保护协会为例[1]

环保社会组织是中国最早进入公共领域,参与社会建设的组织力量,在中国的公益领域也是最为活跃和积极的一部分。在中国的东北地区有一家在中国的环保公益界声名卓著的社会组织:PJ 市

---

[1] 本案例的更多讨论参见崔月琴等《行动·拓展·创新:社会组织案例集》,中国社会科学出版社 2021 年版,第 3—21 页。

HZO保护协会。1991年4月20日诞生的HZO保护协会目前已经走过了26年的生长轨迹，就算是"自然之友"这样的知名环保NGO也要晚HZO保护协会整整4个年头。26年的发展使得HZO保护协会由一个默默无闻的社会组织成长为一个在中国环保界赫赫有名的"中国环保社会组织第一家"，同时在对黑嘴鸥的保护和繁殖方面取得了巨大的成就，使黑嘴鸥由1990年的1200只增加至2015年的11000只，创造了保护濒危物种的惊人纪录和成功案例。这个诞生于20世纪90年代初堪称中国环保公益原点的草根组织，其历史意义和研究价值弥足珍贵，对同样致力于其他物种保护和环境保护的社会组织产生了重大的启发意义和引领作用，概括起来主要有以下几方面的经验。

第一，HZO协会有一位一直坚持不懈地保护环境的领袖。对于一个组织的初期成长来说，一个有魄力、有魅力、有领导力的领袖人物是非常重要的条件。一个卡理斯玛人物是"组织发展的先驱、奠基人、掌舵者。草根组织的卡理斯玛领袖提供了组织成立的现实动因，是组织成立的灵魂人物；是组织价值诉求最真诚的践行者；卡理斯玛领袖的意义不仅在于价值理想的坚持，还在于为组织的发展提供原动力。对于草根组织来说，其最初的发起者或推动者总是具有一定特质的人，他或者具备一定的资源和人脉，或者具有某种知名度和影响力，或者具有突出的领导才能。与政府部门的关系往往也是草根组织卡理斯玛领袖所具有的重要资源；还开辟了组织的最初发展空间，也化解了种种危机与难题；草根组织发展的初期，组织领袖的勇气、视野、创造力都是组织进一步发展的必要条件。从组织自身的发展方向、总体规划和行为模式，到组织外部的环境支持、资源获取与网络建设，都有赖于组织领袖的开拓建设。组织领袖对草根组织投入的不单是时间精力，不断灌注其间的还有他们的人生理想和价值诉求"[①]。正是因为有一位黑嘴鸥的"保护使者""保护卫士"26年如一日地坚守在保护黑嘴鸥的第一线，

[①] 崔月琴、袁泉、王嘉渊：《社会组织治理结构的转型——基于草根组织卡理斯玛现象的反思》，《学习与探索》2014年第7期。

才使得 HZO 协会的活动持续对焦，目标专一，也使得 HZO 协会的始终坚持自己的环保策略不动摇，成就了中国环保史上物种保护的范例。

第二，依托文化的力量和环境教育。文化是一种不言而喻、潜移默化的制约力量。环境教育是培养公众的环保意识的有效途径。文化的力量表达需要借助于各种媒介形式。协会运用 18 种文化艺术手段，不断打造吉祥文化，使得黑嘴鸥文化得以在盘锦本地广泛传播，并得到社会认同。与大中小学和自然风景区建立常态化的联系，进行大规模的广泛的丰富多彩形式多样的环保教育活动，培养了社会大众的环保意识，提升了公众的环保理念。

第三，积极依托政府的政策和行政力量。HZO 协会在开始建立之初就与政府建立了紧密的频繁的互动关系。1991 年协会的顺利注册就离不开政府的支持；而且协会创立了一种与政府沟通的策略：把政府官员编织进协会的组织架构中，很多现任或者前任政府官员作为协会的名誉会长。这样协会与政府的关系就不再是冲突或者对抗关系，而是政府的伙伴，共同保护环境的伙伴。政府官员进入协会既增加了协会的行政合法性和权威性，又为与政府的合作提供了可能，奠定了基础。"HZO 协会建立得早，很早就开展了与政府的合作，15 年前就有了合作。怎么合作呢？就是成立协会的时候把政府官员拉进来，这样，我们就有理由找政府。"① HZO 协会深知在当今中国的社会环境下，NGO 要寻求发展既离不开政府，又不能完全依附于政府。因此协会与政府的关系逻辑是利用政府，借力政府的政策和行政力量，实现自己的环保价值和目标。

第四，借助媒体的力量，表达自己的声音，营造品牌，扩大影响力。公众舆论的监督力量具有很大的影响力，很多社会议题正是借助了公众舆论和媒体的传播与表达才得以被重视和解决。然而媒体的传播力量经常被研究者所忽视。HZO 协会一直注重媒体的传

---

① 王名主编：《中国 NGO 口述史（第一辑）》，社会科学文献出版社 2012 年版，第 10 页。

播力量，在其 20 多年的发展过程中，借助媒体的舆论监督功能制约政府的决策，披露企业的破坏环境的行为；借助媒体传播的广泛性使黑嘴鸥深入 PJ 市当地的公众心中；借助媒体的宣传力扩大 HZO 协会的品牌知名度、社会影响力与社会合法性，赢得了当地社会的广泛认同。

媒体作为公益组织表达政治诉求和公共参与的重要手段。通过媒体把一个议题变为公共议题，公益组织的工作和自主性得以被放大，其关注的问题也就更可能得到公众和政府的重视，并得以解决。媒体和公益组织存在一定的利益一致性。公益组织与媒体协同互动，推动公共舆论的形成，进而对政府政策和政府行为产生影响。公共舆论已经成为一种民意表达机制。民意机制的开拓使得公众的声音对于政府决策和政府行为产生影响。近年来很多由公益组织和社会公众推动的议题，经过媒体平台的发酵，形成公共舆论并逐渐被纳入政府议程之中。公益组织主动地利用媒体作为意见表达的政治资源和工具，形成对于企业甚至相关决策部门的压力，并倡导政策出台。HZO 协会不仅重视媒体的作用和价值，而且在保护湿地的过程中多次运用发挥媒体的议题建构功能，例如在保护南小河湿地时，协会就借助当地的媒体舆论，曝光了引海水养虾淹死黑嘴鸥幼鸟事件，引起社会的巨大反响，引起了有关部门的重视，南小河保护站也得以顺利建立。

近年来国家对环境问题的关注日益密切，科学发展观、可持续发展理念深入人心，特别党的十八大以来，生态文明建设作为一个国家建设的重要方面为中央政府所重视，"绿水青山就是金山银山"，自然环境是社会发展的基础。环境保护也成为政府政绩考核的重要内容。政府作为相关政策的制定者，控制着很多重要资源，拥有强有力的国家行政权力。在环保领域，只是靠民间环保组织自身的话，"一无权二无钱"很难切实有效地进行环境保护。草根环保组织在保持自身独立性的同时主动依靠政府的决策，借助政府的权威和力量，依托政府的资源，实现自身的环保目标不失为一种智慧的策略。

（二）草根组织自主性建构中的跨界合作：以长春 XY 志愿者协会为例[①]

本小节中所谓的跨界合作，即社会组织秉持开放的心态与意识，跨越不同行业、不同文化、不同领域的生态界限，寻求不同主体间的合作、渗透与融合的互动模式，跨界俨然已成为诸多领域拓展自身发展的新策略与新路径。政府、企业、社会具备不同的资源优势，政府控制着权力资源，企业掌握着市场资源，社会呈现强大的执行力，如何更好地实现三者资源的整合是跨界合作的关键，也是如何更优化地实现跨界的问题。现阶段，政府的职能转移、购买服务，企业的公益救助、社会关怀，社会的志愿者加入、众筹参与，体现了三者发挥已有资源优势共同参与慈善公益事业，整体社会呈现利好的发展态势，以此实现资源利用效率最大化，达致三者资源优化配置的合作共赢。

从整体层面进行分类，XY 协会的跨界合作者包括政府、企业和社会三类；从具体层次来看，政府主要指代地方政府、业务主管单位、辖区街道，企业指代独立的营利性组织，社会主要指代社区、高校、媒体、民众。XY 协会发展至今已形成了组织发展所需求的平稳的资金来源，主要为地方政府、基金会项目、会费、社会小额捐助、协会理事捐助五部分构成。

1. 从迷茫追随到做好"助手"

政府掌握着政治权力资源，在中国的制度情境下，社会组织与政府的关系是绕不开的。对于中国真正的 NGO 进行研究，就是要将眼光置于这些草根组织，特别是其对地方政治的影响。[②] 草根组织保持与政府的良性互动是至关重要的，因其存在注册难的问题，它们处于一种不合法甚至非法的状态，政府对其持有警惕的态度。长春 XY 协会已实现注册，主要处理与地方政府、业务主管单位的关系。

[①] 本案例的更多讨论详见崔月琴、沙艳《寻求多主体间跨界合作的策略选择——基于草根组织突破资源困局的个案分析》，《山东社会科学》2019 年第 6 期。

[②] 张紧跟、庄文嘉：《非正式政治：一个草根 NGO 的行动策略——以广州业主委员会联谊会筹备委员会为例》，《社会学研究》2008 年第 2 期。

XY 协会成立之初，获得了吉林团省委、长春团市委的支持得以成功注册，但组织缺乏明确的组织理念和组织目标，跟着政府的活动走，协助政府部门做些宣传活动。组织成立之初希冀获取政府的支持和认可，采用跟随政府活动的方式，但这个阶段对 XY 协会自身来讲，未获取来自政府方面用于支持组织发展的经费或资源，组织面临着艰难的生存困境。

面对着组织的生存困境，XY 协会逐渐接触到发达地区的社会组织，不断调整组织发展的战略方向，明确了组织理念和目标，围绕着组织理念着手申请项目，扩宽与多元主体合作的领域，组织的影响力逐渐扩大，在一定程度上填补了政府职能的服务空白，从而获得了政府的关注和支持。XY 协会作为吉林省公共服务的公益品牌，在做好"助手"的过程中获取了政府的支持。在办公场所上，现今的办公场所由南关区政府提供，提供助残服务的"益乐工坊"由长春市残联提供两间办公室；在人员配置上，政府为协会招聘公益性岗位派发人员 3 人，由政府为其提供工资开支；在项目安排上，协会承接了政府购买服务项目中关于残障人士的助残培训项目和残疾人婚恋项目。XY 协会成立了党支部，接受党和政府的领导和监督，增强了政府对其的信任。2000 年开始的 XY "阳光伙伴"项目得到了共青团吉林省委的资金支持。2016 年心语协会"相恋星期六"残疾人婚恋项目、残疾人居家就业项目、勤志少年自信成长计划三个项目，在长春市公益创投及南关区公益微创投项目中通过资格审查，获得政府购买服务资金达 9 万元。

2. 从徒劳式的迎合到理念认同上的合作

企业伴随着市场经济的发展而不断成长，掌握着雄厚的市场资源，追求市场效率，力求实现利润的最大化。企业作为"理性经济人"，以追求利润为目标，现实实践中，我们能够观察到企业间的兼并和联合，但营利性企业参与到公益领域相对较少，两者的运行逻辑是迥异的。20 世纪 90 年代以来，草根 NGO 犹如雨后春笋般出现，尤其是汶川地震，更是凸显了草根 NGO 的数量庞大和影响广泛的特点。企业间的竞争不仅仅局限于经济领域，还需要企业树立良好的企业形象，营造和谐的企业文化，对于企业来讲，与非营利性社会组织的合作不乏树立企业形象的好策略，同时国家出台了相应政策，鼓励企业参与慈善公益事业，可享受税收优惠和荣誉奖励。

XY协会成立之初缺乏充足的资金，采用了迎合的态度渴求能够与企业合作，由企业提供资金，协会举办活动、提供社会服务，但结果不容乐观。XY协会逐渐意识到组织应"向内发展"，加强组织内部建设，规范组织的各项制度，开展符合服务对象需求的公益活动，同时XY协会秉持开放的态度学习外界先进的组织发展模式进而学以致用，在此过程中宣传了组织的公益理念，扩大了组织影响力，吸引了一些企业主动与协会基于理念认同基础上的合作，"在市场社会的场域内，跨部门合作是企业为规避环境的复杂性和不确定性而采取的一种战略"①，XY协会的企业合作者比较有代表性的是与长春市公交集团的合作，以公交车司机为代表的社会志愿者成为近两年XY协会志愿活动不容忽视的群体力量，他们具备丰富的人生阅历、高昂的公益意愿、稳定的活动参与性、便捷的网络联动等优势。2016年长春XY志愿者协会携手长春公交集团共同开展公益主题行动年活动，活动主题涉及环保、助老、助残等公益领域，在公交车内设立公益宣传栏，每个月更换一次公益主题，呼吁广大市民能够成为公益活动的助力者。

2011年心语协会注册成立了从事工艺制品的公司——长春XY手工制品有限责任公司，是为残疾人创造就业的营利型企业。主要经营中国结原材料、中国结成品等产品，秉持"让身体有缺陷的人找到存在的价值，认识存在的意义"的使命。公司采用市场化经营模式，面向社会开设手工编织课堂，开设了工艺制品的淘宝店，实现了线上和线下营销相结合的营销方式，并成功加入了阿里巴巴的"公益宝贝"项目，阿里巴巴会根据产品线上的销售额，提供一定配比的资金，其中2016年通过淘宝阿里巴巴公益宝贝计划，为助力残疾人就业项目募集爱心买家善款达21.42万元。公司利润收益投入培训残障人士就业技能的公益项目中，免费为长春市

---

① 张毅：《在社会—商业的互动中理解NGO的跨部门影响战略》，https://mp.weixin.qq.com/s/GVW5t96FSFVXlfa-N7PKQ，2016年9月26日。

内及周边残障人士提供手工编织、电子商务等课程，并免费为残障人士提供《生命之光》杂志，鼓励残疾人恢复生活的自信，力求实现残疾人的居家就业。XY协会成立社会企业是组织发展模式的新探索，呈现了公益和商业交叉的经营模式，实现了组织资源的再造，激发了组织发展的活力，有利于组织的持续发展。

3. 组织与社会层面的跨界合作

（1）从个体式参与到组织化引领

XY协会的志愿者支持体系主要由以大学生为代表的青年志愿者和以公交车司机为代表的社会志愿者组成。关于高校志愿者团队，XY协会制定了详尽的高校志愿者管理手册，具体对志愿者的入会、志愿者的招募与培养、团队的建立与发展、志愿者团队的管理规范等内容进行了规定，界定了清晰的高校志愿者团队组织架构，实现了对高校志愿者的规范化管理，建构了完善的志愿者管理体系，为协会组织活动的开展提供了强大后盾。截至2016年，XY协会在高校团委的支持下，采用组织化领导的方式，在长春市17所高校建立了XY分会，拥有两万余名志愿者，定期召开管委会工作会议，分会管理层针对社团发展状况，可分享管理中的难题集思广益，可分享管理中的经验予以推广。XY协会"勤志奖学金"项目的其中一种运作形式为"班助一"，即以高校班级为资助单位，每人每月捐助一至两元钱，全班全年汇集六百元至一千元的助学金，用以资助一名贫困家庭的中小学生，到目前为止已经有东北三省的33所高校志愿服务团队的24091名志愿者参与，累计为3000多名贫困家庭的孩子筹集到了助学金。此项目伴随着"阳光伙伴"行动，高校志愿者通过举办主题班会、参观人文景观、开展学习辅导等方式，与贫困家庭的小朋友建立伙伴关系，帮助孩子们培养学习兴趣、提高学习方法、增强人际交往能力，同时高校志愿者在其中收获了成就感，体味到奉献的快乐，增强了对自身生活的珍惜之情。XY协会在管理中处于宏观调控的位置，发挥大学生管理团队的主动性和自治性，激发大学生群体志愿服务和管理的潜能，鼓励更多的志愿者参与到志愿活动中，培育了年轻一代的志愿精神，对未来公民意识的形成具有深远的意义。

(2) 从依托式的宣传到互益性的协同

XY协会作为提供公众服务、代表公众利益的非营利组织，希冀得到公众的关注和接纳，对此组织的宣传工作是非常重要的。XY协会联合政府职能部门共同举办某项活动，提升了活动的层级，归属于政府的民生活动，媒体理应予以关注，这种依托式的宣传也收到一定的成效。XY协会作为公益理念的践行者，围绕着"拥有爱是幸福，给予爱是快乐"的公益信念，脚踏实地致力于助残、助学、心理支持等领域，得到了媒体的认可，与吉林都市频道《守望都市》栏目、《长春日报》建立了长期的合作关系。XY协会与媒体的合作已演变为一种互益性的协同方式，双方交换各自的优势资源，协会举办一些活动，媒体获取了新闻事件得以报道，同时组织的活动也得到了宣传。随着组织能力的提升，XY协会发展了独立网站、微博、微信客户端等新媒体，设置了公益发展部，专人负责实时性地发布、更新公益信息，为外界主体了解协会的基本信息、消息资讯、组织活动提供了方便、快捷的平台。网络技术的适用和普及，为众筹微捐提供了媒介，近几年众筹微捐已成为个人、组织募集资金的重要方式，在一定程度上动员了民众的公益热情，宣传了公益理念，营造了私人微捐的公益氛围，同时组织自身能够快捷地募集到所需资金，提高了组织筹款的效率。XY协会于2015年募集到项目款项共计50万元，其中通过众筹方式募集到的资金达到25万元，占到募款总额的一半。网络募捐的新形式创新了社会组织获取资金的方式，丰富了草根NGO获取资源的渠道，实现了组织"实体+虚拟"的劝募筹款模式，为组织公益项目、公共服务和公益活动的开展提供了资金支持。

(3) 从补充式方式融入联合式互动

XY协会自成立发展至今，共"寄宿"于四个不同市区的社区办公大楼里，XY协会成立时间较早，践行着服务弱势群体的理念，逐渐成为长春市社会组织的"领头兵"。同时地方政府为发挥服务职能而引进社会组织，XY协会的业务内容能够契合政府的职能需求，以补充式的方式融入社区中，如：XY热线、帮扶贫困家庭的助学行动等。各地政府积极在城市社区中引入社会组织，并关注到社会组织的功能，XY作为发展较完善的社会组织，被引进到南关区的样板社区，作为社会组织尤其是草根NGO的代表。现今XY协会与社区合作的模式为联合式的互动方式，比如：XY协会为贫困家庭举办的"XY集市"活动，联合鸿城街道的达兴社区共同举办活动，向每位贫困家庭少年发放代金券，孩子和家长手持代金券可在爱心集市选购自己所需物品，同时长春中医药大学博硕医疗服务团的医学生们为参加活动的家庭和残友义诊，家长和孩子们可以向医生们咨询一些日常医学知识，提高对疾病的预防和治疗，这种多元主体的联合式互动方式整合了各方优势资源。

总的来说，XY协会与多元主体已初步形成了"政府鼓励、企业支持、高校动员、媒体倡导、社区协同、公众参与"的跨界合作格局，跨越不同领域、行业的边界，协调各主体间的行动力量，整合了多元化、分散化、碎片化的社会服务，实现了服务资源的优化配置，储备了组织发展的内聚力和自主性建构所需的能量资源。

四 政府对草根组织的管理模式创新与推进

（一）国家管理模式的顶层设计变迁与创新

1. 国家监护模式下的双重管理

1978年以来，中国实行改革开放政策后，在全球涌动的结社浪潮中，开启了新时期中国社会自主结社的社会运动。面对不断增长的社会组织及其经济改革的需要，国家适时调整社会管理政策，"由原先的'全能主义'（Totalitarianism）治理模式逐渐转变成'威权主义'（Authoritarianism）治理模式"[①]，加强了对社会组织的监督和管理，以期实现中国社会改革进程的平稳和有序。

自主结社的宽松期。改革开放初期，中国社会深受十年"文

---

① 邓正来、丁轶：《监护型控制逻辑下的有效治理——对近三十年国家社团管理政策演变的考察》，《学术界》2012年第3期。

革"影响,百废待兴。党和政府着手于政治上的拨乱反正,经济上的奋起直追,各种社会思潮的涌动只是冰山一角,没有受到格外的关注。1978年3月在北京召开的全国科学大会,邓小平代表党中央提出的"科学技术是生产力","四个现代化,关键是科学技术的现代化"等重要观点受到社会的普遍关注和认同,从而使科学技术的重要作用凸显出来。以此为契机,全国以及各省、市、自治区的科协和学科专业学会相继成立,几年间全国层面社团组织,如中国红十字会、中国儿童和少年发展基金会、中国航海学会、中国教育学会、中国考古学会、中国地震学会、中国统计学会等一批全国性的学术团体相继成立。此段时间,国家并没有颁布对社团的新的管理条例,也没有规定固定的注册登记部门,深受当时经济改革进程、政治气氛的影响,进而出现了社团发展和管理的宽松期,社会组织形成了迅速增长之势。截至1989年初,全国性社团由"文革"前的近百个发展到1600多个,增长了15倍。地方性社团也由6000多个发展到近20万个,增长了约32倍。[①]

　　双重管理模式的建立。社会组织的快速增长,对中国的政治生活和社会生活都产生了重要的影响,如何将正在发育的社会力量控制在国家的政治权力之下?如何监督和管理独立于国家体系之外的社会组织?成为中国社会管理面临的新课题。面对这些问题需要政府从制度和政策上予以回应。1989年之后,国家为了加强管理,明确了管理部门和管理职能,并开始着手对社团组织进行重新登记和清理,同年颁布了《社会团体登记管理条例》。它成为继1950年后国家对社会团体管理颁布的第二个法规。在《社会团体登记管理条例》中,明确规定了"社会团体的登记机关是中华人民共和国民政部和县级以下地方各级民政部门",明确了登记时要有业务主管部门的审查意见,明确了登记部门的监督职责和每年一次的年检制度等新规定。致使大量松散在政府各部门管理下的社团组织统一归口于民政系统,加强了登记机关和业务主管部门的审查和

---

① 俞可平:《中华人民共和国六十年政治发展的逻辑》,《马克思主义与现实》2010年第1期。

监督。初步形成国家威权下的管控制度。1990年以后，随着市场化改革的启动以及政治体制改革重心的变化，中央为了保证由国家主导的市场化改革的顺利进行，进一步加大了对于社会组织的清理整顿力度。1998年又重新修订出台了《社会团体登记管理条例》。经过修订的条例，更进一步强化和完善了"归口登记、双重负责、分级管理"的制度机制，至此，国家权力对于社会组织的渗透和管控模式正式确立起来。双重管理模式的确立犹如一把双刃剑，一方面，严格的准入机制，规范的登记管理流程，阻止了一些素质不高、综合实力不强，或者可能危害公共利益和影响社会稳定的社会组织获得"合法组织"身份，从而在一定程度上有利于的社会稳定。另一方面，所有的合法社团都置于政府的直接控制之下，彻底剥夺了社团的自主权和自治的可能性。业务主管单位的巨大责任使得它不愿担当社团的"婆婆"，从而使许多社团因为找不到"婆家"而无法获得"合法性"身份，更增添了社会管理的难度。

由此可见，在中国经济从计划体制向市场体制改革的同时，社会领域却"从无到有"地建立起社团的计划管理体制。以监督控制为主导的社团管理体制，在其后十多年的运行中，虽然控制了大量草根组织的合法性身份，但作为社会结构性力量的社会组织却以不可阻挡之势壮大成长，它们以其独有方式占领社会领域，并为社会提供单凭政府力量无法完成的公共服务项目和产品。从某种意义上讲，中国社会民间组织的迅猛发展，与美国学者莱斯特、萨拉蒙提出的"全球结社"浪潮形成了内在的契合。

2. 社会治理新格局与草根组织管理变革

随着中国社会结构的变迁和社会自组织力量的快速增长，社会层面的问题与矛盾日益凸显，传统的一元化管理的思维受到挑战，双重管理制度在面对大量新兴社会组织的管理中遭遇瓶颈。因此，重新认识和积极应对中国社会建设中社会管理面临的问题和挑战，推动制度变革和管理创新，成为政府、学界、社会组织共同关注和探索的新课题。

首先，政府与社会组织的关系需重新定位和调整。与传统的总体性社会相比，分化社会的显著特点在于社会多元主体的形成。在新的社会格局中，要确立起社会组织的社会主体地位。改革开放40多年来，中国社会的巨大变化就是从一元结构向多元结构，从总体性社会逐步实现政府、市场、社会的分离，形成多元的社会格局。在新的社会建构中，原来被各种类型的单位组织所挤压的社会空间得到释放，在国企改制和社会分化过程中，昔日的"单位人"变成了"社会人"，原来由国家、单位承载的社会职能逐渐让渡给真正意义上的"社会"。政府的行政体制也逐步从行政的全能型政府转向政社分离；面向市场的现代企业也逐步摆脱全能型的组织结构，剥离其社会职能轻装上阵；社会的功能正在逐渐显现，并由各种各样的社会组织来承担，使得社会开始走向自我组织、自我规范并不断产生社会运作活力的新局面。虽然社会现实的变革冲击着传统的社会管理理念和制度，政社合一、政府主导一切已成为过去，但在现实的制度层面和实践层面，社会组织的主体地位并没有得到真正体现，社会领域中，政府的行政管理手段仍然发挥着主要的作用。双重管理的模式框架继续被沿用。在市场经济体制下面对新时期中国社会建设新的社会管理格局中，政府的角色、职能需要重新界定，社会组织要确立起社会的主体地位，发挥自主管理、自我服务、自主发展的主体角色。因此，在新的社会秩序中，引导社会组织健康发展的关键是要调整政府与社会组织的关系，重新职能归位，厘清各自的边界。

其次，现行的社会组织管理制度需要改革和完善。中国社会组织数量的快速增长，必然带来管理上的许多新问题和新挑战。一是登记注册门槛过高，致使大量民间的草根组织无法注册登记。如此众多的草根组织处于漂浮和无根状态，并因失于合理的规范和有效的引导，极易造成社会的失序。二是双重管理制度，造成社会组织对政府的依附性过高。从组织发起的背景看，在民政部门登记注册的社会组织63%是由业务主管单位发起的，14%由民间自发成立的。[①] 那些具有官方背景的社会组织往往发展较好，它们往往更容

---

① 何健宇、王绍光：《中国式社团革命——对社团全景图的定量描述》，载高丙中、袁瑞军主编《中国公民社会发展蓝皮书2008》，北京大学出版社2008年版，第158页。

易获得主管部门在资金、场地、编制、人员等多方面的支持，致使其组织行为的行政化色彩十分浓厚，影响社会组织良好生态的形成。三是注重监督管控，忽视支持和培育。在现行的双重管理制度中，过多地强调业务主管单位的审查和监督，而对于社会有需求、民间有影响的一些社会组织难以获得必要的支持和培育。对于地方上的中小型社会组织来说，普遍存在着组织机构不健全、章程虚置、民主化运行程度不高、治理规则供给不足等问题。对它们的规范和培训，引导和支持应成为管理的重要内容。四是对社会组织的评估和管理缺少多元的机制。除了建立法律监督、政府监督之外还应增加社会和公众的监督和自我监督相结合的监管体系。正是这些制度上的缺陷引起社会各方对社会组织管理改革的共同关注。

面对中国社会的转型和社会力量的快速发展，由于缺乏足够的理论支撑和实践经验，因之国家在法律规制、行政监督、政策导向等方面还没有及时制定相应的制度安排。虽然政府和学界对社会组织的发展及其社会作用给予了充分的肯定，形成了一定的共识。但是，社会组织作为一种新型的组织形式，无论是其自身的组织结构、组织规范还是国家对社会组织的管理方式等方面都面临难题和困境。在新时期中国社会组织基础秩序的变革中，如何确立新的社会管理理念、形成新的社会管理模式成为中国社会建设的关键。

（二）地方政府对草根组织管理的创新实践

面对中国社会的巨大变革和社会管理的困境，中央政府和地方政府都在以各种方式回应这些变革。党和国家也在不断地调整和调适对社会变革的应对政策和方略。

进入21世纪以来，特别是在2001年中国加入世贸组织以后，中央和地方都开始了行政体制改革的进程，这成为这一阶段影响社会组织管理的重要因素。在地方政府的社会治理中，社会组织扮演着越来越重要的角色，备受社会各界的关注。地方政府根据社会管理面临的实际问题和社会建设的需要寻找和尝试突破体制束缚的改革措施。纵观十多年来全国各地在社会组织管理实践上的改革和探索，我们可以清晰地看到，在突破原有社会组织的管理体制上，地方政府的改革主要围绕三个方面展开：一是如何松绑？二是如何放权？三是如何培育？在探索实践中由于认识上的差异和地域上的不同呈现各异的类型和样态，也表现出改革实践中的不同逻辑。具体来说呈现以下三种实践形态。

1. 监督与引导

在中国改革开放与现代化建设中，对于大多数内陆省份来说，市场经济的发展还很不充分，社会转型缓慢，社会建设滞后。地方政府的当务之急仍然以经济建设为中心，社会的自主力量虽然有所发育但其管理格局仍然保持着原有的状态。

一方面，遵循国家对社会组织的管理制度，坚持严格的双重管理和登记注册制度，通过行政化的手段、方式实施管理。无论是负责登记注册的民政部门，还是业务主管的政府部门都将社会组织的建立、发展与其行政职能和业绩挂钩。那些具有政府背景、由政府部门发起并担任负责人的社团往往注册顺畅，并受到主管部门的关注和资金、财物的支持；而大量的民间草根组织由于没有官方背景，难以找到业务主管部门获得合法性身份，更谈不上获得资助。对于某些管理部门和管理者来说，眼睛向上、琢磨上级领导和主管部门的意图成为一种习惯，上边有要求，下面有行动；对于像民间组织这些来自基层的需求，如果文件没有规定，上级没有指示，此事很难落实。

另一方面，各级部门按照国家的意图，对于国家提倡和发展的社会组织类型在政策上给予重视和支持。如：社会服务类、公益慈善类等相关组织的发展往往受到重视和支持，并积极树立典型，加以推广；对于那些具有代表性、富有特色、发展较好的社团组织往往成为地方政府表现工作业绩的窗口，受到各方面的关注；对于大量新兴的农村经济合作组织、社区民间组织按照许多省市的通行做法给予备案管理，并推动其在农村社区、城市社区相关的公共服务领域功能的发挥。

2. 支持与整合

伴随中国社会转型和社会建设任务的提出，无论中央政府还是地方政府，都在寻求从全能政府向有限政府的转变。政府简政放权，探寻政府—市场—社会新格局成为一种趋势。正是在这一大的变革趋势下，一些地方政府以新的思路来建构地方社会管理的新格局，一方面加强党和政府在社会管理中主导和引领地位；另一方面主动放权，在管理模式与社会公共服务方面主动寻求与社会组织的合作。

"枢纽型"社会组织模式的建立体现为地方政府主动放权，以突破对社会组织的双重管理，建立"以社管社"模式的探索。这一模式在上海、北京、广东、浙江、天津等地都有尝试。2003年上海普陀区便在全区9个街镇探索性建立民办非企业性质的社区民间组织服务中心，作为辖区社会组织的管理机构。2007年上海静安区在上海率先建立"1+5+X"的枢纽式管理服务机制。"1"是指静安区社会组织联合会、"5"是指全区5个街道的社会组织联合会、"X"是指全区各行业条线的社会组织联合会。[1] 2008年北京市也提出构建社会组织"枢纽型"工作体系的改革思路，旨在社会组织管理、发展和服务过程中，充分发挥人民团体等有较大影响的社会组织枢纽作用。在管理上，授权其承担业务主管的职责，对相关社会组织进行日常管理、提供集约式服务。北京模式旨在将性质相同、业务相近的社会组织联合起来，进一步形成合力，促进共同发展。2009年3月，北京市社会建设工作领导小组认定了工、青、妇等10家人民团体为第一批市级"枢纽型"社会组织。2010年年底北京市又认定了市工商联、市贸促会等12家单位为第二批市级"枢纽型"社会组织。两批22家"枢纽型"组织对市级社会组织的工作覆盖率达到了80%以上，初步形成了"枢纽型"社会组织管理的基本框架。[2] 天津滨海新区于2011年在新港街也率先开展枢纽型社区社会组织试点建设工作，即组建新港街道社会组织联合会，扶持培育社区社会组织发展，探索社会组织参与社会管理与公共服务的模式。

---

[1] 彭善民：《枢纽型社会组织建设与社会自主管理创新》，《江苏行政学院学报》2012年第1期。

[2] 卢建、杨沛龙、马兴永：《北京市构建社会组织"枢纽型"工作体系的实践与策略》，《社团管理研究》2011年第9期。

虽然同称为"枢纽型"社会组织，但各地其管理方式仍有差别。上海突出的是服务性，对组织的政治性领导和业务主管的职能没有强调，上海、天津枢纽型社会组织建设更多的是落实在街镇层面。北京市的枢纽型社会组织侧重为纵向的分类管理，旨在解决社会组织分散、发展无序的问题。尽管各地在探索中有所侧重，但在对社会组织管理的思路上是相同的：简政放权，发挥社会主体的作用，促进社会有序发展。

3. 合作与培育

在中国改革开放的前沿地区，如上海、广东、浙江、江苏等地，地方政府在社会建设与社会管理改革方面有较清醒的认识和超前的理念，勇于突破长期以来在计划经济主导模式下形成的管理格局，在实践中大胆借鉴发达国家和地区的先进经验，改革和探索新的社会管理模式。

一是尝试社会组织培育的合作模式。其最典型的代表——社会组织孵化器的创建。社会组织孵化器旨在为初创期的和中小社会组织提供服务场所、寻求资金项目等全方位的支持。从 2004 年起，上海浦东新区就开始探索社会组织孵化基地建设，引进和培育具有孵化能力的支持性社会组织，通过它们促进社会组织能力建设、倡导公益合作精神，培育公益创业人才、为初创期社会组织提供关键性支持等。公益孵化器模式由恩派（NPI）于 2006 年设计成型，应用"社会力量兴办、政府政策支持、专业团队管理、社会公众监督、公益组织受益"的模式。2009 年，上海第一个社会组织孵化基地——浦东公益服务园正式成立。2010 年，市级公益孵化基地——"上海市社会创新孵化园"正式开园。现在公益孵化器业务模式已经从上海扩展到广东、北京、四川、深圳、浙江和江苏等地。

二是尝试政府购买社区公共服务的合作模式。政府购买社会组织服务是指政府将自身可以直接提供的服务事项，交给有资质的社会组织来完成，并为此支付相应费用的公共服务运作模式。罗山市民会馆是上海市首家采取"民办公助托管模式"的社区公共服务中心，是一种"政府主导、各方协作、市民参与、社团管理"的社区服务新模式。上海浦东新区于 1996 年便开始了政府购买新型公共服务供给模式的尝试，由上海基督教青年会接受浦东新区社会发展局的委托，管理浦东新区罗山市民会馆，称作"罗山会馆"模式。"罗山会馆"模式是政府向社会组织购买公共服务最早的探索，它改变了过去单方面依靠政府投入和运作的机制，而委托社会组织进行运作。这一运行模式后来在广东、浙江、江苏等地也有尝试。深圳市近年来推行的社区服务中心运行模式，也是政府将社区公共服务的职能通过项目招标方式购买社会组织服务的一种方式。社区服务中心运营主体由具有独立法人资格的、在深圳市级或区级民政部门登记成立的社会组织，通过参加政府招投标而获得。社区服务中心运营主体主要从事政府资助或购买的公共服务项目的实施与管理，以及居民自助互助、文化娱乐、信息咨询等方面的服务，根据居民的需求情况，也可以开展必要的经营性服务项目。

政府购买社会组织的公共服务模式是一些发达国家和地区采取的一种方式。其核心是政府与社会组织通过合作建立起契约式服务提供模式。两者在互动中是合作伙伴关系，而非雇佣关系，政府作为购买方与作为被购买方的社会组织互相平等、各自独立。在项目的运作过程中，社会组织独立决策、独立运作、承担责任，政府根据合同对社会组织绩效进行独立评估。地方政府的大胆改革与创新，一方面来自政府自身的管理需求。因为行政分权改革以来，中央各职能部委，省、市、县、乡等各级政府逐渐形成并拥有自身的特殊利益，它们根据自身利益和当地情势等因素制定各种发展战略、制度安排、扶持政策；另一方面，来自中央政府对社会管理改革意识的转变。党和国家对社会管理和社会组织发展的主流意识形态的转变，对地方政府的社会管理创新实践给予了极大的思想导向上的引导和支持。

（三）草根组织管理模式创新的推进路径

综上而论，在草根组织管理创新的议题上，政府一方面需要做的是给予社会组织成长发展以实质性的支持，另一方面则是建立一种良性互动的政社互动关系，使得社会组织的发展有力可借，有据可循。从政府的角度，发展支持性社会组织、完善社会组织立法以及健全社会组织评估机制则是可选择的路径。

首先，发展支持型社会组织。社会组织的多样性决定了其在发展中会遇到彼此各不相同的困难，产生各不相同的需求，因而很多支持社会组织的政策往往会造成选择性的发展，不利于社会组织的整体繁荣。支持性社会组织则能够针对不同领域的各类社会组织，有针对性地予以帮助和服务，让处于萌芽阶段的社会组织快速健康成长。此外，支持型社会组织自身也是社会组织，因而能够避免政府直接干预社会组织发展的诸多弊端。

其次，完善社会组织立法。在中国"强国家—弱社会"的格局下，政府因其自身利益在制定社会组织相关政策时难免会有过多干涉社会组织的情况发生，妨碍其健康发展。完善社会组织立法的意义正在于其能够厘清政社关系的界限，明确政府与社会组织各自的权利与义务，使社会组织的活动具备法律依据，得到法律保护。此外，完善的社会组织法律也能够加强对社会组织的监督，纠正社会组织出现不合乎法律的行为，推动其健康发展。

最后，健全社会组织评估制度。中国社会组织发展过程中往往遇到诸多问题，如社会组织内部治理结构不完备、社会公信力差、组织行为不规范等，其中社会组织在组织建设过程中缺乏科学的标准是其出现问题的主要原因之一。健全社会组织评估制度最根本的就是要制定科学的评估标准和评估体系，引导社会组织健康发展，使社会组织在组织建设中"有法可依，有章可循"，不至于偏离正确的发展方向。同时，完善社会组织评估机制亦能够促进社会组织自律机制的形成，使社会组织在发展过程中随时自检自查，矫正自身不当行为。

五　本章小结

围绕草根组织的狭义概念，本章探讨了草根组织的内涵展开与现实指向，并基于东北地域草根组织的发展状况和管理模式的讨论，反思国内草根组织的普遍困境，其中的主要问题不仅在于草根组织的自身能力局限，也在于与结构环境的彼此适配不畅。

因此，本章从不同侧面考察了草根组织的发育与创新路径。第一，组织内部管理模式的面向。草根组织的发育路径与组织的内部管理模式直接相关。自下而上路径发育的草根组织通常呈现精英治理结构，这种卡理斯玛权威模式既带来组织的生机，也限制了组织更进一步的专业化与可持续发展，因此制度化转型是其管理模式创新的必经之路。外部输入型草根组织通常能迅速嫁接制度化治理模式，却往往流于表面、水土不服，将西方制度化的管理模式与本土的实践经验结合，从而形成本土化的治理模式是其管理模式创新的途径所在。第二，组织参与社会治理的面向。草根组织可被视作社会创新的第一生力军，而社会创新也是草根组织的立身之本。草根组织应当充分发挥自身体量小、扎根基层的优势锐意创新，而找准自身定位、发现社会问题痛点、协调社会主体、杠杆式地撬动社会资源是其在社会治理中进行模式创新的关键所在。第三，政府管理草根组织模式的面向。改革开放以来社会组织管理模式的变迁表现出的是，国家与民间草根组织的关系已从管控监护向支持合作的新治理格局过渡，这呼唤政府的管理模式进一步地创新以及推进与落实。其中已有的地方政府创新探索，如政府购买服务、社会组织孵化器、枢纽型组织等都将为后续发展提供累积的经验与知识反馈。

总之，国家治理与社会治理的体系建设与创新是草根组织发展的支撑与保障，组织内部管理模式的革新是草根组织发展的基础，社会治理模式创新是草根组织发展之动力与目的。促进草根组织的有益生长，可以从这三个角度不断探索与总结，其推进路径须国家与社会两个主体同时展开并相互呼应，通过完善法律体系、健全评估制度、发展支持环境等更好地推动草根组织的自身发展与治理参与。

第六章　社会企业的生存实践及路径探析

社会企业是兼具企业与社会组织功能的混合型组织，是中国式现代化进程中不可或缺的微观实践主体，在社会公益与慈善事业中扮演着十分重要的角色，学者们给予了特别的关注。本章主要介绍社会企业的兴起、发展、特点、变迁等概况，阐释社会企业的本土化生存实践探索，对本土社会企业的类型进行逻辑归纳；分析现阶段社会企业本土化发展面临的现实困境；明确提出在社会治理创新中社会企业的参与及贡献。试图对社会企业的本土化发展进行系统性的展示与分析。

一　社会企业的发展概况

社会企业是用经济手段解决社会问题的混合型组织。1999 年，经济合作与发展组织（Organization for Economic Co-operation and Development，OECD）对社会企业曾提出过一个较为完善的定义，即社会企业包括任何为公共利益而进行的私人活动，它依据的是企业战略，但其目的不是利润最大化，而是在明确的使命导向下实现一定的社会目标。[①] 目前，国际学术界对社会企业的界定和认证标准并没有达成共识，各国均根据本国国情和社会企业发展特色形成了不同的具象化定义。但学界和业界对社会企业的发展模式基本形成了共

---

① ［英］罗杰·斯皮尔：《论社会企业的外部支持生态系统》，梁鹤译，《江海学刊》2018 年第 3 期。

识：社会企业是兼具商业价值和社会使命的创新发展模式，是用经济手段解决社会问题的混合型组织。在中国，推动社会企业的本土化实践有助于解决社会的痛点难点，提升社会治理的效能。然而，目前在中国，社会企业还不具备独立的法律身份和监管体系，社会认知度普遍偏低，相对欧美国家，中国社会企业很难获得体制内的资源支持和社会上的广泛认同。但这并未阻挡本土社会企业的实践探索，目前社会企业已在多个社会服务领域发挥了重要作用。

（一）社会企业的兴起

20世纪70年代末，欧美国家出现巨额财政赤字，社会矛盾激增，社会企业作为缓解"政府失灵"、"市场失灵"和"志愿失灵"的补救性手段应运而生，并凭借其在改进公共服务、解决社会问题、促进地区经济发展、增强社会凝聚力等方面的独特优势迅速发展，目前社会企业已经成为世界范围内公共服务领域的重要力量。社会企业作为一个源于经济发展和社会进步的双重实践的新生事物，自概念被提出伊始，其组织合法性问题就备受争议。社会企业就是在充满理论争议的情况下，通过实践回应了诸多争议，实现了商业理念和公益目标的有机结合，并证明了混合组织双重职能的可平衡性和可兼容性。

2004年，在国际社会企业发展潮流的推动下，社会企业作为一种创新性的公共服务模式被引入中国，高度迎合了中国社会治理转型的时代背景，随后便飞速地发展壮大起来，逐步发展成为破解社会难题的新兴途径，极大地推动了公益项目创新和公益组织的可持续发展。在国内近年来的社会创新理论和实践中，社会企业的定位与发展已经成为时代性课题。2017年，"徐康公益之辩"将公益模式的争论推向高峰。两者争论的核心在于是否可以用商业的手段实践公益目标。表面上，社会企业的定位与功能是这一争论的核心体现，更深一步地讲，社会企业本土化的合法性争议才是这一争论的关键所在。当理论界还在探讨社会企业是否合乎传统理论认识和发展模式的同时，中国各地已经出现了很多优秀的社会企业家和社会企业案例。

从社会企业实践发展的角度来看，相对欧美国家，中国社会企业缺乏来自法律、政策以及社会认知等多层面的身份赋权，因而很难获得体制内的资源支持和社会上的广泛认同。但这并未阻挡本土社会企业的实践探索，目前中国社会企业已经在养老、扶贫、少数民族文化发展、绿色农业、教育培训、残疾人就业、环境保护等多个服务领域发挥着重要作用①，与制度环境形成了有效的互动。同时，经过文献阅读和实地走访，不难发现，很多发展较为成熟、前景更加可观的社会企业都会通过运作模式的创新来获得持续发展的动力。例如，致力于促进残疾人就业的深圳残友集团就通过创造出基金会、公益组织和企业三位一体的发展模式实现了良性运行；又如，台湾的"玛纳—光原"社会企业通过设置非营利组织和社会企业互为补给的双轨制发展模式，更好地促进了其双重目标的实现，并在一定程度上规避了使命漂移现象的出现。② 近年来，随着社会企业本土化发展的不断深入，有更多学者关注到这一新兴组织形式，并意识到其对推动中国社会转型的巨大价值，进而从不同学科视角展开相应研究，收集编纂社会企业的成功案例，加强理论研讨，助力本土社会企业的实践发展。

（二）社会企业的类型与特点

社会企业实际上就是通过商业方式来践行社会使命的组织模式，这种模式与企业社会责任的差异主要体现为，社会企业是以社会使命为先的，这种以社会使命为先一方面体现在其发展目标的优先级上，社会企业是以践行社会使命为先的；另一方面社会企业通常在成立初期就先有明确的社会性的组织使命，而后去探索实现其社会使命的商业模式。社会企业的商业发展是服务于甚至是从属于其社会性的组织使命的。这就使得社会企业的发展模式显著区别于

---

① 刘小霞：《我国社会企业的历史演进及制度性角色》，《中央民族大学学报》（哲学社会科学版）2013年第6期。
② 郑南、庄家怡：《社会组织的双轨制成长模式——以台湾"玛纳—光原"社会企业为例》，《吉林大学社会科学学报》2018年第2期。

企业的发展模式，其合法性内涵也更加复杂化。① 这种复杂化是社会企业社会性与市场性内在张力的核心体现，社会企业就是在这种高度的内在张力下根植于社会事实，以回应社会问题、满足社会需求为内在动力。对社会企业发展模式的争论并没有阻碍社会企业的发展步伐，社会企业已经成为实践领域自发兴起的制度创新。只是其相对企业这种传统商业化组织形态，社会企业存在显著的发展异质性及其概念本身的模糊性②，学术界乃至实务界至今对其仍有颇多争议。为更好地理解社会企业的本质特征并推动理论及实践进展，有必要先系统地梳理既有文献对于社会企业发展模式的界定和解读。作为社会企业的发源地和科研主要阵地，西欧和美国的社会企业发展路径及组织形态差异明显，两地对于社会企业概念的解读也呈现完全不同的思路。

在欧洲，社会企业往往与倡导参与、民主、合作的社会经济理念紧密相连，认为社会企业作为一种特定组织形式应符合集体所有权和民主治理模式。社会企业是具有社会价值的合作社及志愿服务组织，它不以利润最大化为目的，而是具有清晰的社会目标，能够提供更多的就业机会，吸纳更广泛的公民参与，有利于社会福利的推进。不同于美国，欧洲社会企业重视造福社区多于实际盈余③，但概念外延相对较窄，其实践也多以合作社、互助团体和协会的形式存在。政府倾向于赋予社会企业制度属性，使其成为社会福利的稳定性和常规性服务商，并通过立法及政策倾斜大力培育工作整合型社会企业的发展④。"欧洲社会企业研究网络"的研究表明，社

---

① Wry T. and York J. G., "An Identity-Based Approach to Social Enterprise", *Academy of Management Review*, Vol. 42, No. 3, 2017, pp. 437–460.

② Diochon M. and Anderson A. R., "Ambivalence and Ambiguity in Social Enterprise: Narratives about Values in Reconciling Purpose and Practices", *International Entrepreneurship and Management Journal*, Vol. 7, No. 1, 2011, pp. 93–109.

③ Young D. R. and Leoy J. D., "Defining the Universe of Social Enterprise: Competing Metaphors", *Voluntas: International Journal of Voluntary and Nonprofit Organizations*, Vol. 25, No. 5, 2014, pp. 1307–1332.

④ Lambru M, Petrescu C. "Bottom-up Social Enterprises in Romania. Case study—Retirees' Mutual Aid Association", *International Review of Sociology*, Vol. 26, No. 2, 2016, pp. 247–261.

会企业的操作化定义应具备以下九个维度：一是持续地生产并（或）交易产品与（或）服务；二是实行高度自治；三是承担显著的经济风险；四是有酬工作的最少化；五是具有明确的社区利益向导；六是属于公民的自发行为；七是决策权不取决于所有权；八是治理模式具有参与性特征，尤其强调受组织活动影响的人群的参与；九是有限的利润分配。相对而言，美国社会企业的概念界定更为宽松，其发展模式更加多样，社会企业可以以多种组织形态和法律形式存在，服务于社会各个领域。社会企业光谱理论明确提出社会企业是存在于传统商业组织和传统非营利组织间的巨大连续体。美国学界倾向于将社会企业理解为一个大的集合，其中包括侧重营利但从事造福社会相关活动的组织（企业慈善家或企业的社会责任）、存在营利和社会双重目标的组织以及运用商业手段实现自我造血的非营利性组织[1]。美国实务界更关注商业模式解决社会问题这一现象本身，重视创收策略和实际盈利，强调创新、开拓、造福社会的社会企业精神和社会企业家的培养。

综合来看，鉴于各国经济政治结构、法律制度体系、社会人文环境等都存在较大差异，社会企业的发育路径、组织形态必然各具特色，难以形成统一定义。目前国际学术界对社会企业的模式界定、范畴、定义和解读仍难以达成共识[2]，仅欧洲及美国的社会企业研究相对较为成熟，概念界定具有较好的适用性[3]。要进行社会企业的"中国模式"和中国实践研究，还需要将社会企业置于地域视角下进行深度比较分析[4]，从而根据实践需要提出一个更具包

---

[1] Kerlin J. A., "Social Enterprises in the United States and Europe: Understanding and Learning from the Differences", *Voluntas: International Journal of Voluntary and Nonprofit Organizations*, Vol. 17, No. 3, 2006, pp. 247 – 263.

[2] Weerawardena J., Mort G. S., "Investigating Social Entrepreneurship: A Multidimensional Model", *Journal of World Business*, Vol. 41, No. 7, 2006, pp. 21 – 35.

[3] Defourny J. and Nyssens M., "Conceptions of Social Enterprise and Social Entrepreneurship in Europe and the United States: Converopncbs and Divergences", *Journal of Social Entrepreneurship*, Vol. 1, No. 1, 2010, pp. 32 – 53.

[4] Kerlin J. A., "A Comparative Analysis of the Global Emergence of Social Enterprise", *Voluntas: International Journal of Voluntary and Nonprofit Organizations*, Vol. 21, No. 2, 2010, pp. 162 – 179.

容性的解释框架,恰当、贴切地诠释社会企业的多样性特征。

社会企业作为一种新兴的社会治理载体,在改进社会问题、促进社会良性运行和发展中发挥着重要作用。近年来,社会企业发展呈现多元化的趋势,不同规模的社会企业开始出现,越来越多的人力、物力、财力开始投入这一领域。根据现有经验研究和理论考察,本文将社会企业的生存路径总结为以下四种类型[①]。

第一,市场助益型。社会企业是一种既不同于纯粹的商业企业,又不同于纯粹的非营利组织的创新型组织形式,其最显著的特征即为市场资源和公益目标的结合。如何利用市场资源创造社会收益解决社会问题是社会企业的重要落脚点。市场助益型社会企业直接运用市场资源创立企业,发挥企业社会责任精神,企业盈利主要用于社会目标的实现和企业的持续性运行。格莱珉银行即典型的直接利用市场资源创办企业,并进一步实现社会目标的代表。格莱珉银行是一所孟加拉乡村银行,创始人穆罕默德·尤努斯在国有银行的内部设立格莱珉分行,为当地农村女性发放微型贷款,利用金融工具帮助贫困人群就业创业,增强经济力量,最终脱离贫困。格莱珉银行仅仅针对贫困人群开放,贷款金额很小但无须抵押,采用独特的"五人小组、中心会议、社区议题"模式,能有效扩展底层妇女的社会网络,培育社会资本,帮助底层妇女走出生活困境。目前,格莱珉模式被复制到美国、印度、墨西哥等全球 40 多个国家和地区,被证实是一种能够消除贫困的有效模式。格莱珉银行作为一家民间信贷机构,采用市场运行方式,满足市场需求,致力于帮助穷人脱贫致富,成为市场助益型社会企业的标杆。市场助益型的另一个代表是深圳残友集团。残友集团创立于 1997 年,由最初的一家复印小作坊发展到如今的以基金会、公益机构和企业三位一体协同发展的残友事业集团,其中核心的残友软件股份有限公司是一家以残障人士为主导的高科技软件企业。残友集团致力于促进残障人士等弱势群体的自我救助与可持续发展,推动残障人士在新知识

---

① 崔月琴、金蓝青:《组织衍生型社会企业的实践逻辑及其反思——以长春心语协会的发展为例》,《学习与探索》2018 年第 8 期。

经济时代的社会进程中成为卓越的发展力量。残友集团为拥有高知识技能水平的残障人士提供稳定的工作机会和优越的无障碍工作环境，在提供高服务价值平台的同时，帮助残友重塑人生价值。"三位一体"的组织架构实现了基金会整合社会公益资源，残友采用市场创业的方法，帮助弱势群体依托高新技术直接就业，用商业的方式解决社会问题，以经济效益发展促进社会效益提升，成为社会企业参与社会治理的典型代表。

第二，政府引导型。面对政府失灵、市场失灵和志愿失灵的困境，社会企业这一融合经济价值和社会价值的新型组织成为政府部门探索第三部门发展转型的重要渠道。在西欧，各国政府（尤其是英国政府）以及欧盟对于社会企业的发展发挥了重要的推动作用。政府部门通过制定法律法规提供认证支持，直接或间接地给予资金支持，推进社会企业市场化运作。这种以政府部门为后盾，社会化目标和市场化运营相结合的方式有效地将政府、社会和市场的力量相结合，成为社会企业发展的成功经验之一。社区利益公司是政府引导推动社会企业发展的典型代表。"社区利益公司"的设想最初是由英国首相内阁办公室"战略小组"在2002年9月的《私人行为和公共利益》报告中提出的，是作为英国慈善法的更广泛的改革议程。该报告针对社区利益公司提出"增进融资渠道、建立强大崭新品牌、得到法律保护、确保财产和利润只用于社会目的"。随着报告的不断完善，最终，英国政府颁布《2005年社区利益公司规定》，将社区利益公司正式规定为社会企业的法律形式。社区利益公司是有限公司的一种类型，它在本质上是"非营利公司"，介于慈善组织和纯商业公司之间，是社会目的和商业形式的有机结合。社区利益公司既作为一项法律条款为社会企业提供法律认证，又作为一种社会企业实践形式，鼓励企业家利用商业资本盈利支持社区目标建设。北京慈善超市是政府力量推动公共组织向社会企业探索的另一重要代表。慈善超市从民政部门下设的社区救助站发展而来，采用民政局捐赠中心负责，超市管理协会统筹管理，爱心超市发展有限公司市场化经营的方式，在各个街道设立慈善超市门店，直接为辖区居民提供各类公益服务。政府提供政策指导和资金支持，动员社会力量直接参与市场运作，并对企业的运行进行监督，将被动的救助模式转换成可持续发展的良性运营机制。这种政府引导的市场化运行模式，虽然重视经济收益，但是经济收益不参与分红，成为公共服务领域解决政府失灵和市场失灵的有效手段。

第三，社会新创型。在加强和创新社会治理的热潮影响下，社会领域不断探索新的发展模式，建构新的公共服务理念。社会企业这一结合市场资源和公益目标的组织形式，成为推动社会资源高效运转、社会目标精准实现的重要手段。社会新创型社会企业有效整合社会资源，解决社会问题，满足社会需求，实现了社会治理手段的创新与发展。这其中既包括非营利组织和商业企业合作实现公益与市场的共赢，也包括商业企业向社会企业转型实现商业复兴与公益创新。社会新创型社会企业一方面利用商业资本提供资金支持，另一方面坚持公益使命解决社会问题。在整合多重社会资源的同时，探寻出公益慈善的多种路径，实现合作共赢，其不仅仅是单方面的利益输出，更是一项可持续的生态发展模式。台湾彭婉如文教基金会与娇生公司合作创办了"娇生妇女就业贷款"，贷款给弱势妇女以支付职业培训期间学费及生活费，充当就业辅导金的功能。在帮助妇女获得就业技能的同时，彭婉如基金会依靠自身"小区照顾支持服务系统"整合小区照顾项目中的客户需求信息，为小区照顾福利服务供需双方进行工作对接，实现协助妇女的职业训练、就业辅导、就业支持与就业介绍等策略目标，使得这一创新社会企业项目得以持续发展。贵州晟世锦绣民族文化投资有限公司是2010年注册成立的一家以民族手工为核心的时尚消费品企业。晟世锦绣公司致力于研发、生产和销售民族刺绣、民族服饰等民族工艺品，通过社会企业的模式，将民族文化产业化，在传承民族文化的同时提高了当地妇女群体经济收入和社会地位。公司在成立之初就以文化保护为宗旨，不断挖掘文化资源，探索公司发展方向。随着民族手工艺品生活化和时尚化的发展方向的确立，公司逐渐扩大规模，形成"农户+合作社+企业"的集培训、研发、生产、加工为一体的产业化链条。民族文化不仅被投入了市场中，更是结合到了乡村旅游中，目前，当地已经开发出了以培训基地带动周边村寨协同发展的良性运转模式。晟世锦绣公司作为优秀的初创型社会企业代表，以传统民族文化产业化的方式，结合当地文化资本与外在经济资源，促进了商业价值、文化价值和社会价值的互融互通。

第四，组织衍生型。非营利组织在提供社会服务和解决社会问题方面产生了重大影响，因而非营利组织参与社会治理热潮不退。通过对实践的考察，不难发现存在一些非营利组织在面临资源困境、组织可持续发展危机的状态下尝试朝向社会企业发展的探索，企图通过社会企业的衍生实现自我造血，推动社会组织与社会企业协同发展。这种处于萌芽阶段的组织形式，被称为组织衍生型社会企业，具体表现为非营利组织为主体，社会企业为分支，非营利组织的坚实基础和经验为社会企业分支提供发展资源和路径，社会企业对非营利组织主体有较大依赖性，但在一定程度上反哺非营利组织；具体操作上，社会组织理事会和管理层横跨双向体制，日常活动紧密相连，社会企业和社会组织双轨并进。区别于成熟的社会企业发展类型，组织衍生社会企业公益指向明确，市场化手段薄弱，社会价值的实现多于企业盈利的获取，具有显著的个性化特征。

（三）社会企业政策的变迁

近年来，在共建共治共享的社会治理新格局下，中国基层治理领域发生了一些令人瞩目的制度性变革，深刻改变了传统的政府与社会组织关系。变革之一是社会组织在国家社会治理体系中的主体地位不断明确，功能作用不断提升。中国共产党十八届三中全会以来，国家先后提出"激发社会组织活力""促进社会组织健康有序发展"等政策目标，社会组织的宏观制度环境不断向发展型环境转型，社会组织参与社会治理的深度和广度得到空前扩展。变革之二是基层政府的职能重心不断从传统的经济领域向公共服务与社会治理领域转移。政绩考核重心的变化及持续增强的公共服务压力，使基层政府以更加开放与主动的态度与社会组织展开合作，以提升治理效能。这两项改革的同步推进，使政府与社会组织关系逐渐由单向的控制与吸纳向双向的互动与合作转型。①

2018年4月，成都市人民政府办公厅发布的《关于培育社会企业促进社区发展治理的意见》（以下简称《意见》）明确规范社会企业的概念、特征和属性，并为社会企业提供规范的工商登记措施。《意见》在工商部门注册环节则进一步明确界定了社会企业的身份，即社会企业是指"经企业登记机关登记注册，以协助解决社会问题、改善社会治理、服务于弱势群体或社区利益为宗旨和首要目标，以创新商业模式、市场化运作为主要手段，所得盈利按照其社会目标再投入自身业务、所在社区和公益事业，且社会目标持续稳定的特定企业类型"。《意见》还从政府规范的层面明确了社会企业的身份界定、工商登记和其市场化运行所属企业监管体系等具体事项，更进一步为社会企业孵化器的建设提供了政策依据，极大地降低了社会企业的注册成本，并通过集群发展的方式为社会企业塑造了良好的平台环境和集聚性发展优势。在此基础上，成都还积极探索建立社会企业名录公示和信息系统注册制度。同年，北京市社会企业发展促进会发布了《北京市社会企业认证办法（试行）》，希望通过建设识别性的规章体系来推动区域性社会企业的发展。自此，从注册登记、参与市场体系、合规运营再到评估评价和退出摘牌，部分行政区域内的社会企业获得了一定的发展保障机制。

从2011年起，社会企业就已经得到了国内某些省级层面的认可，这一标志具有极其重要的象征意义，即通过行政体系的合法性赋能，启动了社会企业的合法化发展进程。社会企业的讨论和蓬勃发展态势也自此开始，社区支持农业领域知名的社会企业"分享收获"就是在这样的背景下被创立，并且开始逐渐进入具有行政体系赋能的主流发展体系，获得政府、研究机构和媒体的广泛关注。在聚光灯下，社会企业获得了更多的社会资本的青睐，较为主流的社会资本也在与社会企业的结合过程中，进一步规范了社会企

---

① 崔月琴：《转型中的社会组织》，中国社会科学出版社2020年版，第333—339页。

业的现代组织形式和运营制度。社会企业开始从无序发展进入到规范发展的阶段。政府、社会公众和各类社会资本对于社会企业都有了更加明确的合法性期待。

二 社会企业的生存实践探索

制度环境是组织生存发展首先要面对的问题。组织社会学中的新制度主义的基本假设就是合法性对组织的社会生活具有决定性影响[1]，成立任何一个组织都需要获取关乎组织生存和发展的合法性[2]。合法性是一种法治认同，更是组织生存实践的影响机制，在社会生活中，合法性对组织的资源获取有重要影响，组织合法性作为一个关于组织认同的量化指标，有一个临界水平，如果组织的合法性高于这一临界水平，组织所拥有的合法性资源就能够支撑组织健康成长，如果低于这一临界水平，组织不仅不能获得所需的资源，还会最终走向灭亡。[3] 社会企业的生存发展也要遵从组织的新制度主义视角下这一无法逃避的客观规律。然而，中国社会企业本土化面临着法律、政治、行政和普遍社会认同等多层面的合法性的制度性缺失，在这一制度环境下，社会企业的本土化发展是否仍然会遵循合法性逻辑？又该如何获取合法性？总体而言，如何实现组织活动与制度环境的互动是一个具有极强理论意义的重要现实问题。

（一）平衡制度张力："展示性"与"实务性"逻辑并重

影响组织行动的往往不是单一制度，而是多重制度逻辑构成的制度体系或制度环境。不同的制度逻辑诱发了不同的组织行为，而

---

[1] 刘思达：《法律移植与合法性冲突——现代性语境下的中国基层司法》，《社会学研究》2005年第3期。

[2] 刘玉焕、井润田、卢芳妹：《混合社会组织合法性的获取：基于壹基金的案例研究》，《中国软科学》2014年第6期。

[3] Zimmerman M. A., Zeitz G. J., "Beyond Survival: Achieving New Venture Growth by Building Legitimacy", *Academy of Management Review*, Vol. 27, No. 3, 2002, pp. 414–431.

且这些制度逻辑本身也在相互影响。起主导作用的制度逻辑与其他制度逻辑的互动深刻影响着组织发展的方向和速率，显著表现为制度逻辑的契合为组织发展提供基础，制度逻辑的冲突对组织治理提出挑战。制度环境虽然对组织行动具有约束作用，但组织仍然可以发挥能动性，通过整合不同制度逻辑的优势，来实现组织的能力提升与可持续发展。社会企业倾向于采取灵活变通的组织结构和行动模式来增强与现有制度框架的协调性程度和匹配度，从而获取合法性。社会企业作为一种创新性的组织形式嵌入中国社会转型的时代背景中，难免会与已经制度化的规制、规范和认知框架产生磨合和分歧，而既定的制度框架和认知结构短期内很难改变。[①] 不可否认，国家的制度规则往往主导着资源的分配和社会预期的走向，社会企业要想实现长远发展，必须找到与现有制度体系的契合点，为自身发展争取合法性认同，进而获得资源支持。为此，社会企业需要在维持双重使命不变的内核下，对组织结构和行动方式进行创造性的本土化改造，以迎合社会预期和制度要求。在当前社会转型背景下，多元的社会治理体系还没有形成，社会企业缺乏可模仿的规范要素，社会企业的生存实践一方面是要在不违法的情况下摸索其特有的合法性内涵及其作用机制，来探索常规化的发展模式；另一方面社会企业也需要通过模仿和对现行商业监管制度的适应，以提升规范化发展效率。最终形成社会企业社会功能的结构化等"展示性"预期与企业化经营效率改造的"实务性"并重的发展逻辑。

（二）促进优势互补：双轨制运行模式的相互助力

组织衍生型的社会企业明显地反映出了双轨制模式的相互助力。组织衍生型社会企业作为非营利组织突破转型的发展渠道，对建构良好的社会治理环境、提高社会治理绩效、促进公益事业持续发展具有重要意义。这种发展趋向既是当下社会企业在中国萌生的现实呈现，又是实践发展的初步展开。但是必须要注意的是，趋向

---

① 焦豪、孙川、彭思敏：《基于合法性理论的社会企业利益相关者治理机制研究——以宜信集团为例》，《管理案例研究与评论》2012年第5期。

社会企业的这种发展只是社会组织的一种尝试,这种发展方向对于社会组织来说只是一种供给社会服务、参与社会治理的路径与手段。就这种特定类型的社会组织而言,推动组织衍生型社会企业的发展不仅仅需要外部环境的支持,更需要自身能力的强化。一方面,外部环境的支持是社会企业生存发展的根本保障。首先,政府管理部门要在制度与政策方面对社会企业的探索给予一定的空间,明确或开放专门的注册门类,提供社会企业合法化依据,在社会企业的市场化运营中给予适当的政策引导和支持;其次,非营利组织和营利性企业应该形成战略合作,搭建起社会合作平台,不仅仅提供资金支持,更应提供技能引导和战略分析的能力支持;最后,社会公众需要形成广泛的公益价值取向,深化对社会企业的认识,积极参与社会企业的市场运作,发挥市场监督作用,不断提升组织衍生型社会企业运行效率。另一方面,明确自身定位是组织衍生型社会企业可持续发展的重要理论基石。首先,非营利组织需要逐步完善内部管理机制,在坚持原有组织管理理念的同时引入商业企业管理方法,针对性地配置专业人才,积累面向市场运行的能力和资源;其次,组织衍生型社会企业需要在坚持原有组织公益使命的前提下,找准自身市场化运行的正确模式,以高效的商业模式推动组织自身的发展;最后,社会组织衍生的社会企业需要加强与外界领域的交流与合作,注重资源整合,积极参与社会治理,发挥主人翁精神,以社会效益最大化为宗旨,实现社会企业和社会组织发展齐头并进。

我国台湾地区"玛纳—光原"社会组织双轨制发展模式是社会组织和社会企业双轨并进的一种成熟代表。玛纳有机文化生活促进会与光原社会企业优势互补,二者形成以帮助阿里山原住民经济发展及保护环境等为社会目标的社会企业发展模式。玛纳作为非营利组织吸收了很多外部资源,而光原公司通过市场运作,一方面打通了销售渠道在市场上获得盈利,另一方面这些盈利反过来也可以支援玛纳的各项活动。"玛纳—光原"利用当地的资源优势,引入市场化操作模式,推动社会企业的活力运转。这种一个社会目标、两套操作体系、不断创新驱动、开放发展的理念成为社会企业持续发展的不竭动力。①

（三）赢得组织认同：自下而上的合法性获取路径

在中国现有的行政法律体系内，社会企业不具备独立的法律身份和专门的监管模式，合法性极为模糊，行动严重受阻。但行动者在制度面前并非亦步亦趋、被动适应，社会企业可以充分发挥主观能动性，通过自下而上的行动策略性地获取发展所需的组织合法性。

作为一种新兴业态，在目前合法性赋权不足的制度环境下，社会企业不具备"不证自明"的现实条件，只有通过提高自身的行动能力，切实解决利益相关群体关心的问题及创造性地破解社会难题，才能彰显组织的功能有效性和形式优越性，进而自下而上获取生存发展所需的合法性。目前，国内对社会企业的质疑很多来源于对商业和公益能否并行，这种怀疑并非没有根据，中国频频出现的慈善丑闻已经极大地挫伤了民众对于慈善的信心，第三部门公信力堪忧，而社会企业本身就是这种矛盾的核心体现。作为源自西方的制度创新，社会企业必须与中国社会文化环境相适应才能真正地"为我所用"，而这种制度创新究竟能否经受住本土实践的考验目前还不得而知。因此，社会企业在维持实现自身协调运作和可持续发展的前提下，充分展现组织结构和功能的实用性价值，才能用行动证明双重使命是可以兼容和平衡的，进而为组织发展获取合法性支持。

社会企业就像任何一个新生事物一样，必须要在不违反现行法律和政策体系的情况下，通过其功能有效性来累积合法性，而这必然是一个新生事物自下而上的社会互动过程。根据文章的案例分析和理论抽象，这实际上就是一个组织行为合法性的生成路径，即通过功能有效的社会活动来生成并累积主要关系群体对其组织行为的认同，通过对"以商业践行社会使命"的组织行为的认同，来生

---

① 崔月琴等：《行动·拓展·创新：社会组织案例集》，中国社会科学出版社2021年版，第316—328页。

成并累积对组织合法性的认同。组织行为合法性的生成与累积过程实际上就是组织获取合法性的动态过程。在社会企业通过组织行为来生成并累积合法性的过程中，必然是要优先对其紧密相关的关系群体进行关系动员，在社会关系网络中紧密相关的关系群体的关系动员必然是由内而外的。不同于其他社会主体所拥有的自上而下的合法性赋权，社会企业沃土工坊需要以具体的基层实践来为自身积累合法性要素，其行动过程必然是自下而上的，对应的合法性构建路径也必然是自下而上的。虽然尚无法断言中国社会企业本土化发展已经逐渐成熟起来，但社会企业通过组织行动来生成并累积组织行为合法性的过程，预示着中国社会企业必将通过自身功能的有效性来改善社会认知，营造出更适合社会企业发展的制度氛围。社会企业将在践行功能有效和不断促进制度氛围优化的过程中，实现可期的中长期发展。

三 社会企业本土化发展的现实困境

社会企业的发展尚处在广泛的摸索阶段，主要面临着现实和理论层面的多重困境。理论困境主要是混合型组织的内在制度张力，这是社会企业之所以被称为社会企业的底层逻辑，但作为实践主体，其规范化发展所面临的外部制度环境更直接地形塑着组织的发展，这既是社会企业本土化发展的现实困境也是社会企业本土化研究的中国特色现象。

（一）混合型组织的内在制度张力

社会企业实际上就是通过商业方式来践行社会使命的组织模式，这种模式与企业社会责任的差异主要体现为，社会企业是以社会使命为先的，这种以社会使命为先一方面体现在其发展目标的优先级上，社会企业是以践行社会使命为先的；另一方面社会企业通常在成立初期就先有明确的社会性的组织使命，而后去探索践行其社会使命的商业模式。社会企业的商业发展是服务于甚至是从属于其社会性的组织使命的。这就使得社会企业的发展模式显著区别于企业发展,其合法性内涵也更加复杂化。① 这种复杂化是社会企业社会性与市场性内在张力的核心体现,社会企业就是在这种高度的内在张力下根植于社会事实,以回应社会问题、满足社会需求为内在动力。对社会企业发展模式的争论并没有阻碍社会企业的发展步伐,社会企业已经成为实践领域自发兴起的制度创新。只是其相对企业这种传统商业化组织形态,社会企业存在显著的发展异质性及其概念本身的模糊性②,使其至今仍引起学术界乃至实务界的颇多争议。从主要特征出发,社会企业的概念虽然在不同的社会情境下具有不同的内涵和解读方式,但总体而言,社会企业具有经济和社会双重特性。从经济特性看,社会企业具有可持续地生产商品和销售服务、高度自治、经济风险显著、雇员薪酬水平较低等特征。从社会特性看,社会企业具有以下特点:它有一个让社会共同体受益的明确目的;它由一群公民发起行动;拥有的决策权不是基于资本所有权;具有参与性,受项目影响的所有人都能参与活动;只进行有限的利润分配,或者说资产锁定。③ 国内学者对于社会企业发展模式的解读也存在分歧,部分学者认为社会企业可以理解为非营利组织或企业组织的新形态④;也有学者视其为一种混合体或是介于营利与非营利组织之间形态的一种组织类型⑤;还有学者认为社会企业既不是企业也不是非营利组织,而是同时对企业的营利机制和对非营利组织的公益机制的双重否定和超越⑥。

---

① Wry T. and York J. G., "An Identity-Based Approach to Social Enterprise", *Academy of Management Review*, Vol. 42, No. 3, 2017, pp. 437 – 460.
② Diochon M. and Anderson A. R., "Ambivalence and Ambiguity in Social Enterprise: Narratives about Values in Reconciling Purpose and Practices", *International Entrepreneurship and Management Journal*, Vol. 7, No. 1, 2011, pp. 93 – 109.
③ [比]雅克·迪夫尼:《从第三部门到社会企业:概念与方法》,丁开杰、徐天祥编译,《经济社会体制比较》2009 年第 4 期。
④ 沙勇:《社会企业发展演化及中国的策略选择》,《南京社会科学》2011 年第 7 期。
⑤ 时立荣:《转型与整合:社会企业的性质、构成与发展》,《人文杂志》2007 年第 4 期。
⑥ 王名、朱晓红:《社会企业论纲》,《中国非营利评论》2010 年第 2 期。

（二）新兴组织面临的制度缺位

组织生存所在的宏观背景和制度环境是组织行动选择的重要基础。以广州沃土工坊为例，从法律、政治、行政和社会文化认知四方面来分析，其初创期的宏观制度因素主要体现在：一是缺乏必要的法律规范和行政引导，缺乏组织发展所需的来自政府的必要的强制性要求和规范化管理；二是缺乏必要的社会认知，当时的社会认知层面，几乎没有人了解社会企业是什么。广州沃土工坊没有一个来自社会文化层面可参照的价值规范。[①]

法律合法性层面，严格法律规范意义上的法律合法性的来源主要是按照国家有关法律条文和监管条例的具体规定，获得符合法治定义的主体资质，并在法律条文和监管条例的指导下保持自主运行。2016年3月，《中华人民共和国慈善法》于第十二届全国人民代表大会通过，并于同年9月1日起施行。2018年9月，《社会组织登记管理条例（草案征求意见稿）》（简称《管理条例》）正式发布。该《管理条例》是在《社会团体登记条例》（1998年版）、《民办非企业单位登记管理暂行条例》（1998年版）、《基金会管理条例》（2004年版）、《社会团体登记条例》（2016年版）的基础上，更全面系统的社会组织合法性界定的法律规范。根据《慈善法》和《管理条例》中相关规定，社会组织包括社会团体、基金会和社会服务机构三个具体类别。社会企业显然不属于上述三个具体类别。也就是说，从法人地位和属性上看，社会企业不具备法律条文的规范界定。

由于社会企业要以商业化的手段来实践社会功能，就需要参与市场竞争，以广州沃土工坊为代表的社会企业从成立到注册再到运营更符合企业的标准和管理规定。但从法律地位上看，社会企业不具备法律条文的规范意义上的独立性。组织是市场经济的重要主体，一类新组织的法律界定涉及其相关运营的一系列系统规定，是

[①] 梁鹤：《社会企业合法性建构路径研究——基于WT工坊的生存实践分析》，博士学位论文，吉林大学，2021年。

一项巨大的工程，需要在政府给予足够重视的前提下进行顶层设计和基层反馈。从现实性上看，2008年前后，社会企业的发展水平和发展诉求都没有达到需要系统立法的层级，社会企业并不具备专门立法的发展基础。事实上，直到目前为止，社会企业本土化的发展仍然过于草根化，并且在实践领域也未形成一定的行业规模，在立法权过度集中于顶层的情况下，对社会企业进行专门立法是非常不现实且缺乏系统思路的。反观其他发达国家，除欧美社会企业立法相对完善，其余各国社会企业的发展虽然已经形成了一定的社会影响，但是法律层面仍较少介入或很不完善。短期来看，社会企业的本土化发展想要突破法律合法性，很不乐观。社会企业本土化发展的法律合法性缺失基本可以被理解成为一个可预见的既定事实。

（三）社会资源分配的经济性倾斜

从广州沃土工坊、木棉花开等系列实践中不难发现，社会企业具有社会使命，通过双轨制模式实现组织发展，更多的是相对传统社会组织而言，在当前中国的制度环境和发展情景下，社会资源分配是向经济性组织倾斜的，这也是社会企业要通过有效性来获取合法性，并形成局部社会认同，从而构建出其生存的网络关系基础的关键外生因素。[①]

以广州沃土工坊为例，2014年12月，沃土农业可持续发展中心（下辖汴土农耕）在民政局正式注册。其致力于开展一些短期的培训、交流会等，并印发杂志宣传有机种植，也会去到农户家中做现场的技术支持，更好地承担了沃土工坊原有的乡村教育和社区支持农业方面的社会创新职能。2018年沃土农耕学校成立，将返乡青年和生态种植者的培育与引导、专业教学、思想传播和专用资金扶持等业务进一步剥离了出来。沃土工坊形成了商业职能板块与社会职能板块（沃土农业可持续发展中心和沃土农耕学校）相对

---

① 梁鹤：《社会企业合法性建构路径研究——基于WT工坊的生存实践分析》，博士学位论文，吉林大学，2021年。

独立运营的发展格局。沃土工坊作为商业化的销售平台,明确选品标准、优化供应链管理、为商业业务提供支撑系统;沃土农业可持续发展中心负责开办田间农耕学校助力农夫技术提升,出版杂志内刊推动可持续农业技术交流与传播,提供生态农业生产的咨询与服务;沃土农耕学校为返乡青年定制针对性的农业人才培养和提供长期定向技术培训。由此,沃土工坊(集团)开启了双轨制运营的新阶段,原沃土工坊作为履行集团职能的组织机构,开始集中精力进行经营模式的优化和调整,以满足消费者的需求、提升市场竞争力,从而维系其经济功能的合法性。这就是典型的受到外部环境中社会资源的经济性倾斜的影响所致。因此,社会企业的本土化实践出现了较为普遍的典型的双轨制发展模式,从某种程度上讲,这就是社会企业家为了应对社会资源分配的经济性倾斜的特定外部环境,而选择的一条以市场价值回馈社会价值的特定发展模式。

外部制度形塑着组织的规范化发展,社会资源分配的经济性倾斜,必然会形塑组织的规范化发展。2018年,沃土工坊增加生鲜宅配服务,启用自己的配送团队为省内顾客运送生鲜食品。为此,沃土工坊精心培训配送员,使用业内先进的"EPP箱"包装食物,力图以更环保和快捷的方式让蔬果、豆制品、蛋禽肉、水产、海鲜和面包等生鲜食品送达每个家庭。自营冷链配送业务的开发,不仅帮助沃土工坊增加了盈利额,而且直接带来了销量的显著提升。同时,沃土工坊将团队建设与销售平台的专业化建设有机结合起来,提升员工的服务素质。例如,训练员工做饭,不仅增进了团队的凝聚力,同时也加强了员工对其售卖的农产品的了解,帮助其更加有的放矢地为客户介绍沃土工坊的商品。此外,沃土工坊继续延伸了早期加强产销互动、建立情感链接的运营理念,并借助微信(公众号、微信群)的普及,进一步加强了生产端和消费端的联结。组织在此前"农夫故事"的基础上,增加了"沃土厨房"、"沃土可持续食物社区"以及"沃土商品简报"等形式加强消费者对产品和农户的了解。这是沃土工坊市场营销的一大亮点,极大地增强了产销互信,并促进了消费者对沃土工坊经济功能的认可。不难看出,组织的规范化发展必然要面向同类市场化企业的竞争,组织效率、组织结构,甚至是员工素质培训都要在社会资源的经济性倾斜中胜出,那就必须要比同类市场化企业做得更出色,组织的财务结构和治理方式难以避免地要应对外部资源的经济性倾斜。这是社会企业本土化发展过程中,尤其是初创期后随着组织的规范化发展,必须面临更为具体的现实问题。

四 社会治理创新中社会企业的参与及贡献

社会企业的内在制度张力与生俱来,但从社会企业的本土化实践来看,新型组织面临的制度缺位和中国现阶段社会资源的经济性倾斜才是形塑组织规范化发展的重要外部因素。但是在这种不利的外部环境下,社会企业通过社会创新有效地推动了传统社会组织的社会功能的践行。社会企业为有志服务社会的社会企业家们提供了一条新的可探索的实践发展道路。

(一) 重要的社会创新途径

社会企业已经成为重要的社会创新途径。2004年1月,《中国社会工作研究》第二辑收录了由北京大学刘继同教授翻译的《社会企业》一文,该文是经济合作与发展组织起草的一个对社会企业进行系统介绍的研究报告。自此,社会企业的概念和发展理念开始在中国普及。社会企业的理论通过研讨会等形式开始在国内传播。一些民间组织开始关注社会企业实践,并开始探索性加深与国外社会企业的交流。2004年11月,环球协力社在国内开展了一个为期9天的英国社会企业家访问项目。2004年11月9日,环球协力社与NPO信息咨询中心在北京联合举办了"中英社会企业家/NPO研讨会"。社会企业开始受到学界和实务界的关注,中国开始出现了有意识自觉的社会企业主体,开始探索自身的社会企业本土化构建之路。2005年,丁元竹和董炯等人在《中国经济导报》和《中国保险报》上发文在介绍国外社会企业实践的基础上,开始探讨培育中国社会企业主体和发展中国社会企业的思路。2006年，社会企业作为改善慈善事业的一种创新形式，开启了本土化实践进程。[①]

2006年10月16日，中央编译局比较政治与经济研究中心联合英国文化协会和英国杨氏基金会在北京召开了"社会创新与建设创新型国家"国际研讨会，来自中国、英国、美国、澳大利亚、意大利、西班牙等16个国家和经合组织、欧盟等多家国际组织的100多位政府官员、社会活动人士和专家学者出席了研讨会。围绕社会创新的历史、概念、理论、脉络及实践，与会者们开展了为期两日的交流研讨，探讨内容还涉及了中英两国社会创新的案例比较、社会创新对经济社会发展的影响、未来十年优先发展的社会创业项目等专题，对中国及全球社会企业发展与社会创新积极建言献策。针对社会创业和社会企业培育的热门议题，一些发达地区开始探索社会企业的培育与孵化工作。2006年，上海浦东非营利组织发展中心正式成立，为非营利组织提供支持服务，并提出要让更多人在公益事业领域创业，构筑社会企业家的愿景。2007年社会企业本土化发展议题开始在国内重要党报《光明日报》上热议，2007年4月10日至4月22日，《光明日报》陆续刊载了介绍社会企业新模式的重要文章。[②]

2008年5月12日，汶川特大地震灾后重建，凸显了社会组织的优越性，社会企业本土化发展进一步推进。2009年9月，在大连召开的世界达沃斯经济论坛上，专门开设了"社会创新的发现与突破"环节，社会企业开始更广泛地进入公众视野。2009年一系列的社会企业本土化研究的著作开始问世，2010年中央编译局社会创新研究室开始推出"社会创新蓝皮书"。2012年中国共产党的十八大报告中明确指出"加强社会建设，必须加快推进社会体制改革"，标志着中国社会企业研究和本土化发展进入了一个新的发展时期。2013年在博鳌亚洲论坛年会上，发布了由北京大学公民社会研究中心、上海财经大学社会企业研究中心、21世纪社会

---

① 沙勇：《中国社会企业研究》，中央编译出版社2013年版，第109—112页。
② 沙勇：《中国社会企业研究》，中央编译出版社2013年版，第112—113页。

创新研究中心和美国宾夕法尼亚大学社会政策与实践学院共同撰写的《中国社会企业与社会影响力投资发展报告》，该报告首次比较客观地反映了中国社会企业的发展现状，并呼吁政府和社会要更多地关注社会企业，为社会企业出台相关政策指引，为社会企业创造更好的生存环境，促进社会企业的本土化发展。[1]

2015 年，中国社会企业本土化发展已经形成了一定的初级规模，由深圳市中国慈善会发展中心、北京大学公民社会研究中心、中国人民大学尤努斯社会事业与微型金融研究中心、国际公益学院、中国公益研究院和亿方公益基金会 6 家权威机构共同组织了中国首次社会企业认证。具体认证工作由深圳市社创星社会企业发展促进中心负责执行。这开启了中国社会企业本土化发展的新起点，也可以被理解为中国社会企业本土化发展元年。据统计，2015—2018 年上半年，全国超过 730 家机构接受了官方认证，其中通过认证的社会企业有 125 家，遍布全国 21 个省市及自治区的 39 个城市，涉及环保、公益金融、养老、社区发展、农业、扶贫、弱势群体帮扶、妇女权益、教育、无障碍服务等 14 个社会领域。社会企业已经成为社会创新的重要途径，并必将通过中长期的发展对制度的完善形成反身性的影响，从而实现社会创新的更深层的组织创新与大发展。

（二）灵活的社会治理模式

改革开放以来，伴随着中国快速的城市化和工业化步伐，社会问题和环境问题日益突出，应对具体问题和市场失灵的特殊节点，社会企业获得了市场与公益结合的生存与发展空间，成为更为灵活的社会治理模式。据统计，中国社会企业的行业主要分布在教育（约 21%）、社区发展（约 13.4%）、就业与技能培训（约 12.3%）、环境与能源（约 9.8%）、公益与社会企业支持（约 9.3%）等领域。在传统的扶贫领域，中国社会企业占比仅为 5.7%，仅次于艺术文化体育类的 4.6% 的占比水平。并且，与欧

---

[1] 沙勇：《中国社会企业研究》，中央编译出版社 2013 年版，第 114—117 页。

洲社会企业社会影响力融资不同，绝大多数的中国社会企业的原始资本来源于社会企业家个人，中国社会企业创立后获得融资的概率非常低。仅有34.8%的社会企业申请并成功获得过融资，超过55%的社会企业融资额低于100万元。具有自觉意识的社会企业中有49.9%具有明确的"为实现某种公共利益和社区利益"的社会使命，9.4%的社企使命是"支持母体组织实现其社会价值"。总体而言，具有自觉意识的社会企业绝大多数均有明确的社会使命。①

社会企业通过有意识的市场化组织更好地实现了社会企业家的使命践行，相对传统的慈善模式和社会组织，形成了更为灵活的社会治理模式。尤其是在中国特定的外部环境下，社会企业的双轨制发展模式为传统社会组织和社会企业本身都提供了更为灵活的模式参照。以广州WT工坊为例，2014年12月，WT工坊权威创始人在民政局注册了WT农业可持续发展中心，成为原WT工坊的派生机构，实现了组织双重功能的初次分化。从具体分工和职能划分上看，WT农业可持续发展中心主要承接了WT工坊创办初期"推广有机种植，改善生态系统""致力乡村教育，激发乡村活力""倡导健康饮食，共享可持续生活"三大组织使命中的前两项发展愿景。在微信公众号的宣传主页上，WT工坊还专门标识了WT农业可持续发展中心的NGO属性，并专门标识出NGO是不以营利为目的的公益组织。综合来看，WT工坊是通过衍生WT农业可持续发展中心和QX农场的形式，实现了商业价值与社会功能的统一，这是社会企业合法性的本质体现。如果说初创期WT工坊是通过功能有效性生成了组织的行为合法性，并通过事实上的积累为组织营造了局部关系网络下的必要制度环境，那么在发展期，WT工坊则是通过形式上的确认实现了组织行为合法性到组织特征合法性的转换，是组织的结构和形式等规范的制度化特征，为组织的合法性提供了规范化的制度保障。在这一过程中，组织内部制度更加完善，

---

① 中国社会企业与影响力投资论坛、南都公益基金会编：《中国社会企业与社会投资行为行业扫描调研报告（2019）》，社会科学文献出版社2019年版，第14页。

应对变化的外部环境和外部期待，WT工坊实现了专业化改造和规范化经营，提升了组织的竞争力，并实现了组织行为灵活实用向规范发展的转变。这是一个组织从青涩走向成熟的体现，并且，组织的特征合法性也是WT工坊在初创期营造的制度环境下合法性机制产生作用的结果。组织的特征合法性实际上就是通过制度化、规范化的方式来确保组织行动的规范化与专业性，并通过组织符号形象的塑造与强化来为组织塑造更容易辨识的结构特征，其结构特征与组织结构对组织行为的规范高度统一，从而实现了组织行为合法性向组织特征合法性的转换。而这恰恰反映出在混合型组织的内在制度张力、新型组织的制度缺位和社会资源的经济性倾斜下社会企业更为灵活的组织形式及其在动态发展过程中彰显的更为灵活的社会治理模式。①

（三）为市场经济注入社会学话语

社会企业通过有效性和自下而上的组织合法性的累积，为市场经济注入了更有力且可对话的社会学话语。随着社会企业认证标准的完善，2018年下半年社会企业认证工作进一步普及，依据《中国慈展会社会企业认证手册（2018）报告》，仅半年就收到社会企业申报621家，共有109家通过社会企业认定。随着社会企业认定规模的持续扩大，认证也从早期的社企属性认定，发展到在社会企业属性认定基础上的分级认定，在2018年被认定的109家社会企业中，金牌社企15家、好社企38家，其中关注扶贫的社会企业占认定社企总数的40.3%，获得认定的社会企业覆盖弱势群体帮扶、青少年教育、无障碍服务和社区发展等14个社会领域。从认证结果来看，截至2018年，中国慈展会共认证社会企业234家。从自觉意识的角度看，在申报认证社会企业的统计基础上，预计2017年，中国具有自觉意识的社会企业约为1684家。这是完全符合狭义限定的社会企业范畴。相对于同期日本有"自觉意识"的社会

---

① 梁鹤：《在有效性中获得合法性：制度环境下社会企业本土化发展的路径选择——一个典型案例的理论思考》，《中国非营利评论》2021年第2期。

企业，仅约 1000 家。在狭义上具有自觉意识的中国社会企业已经超过了同期的日本社会企业保有量。由中国社会企业与影响力投资论坛、南都公益基金共同发起，由北京师范大学社会发展与公共政策学院企业社会责任与社会企业研究中心、北京商道纵横信息科技有限责任公司、电子科技大学经济与管理学院慈善与社会企业研究中心、恩派公益组织发展中心、Impact Hub Shanghai、上海复恩社会组织法律研究与服务中心以及 SZC 山寨城市共同完成大数据样本调研报告，并撰写了《中国社会企业与社会投资行为行业扫描调研报告 2019》。2018 年 6 月，成都市工商局出台《关于发挥工商行政管理职能 培育社会企业发展的实施意见》，经认定的社会企业可以在企业名称中使用"社会企业"字样，虽然目前中国还未实行大范围的社会企业登记注册制度，尚缺乏官方的统计数据，但是随着社会企业登记的行政赋能，经认定的社会企业必将出现爆炸式增长。[1]

从注册的法律主体地位看，现阶段中国存量的社会企业中多数社会企业处于组织发展的初创期和转型期，在工商系统以企业法律属性注册的社会企业占比 59.5%，在民政系统以社会组织法律属性注册的非营利性组织占比 32.4%，有 5.1% 进行了同时注册。社会企业主要收入的 91.6% 来源于市场经营活动，84.5% 的社会企业 2017 年度利润用于再投资而未进行分红，61% 的社会企业明确规定禁止或限制利润分配。[2] 从年度收入总额、资产总额、融资总额等指标来看，多数社会企业属于中小型组织。收入总额在 101 万—1000 万元，其中处于这一收入区间的社会企业占比 41.6%；其次是收入总额在 11 万—100 万的小型社会企业，占比约 37.5%。2017 年度能够实现收支平衡的社会企业约占比 37.2%，仅有 20.5% 的社会企业能够实现盈余。其中具有自觉意识的社会企业平

---

[1] 中国社会企业与影响力投资论坛、南都公益基金会编：《中国社会企业与社会投资行为行业扫描调研报告（2019）》，社会科学文献出版社 2019 年版，第 25 页。

[2] 中国社会企业与影响力投资论坛、南都公益基金会编：《中国社会企业与社会投资行为行业扫描调研报告（2019）》，社会科学文献出版社 2019 年版，第 35—36 页。

均收入总额为 552.54 万元。① 这些社会企业通过在市场经济下的快速发展与成长,彰显了社会企业的发展优势,更为重要的是,通过有效的市场竞争,社会企业逐渐形成了其特有的通过市场价值服务社会价值的话语体系,通过使命践行,为市场经济注入了社会学话语。

(四) 三次分配的重要实践主体

社会企业正在成为三次分配的重要实践主体。与一次分配注重效率、二次分配注重公平不同,三次分配是主体基于自愿原则和道德准则,以募集、捐赠、资助、义工等慈善、公益方式对所属资源和财富进行分配。第三次分配的动力机制是基于社会使命的爱心驱动,其目标是解决社会问题,促进社会主义精神文明建设,促进市场与社会的均衡发展,社会组织和社会力量是三次分配的重要实践主体,三次分配不只是捐赠,更是社会力量所提供的志愿服务和技能养成。如果说一次分配是基于市场机制的利益分配,二次分配是基于行政机制的强制性调节,那么三次分配则是一种群体对群体的专业化、有效扶持,是主体对社会性使命和理念的个体践行。三次分配绝不是传统的、低效的慈善行为,而是基于社会使命的群体对群体的专业化服务,是授人以鱼,更是授人以渔。

传统理论认为社会组织和社会力量是三次分配的中坚力量。而随着社会企业的规范化发展,社会企业正在以更加市场化和专业化的发展模式承接传统社会组织的社会功能。与一次、二次分配的制度性分配不同,第三次分配是群体对群体的扶持,社会企业作为一种与市场经济关联更为紧密的践行社会使命的组织形式,能够有效提升第三次分配过程中群体对群体扶持的规范性和专业性,并且,社会企业能够在融入国家战略过程中快速获得体制认同。在诸多争议中实现实践突围,从而走出了一条实践倒逼理论认识的特色发展之路。不论是格莱珉银行、残友集团、晟世锦绣还是沃土工坊,都

---

① 中国社会企业与影响力投资论坛、南都公益基金会编:《中国社会企业与社会投资行为行业扫描调研报告 (2019)》,社会科学文献出版社 2019 年版,第 25—29 页。

以专业化在更精准、更好地帮扶着弱势群体，北京慈善超市更是将专业化的慈善服务与市场化运营相结合，社会企业正在通过市场化的经营践行着对弱势群体的精准帮扶等三次分配行为。与此同时，作为第三次分配的重要实践主体，社会企业的规范化发展和能力建设将进一步提升第三次分配过程中群体对群体扶持的规范性和专业性。

综合来看，中国社会企业的本土化发展已经初步实现了从理论悟道到践行发展，中国社会企业已经陆续在养老、扶贫、少数民族文化发展、绿色农业、教育培训、残疾人就业、环境保护等多个服务领域发挥出重要作用[1]，中国的社会企业的本土化发展已经进入理论与实践互相促进的实践探索期，并正在融入国家共同富裕的实践进程。随着实践探索的不断完善，中国社会企业的本土化发展必将会进入良性的成熟发展期，成为助推中国经济社会发展的又一支重要力量，成为弥补公共服务不足和解决社会疑难杂症的有效途径，并深度融入三次分配的实践进程当中。社会企业"以商业践行社会性的组织使命"这一发展模式并没有因为其社会性与市场性的内在张力而陷入发展困境，这一理论悖论恰恰是社会企业不断创新的内生动力。[2] 对于社会转型期的中国而言，这有助于改善中国社会转型期市场与社会发展不均衡、不匹配的现实问题。社会企业作为社会创新的重要途径，用更为灵活的社会治理模式，为市场经济注入更多的社会学话语，并"以商业践行社会性的组织使命"的发展模式践行着三次分配的国家意志，有效促进市场与社会的均衡发展。这本身就是中国当前特定的制度环境下，社会企业合法性的重要意涵。作为新的社会事实对现有制度环境形成冲击。制度环境对组织形塑的同时，组织行动也将深刻地影响着制度的建构。通过广泛的社会事实，推动市场与社会的均衡发展。

---

[1] 刘小霞：《我国社会企业的历史演进及制度性角色》，《中央民族大学学报》（哲学社会科学版）2013年第6期。
[2] 崔月琴、母艳春：《多重制度逻辑下社会企业治理策略研究——基于长春市"善满家园"的调研》，《贵州社会科学》2019年第11期。

五　本章小结

　　社会治理的推进不仅要求社会治理体系的完善，更要求社会治理效能的提升。近年来，社会治理社会化和公共服务市场化已经成为一种发展趋势，社会组织和企业部门参与社会治理的现象越来越多，社会企业作为一种新兴的社会治理载体，在改进社会问题、促进社会良性运行和发展中发挥着重要作用。基于社会企业本土化的现实经验，本章对社会企业的生存实践、发展困境以及参与社会治理的现实意义进行了系统性的考察与分析。

　　以混合型的制度张力与双轨制的运行模式，社会企业为自身创造了实践的多重可能性。多重制度逻辑构成的制度体系促使社会企业在宽泛的规范要素中寻求组织运作与制度环境的同频，一方面，注重结构功能的本土化适用"展示性"预期与企业化经营效率改造的"实务性"并重；另一方面，通过社会企业与社会组织的双轨并行的发展模式，实现市场与社会的双向互助，由此推动一种自下而上的合法性构建之路。

　　同样地，这种混合的制度张力亦为社会企业带来了发展的现实困境。游走在非营利组织与营利组织的边缘，关于社会企业的内涵与特质的界定存在诸多的分歧。更进一步地，这种分歧使得社会企业本土化进程中缺少正式制度的认定与监管，从资源的获取、效率的提升等多个层面影响社会企业的可持续性发展。

　　需要指出的是，尽管面临诸多的挑战，但是社会企业本土化的发展实践已然取得了一定的成果，首先，作为重要的社会创新途径，社会企业为传统社会组织的社会功能的发挥提供了一种创新形式；其次，市场与公益相结合的价值取向为其创造了更多的生存与发展空间，使其成为灵活有效的社会治理载体；最后，为有志服务社会的社会企业家们提供了一条新的可探索的实践发展道路，构成三次分配的重要实践主体，通过更广泛的社会事实，推动市场与社会的均衡发展。

第七章　支持性社会组织对治理结构的拓展

社会组织近些年来不断出现在学界以及公众的视野与讨论范围之内，体现出社会组织本身承载着诸多结构性的外部期待。越发增多和频繁的社会组织实践与发声标识出社会组织的发展已经成为当下的普遍认知。中国社会组织的发展不仅表现在其数量与规模之上，还表现在因社会结构变革与社会发展需要而涌现出的不同的组织类型。支持性社会组织作为一种西方发展经验模式的引入，在中国的部分城市出现了其本土化的实践与转型。在建构"国家—中间组织—社会"中介结构的进程中，支持性社会组织作为中间层次的社会组织，力图提升其整合社会基层秩序与承担社会公共职能的能力与活力，促进其与国家和社会之间更紧密的联系，形成一种支持机制与催化机制，来推动中国社会的整体发育与结构转型。支持性社会组织构成了中国社会发展当下的历时性产物，体现为重要的理论和实践命题。

一　支持性社会组织的话语呈现

支持性社会组织作为一个外来概念，其相关研究最早发端于20世纪80年代末90年代初。研究中往往将其称作中介性组织（intermediary organizations）、伞形组织（umbrella organizations）、支持性组织（support organizations）、桥梁性组织（bridging organizations）、草根支持性组织（grassroot support organizations）、非营利部门联盟（meta-organization）、志愿组织联合会（Council of Voluntary Organizations or Council of Voluntary Service）等，探讨这些组织在其角色功能、组织规模、治理结构、运作模式以及相关政策等方面的行为表现，及其在全球化的视野下，在跨国之间，以及全球市场的关系结构中，支持性社会组织的整体发展状况。

支持性社会组织首先被视为一种草根力量。Brown[1]认为支持性社会组织构成制度安排与社会组织之间的一种桥梁，是调整和转变国家与市场的二元结构、构建多元主体共同发声、引导共建的关键因素，支持性社会组织的草根立场决定了其价值理念、发展愿景、使命目标、关涉群体以及其自身在社会结构和政治结构中的位置，支持性社会组织要通过宣传和推行自身的价值理念，努力在实践行动与网络关系中影响国家的政策导向。

对制度层面的影响关系到支持性社会组织的政治角色，而就其社会功能来讲，支持性社会组织面对的服务对象则是社会组织。Martínez[2]认为，一方面，支持性组织是一种发展性的组织，它的目标在于促进贫困组织的发展，通过咨询服务与资源供给来促进贫困组织的能力建设，并且使其能够在外部环境的整体体系之中拥有持续生存下去并且发展的可能。另一方面，草根支持性组织自身也面临着社会组织的普遍不足，在资源结构、治理结构、发展规模和公共责任等方面需要不断完善。

Brown 等[3]分析了社会组织在与外部环境，包括法律条令、社会规范、政府部门、市场企业以及国内及国际上的社会组织与机构的关系结构，以及在其内部的非专业性服务、专制性组织结构、碎片化的组织活动以及有限的组织发展规划等治理内容方面，所面临的困境与不足，而支持性社会组织在应对这些困境、解决这些不足的时候可以起到关键性的作用，通过在信息传递、政策分析、政策

---

[1] Brown L. D., "Bridging Organizations and Sustainable Development", *Human Relations*, Vol. 44, No. 8, 1991, pp. 807–831.

[2] Martínez B. R., "Grassroots Support Organizations and Transformative Practices", *Journal of Community Practice*, Vol. 16, No. 3, 2008, pp. 339–358.

[3] Brown L. D., Kalegaonkar A., "Support Organizations and the Evolution of the NGO Sector", *Nonprofit and Voluntary Sector Quarterly*, Vol. 31, No. 2, 2002, pp. 231–258.

匹配等方面的培训，在组织目标、运作模式、领导结构等方面的咨询，以及在人力资源开发、筹资渠道拓展、支持网络构建等方面的能力建设上的支持与培育，促进社会组织的发展。Lee[1]通过对于泰国曼谷的三个贫困团体的案例分析，认为中介性组织在提升草根组织应对外部环境的结构性挑战与资源性压力方面，起到了积极有效的关键性作用。而 Dousa[2]运用行动者网络理论（Actor-Network Theory，ANT）来分析社会正义发展领域中的草根支持性组织，认为其在连接上层资助者和基层社会组织中发挥着联系作用，通过文化联络、合作伙伴网络和资源传输这三种中介活动，来弥合二者在薪酬、组织结构、技术获取和特权等方面的差异。

  国内支持性社会组织的研究与实践多是对于国外现行理念的一种引介，并且在其发展过程中互相涉及与推动。从支持性社会组织的内部运作来讲，王劲颖[3]从上海市浦东非营利发展中心的组织实践过程出发，在基层政府创新的视角下，把支持性社会组织的出现与行动视作中国社会管理基层实践中的新发展。而这种创新型的社会组织发展模式与社会组织管理模式，可以随着公益产业链的逐步完善、公益组织的市场化运作体系的不断成熟，得到更大程度的发展与推广。徐宇珊[4]认为，支持性社会组织的组织目标与宗旨在于向其他的草根社会组织提供服务，支持草根社会组织的成长，因此往往构成社会组织相互联合的一个关系网络与合作平台。她还区分了支持性社会组织的不同类别，依据支持性社会组织所供给的服务内容，将其分为资金支持型、能力支持型、信息支持型、智力支持型、综合服务支持型五种类型，和另外的传统服务型机构转型与以

---

[1] Lee Y. S. F., "Intermediary Institutions, Community Organizations, and Urban Environmental Management: The Case of Three Bangkok Slums", *World Development*, Vol. 26, No. 6, 1998, pp. 993 – 1011.

[2] Dousa P. M., "Using Actor-Network Theory to Enhance the Mediating Activities of Grassroots Support Organizations", *M. S. Thesis*, University of Minnesota, 2012.

[3] 王劲颖：《社会组织社会培育机制的发展新趋势》，《社团管理研究》2010 年第 8 期。

[4] 徐宇珊：《社会组织结构创新：支持型机构的成长》，《社团管理研究》2010 年第 8 期。

支持性活动或论坛等不同运作模式活动的支持性社会组织。吴津等[1]考察了支持性社会组织的中国实践中的一种具体机制，也就是公益组织孵化器，对公益组织孵化器的基本内涵、角色功能以及一般性的运作模式进行了介绍，并认为公益组织孵化器对于推动中国社会组织的成长与发展有着重要的作用。王世强[2]则进一步讨论了作为支持性社会组织的具体表现形式或者具体运作方式，社会组织孵化器、社会组织培育中心以及公益创投公司等不同类型的结构和实体的目标设定与功能设置。谭志福[3]则从公益孵化器的实际效果出发，认为公益孵化器虽然在地方政府的层面普遍得到认同并展开了广泛实践，但是公益孵化器自身的能力不足与多方面限制，使其难以有效解决社会组织在数量不足、规模较小、资源匮乏、内部治理混乱、专业能力不足等能力构建与发展策略等方面的困难，地方政府努力推动的公益孵化服务实际上成了对社会发展现状的"正确的诊断"开出的"错误的药方"。

从支持性社会组织的角色定位来讲，阮云星等[4]依据中国现行法规对于组织类型的规定，把支持性社会组织定位为民办非企业单位，认为支持性社会组织自身兼具财团法人与社团法人的功能性角色，依托其在与国家、市场与社会的整体结构中的关联网络，可以更有效地发挥其社会功能，应对社会需求，解决社会问题，推动社会创新和社会发展。麦磊[5]依据支持性社会组织的活动领域对其进行了划分，认为存在一般性的支持性社会组织与同业支持性社会组织两种类型。前者对于社会组织、公益领域以及整个社会结构都具

---

[1] 吴津、毛力熊：《公益组织培育新机制：公益组织孵化器研究》，《兰州学刊》2011年第6期。

[2] 王世强：《政府对非营利组织的分类管理模式研究》，《行政论坛》2013年第3期。

[3] 谭志福：《公益孵化器：正确的诊断与错误的药方：兼论地方政府在社会组织培育中的角色》，《中国行政管理》2014年第8期。

[4] 阮云星、韩敏：《政治人类学：亚洲的田野与书写》，浙江大学出版社2011年版。

[5] 麦磊：《同业支持型社会组织发展的动力机制：以N市G区社区养老社会组织为例》，《中南大学学报》（社会科学版）2013年第5期。

有一定程度的普遍影响，对于不同类型的社会组织也都能给予基础性的、能力性的、普遍性的支持，而后者则出现在特定行业内部，针对行业分工的专业内容进行对应性的支持。这种对应性的专业支持，相对于普遍性的一般支持而言，能够针对共同领域所面临的基础性、结构性与发展性问题和需求开展深入的培训，通过专业知识与技术的支持来更加快速、稳定地促进特定领域的社会组织的数量增长和能力提升，但同时存在的问题在于难以突破较小领域自身的局限，也难以同更大的整体社会发展网络和趋势联系起来。

从支持性社会组织运作的外部关系，特别是与政府部门的关系来讲，陆海燕等[1]通过考察宁波市海曙区的具体实践，认为支持性社会组织与基层政府之间的合作是以多种不同的方式展开的，而在基层政府向社会组织购买公共服务的基层实践不断展开的过程中，基层政府通过购买支持性社会组织的服务项目，来同支持性社会组织建立合作关系，构成了基层政府创新社会管理的一种新的思路，也推动了支持性社会组织自身的成长发展与功能体现。王成磊等[2]同样把支持性社会组织的发展视作中国社会组织的迅猛发展趋势中所表现出来的亮点和创新，而且支持性社会组织一方面面临社会组织发展普遍遇到的问题，另一方面其自身独特的角色身份也带来了新的挑战，支持性社会组织必须努力解决自身在组织的合法性身份、资金的多元渠道、复杂的内部治理结构以及人员的混合培养管理等方面的现实要求。张丙宜[3]从协同治理理论的视角出发，认为基层政府扶持和吸纳支持性社会组织到社会治理体系之中，来整合社会资源、加强社会管理、维护社会秩序，支持性社会组织在其中能够建立支持平台、整合多元资源、提高资源效能、构建组织网络、提升组织能力、增进协同合作，从而推动社会组织的培育与社

---

[1] 陆海燕、洪波：《政府向支持型社会组织购买公共服务研究：以浙江省宁波市海曙区为例》，《内蒙古社会科学》（汉文版）2012年第3期。

[2] 王成磊、杨雅琴：《浅析新型社会组织的现状及发展困境》，《社团管理研究》2011年第6期。

[3] 张丙宜：《支持型社会组织：社会协同与地方治理》，《浙江社会科学》2012年第10期。

会整体的发育。但是这种合作关系也造成了支持性社会组织的行政化、内部化、高成本、监督机制缺失、责任意识不足等方面的问题,动摇了支持性社会组织的社会性基础。

此外,周秀平等①还比较了在中国的基层社会治理与社会组织发展的实践过程中出现的与支持性社会组织提法相近的"资助性社会组织"和"枢纽型社会组织"。资助性社会组织多用在公益商品、产品与服务的实务界,强调的是这类组织对其他草根类、操作类社会组织在资金供给和能力培训上的支持。因此,资助性社会组织往往更贴近企业孵化器的市场运作模式,以直接的物质性或技能型的支持为主。枢纽型社会组织则更多地表现为一种以北京市为代表的政府社会管理模式的转变,即通过"抓大放小"来实现对于数量庞大、类型繁杂的社会组织的管理,抓"大"就意味着对于枢纽型社会组织的建设,而枢纽型社会组织的体系构建在各级政府的层面上都在展开。2009 年,北京市社工委认定了工会、共青团、妇联等 10 家人民团体作为第一批市级枢纽型社会组织,2010 年认定了市工商联、市贸促会、市律师协会等 12 家单位作为第二批市级枢纽型社会组织,2012 年认定了市对外友协、市民间组织国际交流协会等 5 家单位作为第三批市级枢纽型社会组织。因此,枢纽型社会组织大体上体现为有着职能转型与社会转向的人民团体、事业单位以及部分政府背景的行业协会和群众团体,政治身份与社会角色的转变是其服务于社会管理,同时推进自身体制改革的关键所在。

可以看出,国内学界对于支持性社会组织的探讨并没有完全展开,仍然主要停留在对于支持性社会组织的概念界定与理念拓展上,对于支持性社会组织的实践案例的考察也没有脱离国外理论所建立的边界和框架,文本性的论述与实践性的内容并没有切实的结合。事实上目前的现实状况是部分支持性社会组织在实践中不断拓展自己的功能,持续革新自己的理念,进而塑造自己的意义,而对

---

① 周秀平、邓国胜:《社区创新社会管理的经验与挑战:以深圳桃源居社区为例》,《中国行政管理》2011 年第 9 期。

于这些组织的发展演进的具体实践及其理论意义,还有待进一步观察和讨论。

支持性社会组织的概念包括了多重意义,而其在中国的实践形态同样呈现不同向度上的展开。支持性社会组织不仅是对于社会组织的支持性结构,这种结构的出现本身还呈现既有社会治理体系的结构性拓展,进而也不断重构着社会治理的实践内涵。支持性社会组织当下的中国实践,如果从治理结构拓展的向度上来进行划分的话,政府职能的落地延伸表现为支持性枢纽的出现,比如许多地方政府开始设立的枢纽型社会组织,跨越边界的合作关系表现为支持性平台的建立,比如许多草根背景的社会组织孵化器、社会组织发展中心的出现,而除此之外,正在涌现的第三方评估也不仅仅是一种外部监督,而是作为发育觉醒的社会本身提供着一种支持性评估,这些多维向度呈现了社会管理模式的治理转向的实践路径。

二 支持性枢纽与"吸纳嵌入"的管理创新

中国传统的执政理念认为,政府是公共事务管理、公共服务和社会福利的唯一提供者。在国家与社会的关系层面上,国家掌握着权威性资源,并因此而拥有对社会组织的强大影响和控制能力。相对来说,中国的社会自治能力还较弱,社会组织的发展受到初始条件的制约,资金与人员的缺位、结构的缺项及功能的失常是最为典型和明显的。社会因而对于国家表现出一种天然的依赖性,普遍渴望获取国家的制度性与社会性资源的支持。在这样一种"强国家—弱社会"的背景下,传统的社会组织管理模式体现出一些制度与管理方面的缺陷,如偏重行政干预、双重负责的管理方式导致权责不清以及社会组织培育动力不足、缺乏专业服务等。这些问题的存在阻碍了新形势下社会组织的发展,使得大量的社会组织游离于管理范围之外。

而在探索新的社会组织管理模式时，政府也面临着一些新的问题：一方面，基于"政府失灵"的困境，政府不能对社会组织继续沿用"科层制"的治理模式。同时，政府如何发挥间接的激励作用并掌握好介入的尺度，运用政府资源对社会组织予以培育、支持、引导及规范，并建构起与社会组织之间的合作关系以培育弱小的社会组织自主地提供公共服务，也是一个亟待解决的问题。另一方面，如何在新形势下探索社会组织管理的理论解释框架，以及如何双向转换理论与实践的关系，也是当前面临的新课题。

（一）"吸纳嵌入"的概念界定

本节研究试图使用"吸纳嵌入"概念来概括当前中国政府与社会组织的关系模式。"吸纳"指的是政府通过动员和整合社会资源，培育和支持社会组织的发展，使民间组织为政府所用，从而达到其增强政府公共服务能力及转移管理职能的目的，强调国家与社会的融合性。国内有的学者也曾提出过"行政吸纳服务"的理论，其所谓"吸纳"指的是政府通过支持和培育社会组织的发展，使社会组织的公共资源为政府所用，而作为交换，社会组织需要配合政府的政策与行为，并自觉地响应政府的组织与号召。[1] 但仅靠"吸纳"概念对于研究社会组织管理中复杂的运行逻辑仍稍显宏观和静态，也无法说明政府作为外在环境对社会组织运作产生的动态多元化的渗入性影响。因此还需要再引入"嵌入"概念，从而获得中观层面及动态的分析框架。

"嵌入"概念来自经济社会学中的嵌入理论。卡尔·波兰尼在《大转型：我们时代的政治与经济起源》一书中首次提出嵌入概念，认为人类的经济活动嵌入并缠结于经济与非经济的制度之中，强调将非经济的制度包括在内是极其重要的。[2] 1985 年，马克·格兰诺维特在《经济行动和社会结构：嵌入性问题》一文中重新对

---

[1] 唐文玉：《行政吸纳服务：中国大陆国家与社会关系的一种新诠释》，《公共管理学报》2010 年第 1 期。

[2] ［英］卡尔·波兰尼：《大转型：我们时代的政治与经济起源》，冯钢、刘阳译，浙江人民出版社 2007 年版，第 50 页。

嵌入概念进行了阐述，强调组织及其行为受到社会关系的制约，反对将其作为独立的个体进行分析。① 在这个基础上，沙龙·祖金与保罗·狄马乔对这一概念进行了拓展，将嵌入分为四种类型：结构嵌入、认知嵌入、文化嵌入及政治嵌入。② 这四种类型分别关注了组织在网络中的位置、认知与群体思维、共有信念与价值观、政治环境与权力结构等要素对组织行为的影响。嵌入理论虽然源于经济社会学范畴，但是可以将其引入社会组织的研究中，用以分析制度的"嵌入"——制度环境（尤其是政府）如何在制度层面影响社会组织的运行过程，并给予植入性的影响，以及社会组织如何迎合嵌入并借助其所提供的资源获得自身的发展。本文希望通过对"N市H区社会组织服务中心"的建设与运作过程的研究，揭示政府对社会组织进行"吸纳嵌入"管理的动态过程及其内在逻辑。

（二）"吸纳嵌入"管理的现实运作

H区位于浙江省N市的市区中心，辖区面积29.4平方公里，下辖8个街道办事处、75个社区。全区总人口30万人，2012年GDP为496.18亿元，财政收入70.9亿元，现有各类社会组织1279家。"H区社会组织服务中心"（下文简称"H中心"）成立于2010年12月，为民办非企业性质，是全省首家区级枢纽型社会组织。H中心总的运作模式为"政府扶持、民间运作、专业管理、三方受益"，其组织目标定位于为社会组织服务，即通过充分整合资源，成为担任社会组织监督管理、孵化培育、组织建设及项目运作的服务平台。中心根据其功能定位，设立了四个部门：一是资源开发部。负责拓展社会组织网络，与政府部门、专家学者、社会组织及企业建立并保持良好的关系，为社会组织和义工提供专业技能培训并整合公益资源。二是项目管理部。以福彩公益金100万元作为公益创投起始基金，负责管理纳入中心的各类社会组织参与公益

---

① M. Granovetter, "Economic Action and Social Structure: The Problem of Embeddedness", *American Journal of Sociology*, Vol. 91, No. 3, 1985, pp. 481–510.

② S. Zukin, P. Dimaggo, *Structures of Capital: The Social Organization of Economy*, Cambridge: Cambridge University Press, 1990, p. 3.

创投项目工作，以及完成立项工作。三是信息服务部。主要功能是运作社会组织的服务信息平台，负责收集、整理、汇总服务对象的求助信息，发布社会组织和义工提供的服务信息，并整合服务供需信息以促进供需对接。四是项目运作部。为处于孵化期的公益创投项目单位提供办公场地，并给予培育和支持。

1. 原有社会组织管理模式面临困境："吸纳嵌入"管理模式的缘起

N市H区是历史悠久的城市老三区之一，伴随着经济发展与新兴城市化的进程，日趋异质化的人口结构使得社区居民的需求日益多元化，但政府提供的整齐划一的公共服务越来越难以满足不断增加的多样化和个性化的社会需求。而且，由于公共服务类的需求因利润空间小甚至没有利润，导致市场不愿意提供供给，于是区政府开始探索新的公共服务资源渠道。

2008年，区民政局投入20万元购买了针对青少年、残疾人、社区矫正及老年人的四项服务，由刚成立的区民政局下属的民办非企业性质的"社会工作协会"承接了这四项任务。但该协会发现，H区内并没有多少成熟且专业的公益性NGO可以作为外包服务的载体，所以协会的运作效果不佳，公共服务仍然要依托政府部门才能得以完成。区民政局通过调研也发现，虽然政府在社会组织管理方面可以通过提供组织资源、实物资源及政策资源等扮演积极的支持性角色，但原有的社会组织管理模式仍然存在着一些问题。一方面，当时社会组织的"双重管理"制度要求社会组织必须依托一个行政机关或事业单位作为业务主管单位，并且还要满足拥有固定场所、一定的会员数量及活动资金等苛刻的登记要求，导致一些社会组织无法获得合法性的身份。而且，区内的社会组织数量少、规模小、活动内容单一，大多为文体娱乐类的互益性组织。另一方面，政府对社会组织的管理也存在着重管理、轻服务的倾向，表现为管理手段单一，缺乏支持培育机制等。区民政局也曾考虑建立社会组织联合会以便于加强管理和指导社会组织，但由于面临着既缺乏项目支持，也没有专业机构来负责运行的困难，最后只能在街道一级简单地整理和收集了一些社区服务组织的资料，对社会组织系统的监督管理依然缺乏。这些情况表明：政府原有的社会组织管理模式抑制了社会组织的发展，无法实现通过社会组织的公共服务资源完成政府职能转移的目的。

2010年4月，区民政局策划成立了"公民参与中心"（H中心的前身），委托区社会工作协会具体运作，协会将其定位为类似于上海浦东恩派的社会组织孵化器。但是由于资金原因（去上海考察发现孵化一个社会组织需花费近三十万元）及担心孵化不力而成为政府负担，所以没有能够实施。2010年12月，区民政局拨出一幢独立的三层小楼建立了H中心。创建之初重点吸收了与民政服务对象相关的社会工作协会、街道民间组织联合会及专项经费资助项目单位等来共建H中心。H中心的成立标志着政府逐渐走出传统的管理方式，开始扮演支持性的角色并创新社会组织管理方式。

2. 政府与社会双层结构下的运行："吸纳嵌入"管理模式的运行逻辑

"吸纳嵌入"管理模式的前提是政府与社会组织之间是开放性的系统，两者是合作与互相依赖的关系。面对社会公共服务资源获取的不确定性，为了减少对外部环境的依赖性，政府通过吸纳与整合社会组织以便获取社会组织的公共资源，并利用特定的策略在政治体制、资源配置、理念等方面对社会组织的运行进行制度性的嵌入，以便低风险、高效率地完成职能转移工作。而社会组织为了从外部环境中获取资金、人力、信息资源及合法性的支持，必须与那些控制资源的外部行动者（目前来说主要指政府）进行互动与交往，其生存能力在很大程度上取决于社会组织与外部资源控制者互动的能力。因此，"吸纳嵌入"是政府的运作策略，而"应嵌与回应"则是社会组织的回应策略，具体而言，有以下几方面。

第一，建立H中心这个枢纽型社会组织以完成"吸纳"，借助这个新载体的力量来提供培育、管理及引导社会组织的服务，以吸纳与整合H区社会组织的公共服务资源，并建立起社会组织与外部环境沟通的渠道。

吸纳的实质在于整合资源并组织化。在社会组织还相对弱小时，高效社会管理的关键不在于政府的全面介入，而是通过一定的政策设计和制度安排，为多方参与社会管理体制提供一个开放的制度结构，从而使社会组织具有自我发展与管理的拓展空间。在2010年成立之初，区民政局希望H中心能够复制之前已成功的案例，即宁波的"81890"公共服务平台，力求把该中心办成一个社会服务信息平台，通过整合信息资源来为社区提供服务。之后H中心开发了社会组织信息服务系统，汇总了服务对象和社会资源的供需信息，开发建成了H区的"社会组织地图"。这一系统不仅便于H中心对区内社会组织的吸纳与管理，而且还可以根据居民需求就近找到相应的社会组织为其提供便利服务，实现了服务的供需对接，使社会需求与公共产品提供之间实现了更高的契合。虽然在H中心的成立初期整合痕迹较为明显，增量特征还不显著，培育社会组织转移政府的社会服务职能的推动力尚显不足，但此举的意义在于完成了横向的一体化的组织结构。

为了进一步加强H中心的力量，区政府和民政局在H区的八个街道还建立了街道一级的社会组织联合会，在社区层面也建立了社区社会工作室，率先在全省构建起社区社会组织服务中心、街道社会组织联合会、社区社工室这样的三级服务系统。经过这样的整合，这种多级枢纽、分类管理及分级负责的结构又具有了纵向结构式的运行实体特征，实现了建构纵向组织结构的目的，更有利于政府与社会组织的资源交流。在"强政府—弱社会"背景下，政府需要多元主体参与到政府主导的社会管理中，通过"吸纳"的策略，在H中心这样的枢纽型管理平台下，为解决社会管理问题而服务。而这种"吸纳"方式也同样促进了社会组织自身的发展，构建了政府与社会组织之间的网络化连接，增进了社会组织的活力。

"制度性嵌入"是嵌入策略的核心内容。正如马克·格兰诺维特所认为的，社会制度只能通过社会建构的形式来形成，制度性的嵌入不仅包含政治与权力结构的嵌入，还包含着不同层级的社会组织之间相互关系的制度化所形成的场域力量的嵌入。事实上，中国大部分枢纽型的社会组织都是由政府自上而下建立的，这也是应对当前社会组织发展现状的积极探索方式之一。社会管理格局中的政府负责原则要求，政府在职能转移及社会组织发育迟滞的某些领域不宜过早地退出，还需要大力培育社会组织去填补政府转移出来的管理空间。政府要保证自身在社会组织管理模式运行中的成功，关键在于最有效地配置资源，降低自身承担相关社会公共事务的风险与成本，提高社会需求满足的效能。一方面，为了保证对资源的控制，以确保枢纽型社会组织的运作能够实现政府的意图，政府往往在赋予资源与合法性的同时加强了控制功能。正如 H 中心的内部人员所言，"没有政府的支持，没钱没政策，上面的职能部门无法协调，下面的社区资源也无法调动，要做政府想做的事情你才能成事"。另一方面，政府也力求通过这个组织平台向众多的社会组织输入其自身的理念取向。从 2012 年 H 中心所扶持的社会组织的类别来看，社区服务类组织占 83%。"制度性嵌入"表明，社会组织遵循着政府的"合法性的逻辑"，不断采纳制度环境加于社会组织之上的形式和做法，由此导致了组织类型与功能的趋同取向。

第二，政府提供间接式管理。

完善社会组织管理、转移政府职能的关键，在于培育出公平、透明竞争机制下成熟、独立的社会组织。如果政府对社会组织在资源、发展以及管理上介入过深，使两者关系从契约合作蜕化为直接管理关系，也就失去了社会组织发展的活力之源。而"吸纳嵌入"管理模式与传统控制模式的最大区别在于政府嵌入的方式是间接的，即政府不再直接介入社会组织的日常管理与项目运行，而是赋权于枢纽平台性质的社会组织负责对社会组织进行培育与管理。一方面，从登记管理功能上看，H 中心接手了原来由区民政部门负责的对社会组织登记的部分职能，取消了公益性社会组织业务主管单位的前置审批，这就缩短了审批时间，降低了社会组织获得合法身份的门槛，从而吸纳了大量游离的社会组织。另一方面，从培育与扶持功能上看，H 中心通过提供活动场地，为社会组织负责人提供专业培训、各类课程培训、组织间交流活动及案例研讨活动等，对那些尚不成熟的社会组织给予支持。伴随着 H 中心与社会组织间互动与交流的增加,沟通与协调规则的逐步确立,相互的共识也在逐渐增长。"制度化嵌入"意味着,不同层级的社会组织之间的相互作用在经过制度化之后会结构化为场域,这种场域伴随着对政府政策规则服从的合法性,以及社会组织专业化、规范化的要求而形成制度化的力量。

在本案例中,"制度性嵌入"管理的间接性、赋权性最突出的表现就是公益创投项目的机制。从 2011 年开始,区政府分别投入 358 万元和 104 万元用于福彩公益金与社会工作专项经费,并委托 H 中心承担公益创投项目的评审及管理,以帮助社会组织的公益项目获得资金的支持。从实际效果来看,这样一种项目式管理方式有利于促进社会组织的活力,并构建起更便于沟通的平面化管理结构。如在 2012 年,101 个项目经评审获得了 218 万元的福彩公益金资助;52 个社区项目与重点项目获得了 164 万元资助,扶植、培育了大批有潜力的民间社会组织。此外,在 H 中心的联系下,有家企业出资 18.84 万元认购了其中的 8 个重点公益项目,实现了公益创投与企业的首次对接。可见,社会组织与社会力量的发育,主要得益于政府自上而下的改革所释放出来的社会空间,是政府主动退出的结果,社会组织的发展受制度环境嵌入的影响极大。因此,"吸纳嵌入"管理这样一种模式,通过建立在 H 中心与社会组织之间的契约合作基础上的间接性、赋权式的管理,能为社会组织的发展提供更为宽松的互动环境以及更加平面化的互动平台,建立推进政府与社会组织合作的更加有效的机制。

第三,组织追求在政府职能框架指引下的行动,承担了政府在社会服务中的部分职能,表现出更强的服务性功能。

相对而言,由于社会组织的发展在很大程度上受到资金、人力资源、信息及合法性支持等方面的限制,出于对政府所提供资源的依赖,社会组织必须学习如何与政府进行合作,以获取资源并展示出社会组织自身存在的价值,这也符合社会组织的自立发展逻辑。H 区原来的"星星的孩子家长互助论坛"是一些孤独症孩子家长自发组织建立的 QQ 群,用于交流如何控制孤独症孩子病情的经验。但由于没有固定场地,这个松散型组织的交流仅限于网络上。

2010年年末，部分家长得知新成立的H中心可以为辖区内的社会组织提供服务，便找到该中心希望能解决活动场地的问题。而H中心也恰好需要通过与社会组织的互助合作来做出成绩，双方很快进行了深入合作。在获得了活动场所和经费后，该论坛负责人接受H中心的指导成立了"星星的孩子家长互助会"这样一个社会组织，并进入H中心接受孵化培育，使得其组织目标有了一定的拓展。该互助会创立之初，还只是一个典型的孤独症儿童家庭信息互助式的互益型社会组织。后来为了申请公益创投金获得资源，其组织目标与行动模式进行了相应的调整与拓展。在获得了H中心4万元公益创投金资助后，其组织目标定位于为家长提供心理辅导、专业康复培训、多元化家庭亲子活动以及向社会宣传、普及孤独症知识的公益型社会组织。

社会组织的"应嵌与回应"策略说明，社会组织的外部环境并不是一个独立的客观存在，而是社会组织与外部环境交互作用的一系列过程的结果，其组织的策略往往表现出更大的主动性。

（三）"吸纳嵌入"管理的发展路径

政府职能的转变并不是一蹴而就的，政府不再直接为公众提供相关的社会服务，而是通过资助那些以市场化方式运作的社会服务提供者（主要是社会组织）来完成，这既促进了社会组织的能力建设，也以其强大的资源与影响力引导和管理社会组织。因此，以"吸纳嵌入"管理模式反映了政府对社会组织管理模式的新探索。其有别于传统管理模式的特点在于，强调政府与社会组织之间是一种开放性的系统，两者是合作与依赖的关系。"吸纳嵌入"是政府运作的策略，而"应嵌与回应"则是社会组织的反馈策略。

但值得注意的是，"吸纳嵌入"管理模式与"应嵌与回应"策略虽然降低了社会组织面对制度环境时的不确定性，也是社会组织用来降低对制度环境的依赖和威胁的应对之策。但在一定程度上也可能带来社会组织的自我限制，并进一步加深社会组织对制度环境的依赖性。面对崭新复杂的多元化需求，只有政府与社会和市场形成各种形式的合作,才能构建不同主体的服务供给联合体,随着发展的深化,分工也更加具体,最终形成系统的社会服务供给网络。新形态的治理结构给政府的运行管理提出了更高的要求。

首先,在构建政府与社会组织的合作关系时,应当避免科层制逻辑带来的合谋影响,实现国家权力与社会自治的有机结合。这就需要加强契约交换、优势互补。确切地说,行政权力与社会自治的平衡契合是合作成功的关键,政府只有尊重社会组织的运行逻辑,才能激发社会组织的自治与服务能力。

其次,构建公共服务网络应该是包含政府、社会组织、被服务对象等多元主体的合作共治网络关系。政府需要学会平衡和社会以及组织之间的关系,让社会中的资源得到更合理的配置,从而加强服务的公共性和服务绩效。在内容上,多元主体的社会服务供给网络不仅强调公共部门需要和社会组织、私人部门的合作,更强调了其中的核心组织——政府,应当具备对网络的管控能力,管理服务供给网络让政府购买服务变得更加复杂。人们也不能再单纯地对购买服务进行评价,一味的夸赞或是贬损都是不合理的。

最后,构建公共服务网络既要吸纳社会组织的资源,也要通过制度建设和加强竞争公平,保持购买公共服务主体间的独立性。通过构建良好的制度环境来培育成熟、活跃的社会服务供给市场,是保障竞争性购买服务模式有效开展的关键。在政府与社会组织之间应构建新的连接机制,通过这种机制来消解政府直接介入社会带来的矛盾。

三 支持性平台与"代理发包"的制度生成

改革开放之后,社会作为概念与领域本身,在国内经历了一个被重新发现和塑造的过程。哈贝马斯①在论述资本主义国家的公共领域转型时就指出，面对资本力量的集聚和国家力量的干预，出现的是国家的社会化与社会的国家化的趋势，这两种同步进行的趋势也逐渐破坏了资产阶级公共领域的基础，国家与社会不再保持分离，而是不断相互渗透。在市场中呈现的经济与在国家中呈现的政治，在现代性的发展语境中建立了牢固的长久合作同盟，它们互为支撑，彼此促进，而二者的携手并进带来的一个显然的后果，就是在公共领域中呈现的社会，其空间与功能被大大压制。在中国，随着国家政权建设与经济体制改革的逐步递进，社会始终处在一种被挤压和被轻视的情境之下。相应的社会管理体制也往往在政治与经济的主导结构中展开。

（一）"代理发包制"的提出

韦伯所阐述的作为理想类型的科层制，往往构成学界考察权威体制的一个蓝本，以此来评量体制的结构漏洞与官员的行为偏差。周黎安②则试图通过构建"行政发包制"这一理想类型，来重新界定中国政府的权力系统与运行机制。行政发包制不同于韦伯意义上纯粹的科层制，也不同于企业理论所论述的发包制，它表现为一种混合的中间形态，在行政体系的组织边界之内进行内部发包。与权威结构中的行政命令相比，发包制在行政体系的上下级之间建立了一种不言自明的弹性关系。不是通过明文而是以一种默许的方式赋予承包方以"自由裁量权"，对于承包方构成了巨大的行动激励，而发包方则始终保留着"随时收回默许"的可能。③发包制以这种包含大量"不确定"在内的弹性机制，使得上下级的控制权与自主权都有所增长，而不确定中潜在的行政威慑，则构成为一种对于下级控制权过度扩张的阻尼。

"行政发包制"还包含着一个隐含预设，国家自身的合法性仿

---

① ［德］哈贝马斯：《公共领域的结构转型》，曹卫东等译，学林出版社1999年版，第201—204页。
② 周黎安：《行政发包制》，《社会》2014年第6期。
③ 张静：《行政包干的组织基础》，《社会》2014年第6期。

第七章 支持性社会组织对治理结构的拓展 / 217

佛成为不言自明的真理。在国家高度的集权体制和资源控制之下，中国社会长久以来存在的"行政化"趋向使得权威体系的运行逻辑往往成为权力在各个领域运作的通行范本。但随着全能型政府在改革进程中的逐步退场，政治权力的解释框架不再构成中国社会唯一适用的普遍逻辑。在改革红利随着中国经济增速的逐步放缓而慢慢消减的时候，政治体制改革与社会体制改革成为进一步保证和确立国家合法性的重要手段。[1] 中国共产党在推动社会治理转型的过程中，明确提出要努力推进国家治理体系和治理能力的现代化，这是其构建和维系自身统治合法性的重要手段，而其中关涉的一个焦点就在于公共服务能力的提升与社会职能部门的改革。

中国当前参与基层治理的社会组织有些是1949年后在政府主导下成立的，有些是从已有的地方组织转化而来的。明清以来的地方组织往往是由士绅或者说绅士所组成社会集团，他们代政府而行事，但又不是政府的代理人，扮演着一种"半官方"的角色。[2] 通过吸纳构成的是一种特有的内部行政关系，政府需要地方组织来补充其在人力、信息等方面的资源不足，地方组织则通过公务身份的获得强化了自己的权力，这些组织与政府"相互依存，又各自以不同的方式行使着自己的权力。两种形式的权力相互作用，形成了二者既协调合作又相互矛盾的关系格局"[3]。这种行政吸纳的路径建构并没有脱离"中央集权、地方分权"的结构体系，而在社会治理的时代语境下，社会组织与地方政府的一种新的合作模式也开始萌芽，这就是本节研究所讨论的"代理发包制"。

"代理发包制"承袭的是"行政发包制"的研究思路，这种新的社会组织与地方政府的关系结构可以视作行政发包制的进一步延伸和补充。在政治权力纵向分权的行政发包体系下，政府职能同样面临着横向的专业划分。中国的国家治理体系从全能主义退化，不仅意味着中央集权向地方分权的转变，也意味着大包大揽的政府负

---

[1] 郑永年：《中国改革的路径及其走向》，《炎黄春秋》2010年第11期。
[2] 张仲礼：《中国绅士研究》，上海人民出版社2008年版，第43页。
[3] 瞿同祖：《清代地方政府（修订译本）》，范忠信、何鹏、晏锋译，法律出版社2011年版，第266页。

责向职能分立的领域治理的过渡。社会治理倡导的协商共建,不仅是要多元力量的支持,也包括专业性知识的参与。因此在公共服务的特定领域,比如社会组织培育方面,相关地方政府部门已经尝试通过建立综合性的社会组织服务平台,并由专业的支持性社会组织来代理托管。这种合作关系并非新公共管理式的完全市场化运作,尽管它也以合同的形式确定合作关系,但作为委托者的政府部门依然主导着服务平台的运作,与行政发包制相比,政府依然拥有除人事权在外的监察权、指导权和审批权等正式权威,以及否决权和干预权等剩余控制权,而且在工作项目的决策与执行中以直接和间接的方式参与其中。而作为代理者的社会组织在承担相应的政府职能的同时,除了同政府部门协商公共服务的内容与执行,并享有一定程度的实际控制权和自由裁量权,更重要的在于,它不仅是作为补充体系弥补政府能力的不足,同时也在以专家的身份来影响政府的公共理念与服务方式。

在代理发包制下,社会组织与政府依然处在一种不平衡的相互依赖关系之中,但社会组织并非只是被动承接的客体,而是通过占据专业性知识来努力争取主体地位,积极地去影响和构建这种公共服务的决策和施行。因此本节研究选择北京市恩派非营利组织发展中心作为研究对象。恩派(NPI)于 2006 年在上海浦东创生,以"助力中国社会创新,培育公益创业人才"为己任,旨在为初创期和中小型民间公益组织提供关键性支持,积极探索在中国公益事业蓬勃发展的初期阶段,支持性社会组织的发展道路。2010 年 12 月 30 日,恩派在北京市社工委的委托下,正式代理托管了北京市社会组织孵化中心,并在随后逐步向不同区县扩展,形成了"一中心,多基地"的发展模式。这种代理托管的合作模式的确立与发展,呈现的是"代理发包"制度生成的原因与过程。

(二)地方政府的治理需要

社会建设作为中国新时期社会主义现代化建设的主要目标与主体内容之一,从政府推动贯彻落实来讲,依托的是"党委领导,政府负责,社会协同,公众参与"的社会管理格局的建立。在国家力量的主导下，地方政府纷纷推动了社会建设的工作进程。北京市的社会建设工作作为专项工作内容的展开，事实上面对的是混杂的工作内容和崭新的工作模式，因此在其实际推进中，也存在着不同程度的困难。

1. 理念落地的模糊

无论是社会治理，还是社会建设，都是国家顶层设计所提出的治理理念，作为一种行政化的政策指令向下传递，但是治理理念本身从一个高度抽象的理念过渡到基层实践的过程中，存在着操作把握上的难以界定与不易实施。从名称上讲，社会办、社工委是隶属于北京市社会建设工作办公室的下设机构，而随着政策层面上社会建设与社会治理的并举，社会办、社工委事实上承担着这两个主题下的共同的工作，尽管它们自己对于二者的界定也没有明确的区分。怎么去理解，怎么去设计，怎么去实施，都是不易回答的问题。作为一种治理理念的引领，本身期冀的是通过地方的多元实践，来探求可以借鉴的发展模式和推进路径，但是官僚体系自身所确立的权力体系，要求着地方向中央、下级向上级的服从，地方政府和下级政府因此往往也会沿袭中央和上级的做法和思路。社会建设与社会治理二者之间存在着模糊的交错，在社区建设的内涵理解与内容展开上也是综合而又复杂的。

在政府系统中，当实践创新成为一种普遍性要求的时候，往往出现的状况是普遍性的观望。因循守旧不仅仅是制度依赖的产物，也是出于政治安全的必然考虑。对于成熟模式的学习和模仿是基层政府倾向于选择的方式，然而当模式尚不成熟或尚未出现的时候，基层政府内部缺乏足够的改革动力，去改变自身的既有管理模式和工作内容。

2. 构架重叠的阻碍

社会建设是涵盖着多重社会目标和社会事务在内的整体性发展目标，题中之义就在于包括党和政府、社会、公众以及市场等多元力量的共同参与，行政体系内部也跨越着多个不同的部门条线。社会办工作的业务内容要求其同其他不同的部门之间展开合作，但是条块分割的行政体系内部本身存在不同程度的壁垒隔阂，在北京市社会办逐步推进社会建设这一主题下的基层实践的同时，北京市民政局也在积极推动"三社联动"服务项目的开展，仅 2016 年就有 58 个"三社联动"的服务项目通过并实施。因此，不同部门之间的统筹工作带来了它们在合作过程中的阻力，而政府部门架构与业务内容的重叠却又造成了人员配置的浪费，往往是看起来做事的人很多，但是大家都在做同样的事情，而且很大部分消耗在沟通成本与信息交换的过程之中。

行政体系的烦冗交错为社会建设的具体展开带来了程序层面上的现实阻碍，这种阻碍增加了行政体系运作的成本，使得参与到实际事务中的人力不足，效率低下，行政体系的"内卷化"扩充难以解决自身存在的顽疾，造成了行政体系对于外部力量的支持需求。

3. 政绩亮点的考量

中国的行政体系施行的是高度集中的"党管干部"的原则，干部的晋升机制来自组织部门向下的选拔机制，而非竞争性的选举制度。在金字塔形的权力结构中，有限的职位与众多竞争者构成了一种结构性的紧张关系。政绩的内容本身，也是政府部门和官员自身的职能体现。在北京市社会建设工作领导小组《关于开展社会组织公益服务品牌创建活动的通知》中，就强调要通过公益品牌的建设来"促进社会组织增强竞争力、扩大影响力、提升规范化、提高美誉度"，同时"通过品牌引领和典型示范，进一步激发社会组织开展社会公益服务的主动性和创造性，拓展工作深度和广度"。

北京作为中国政治、经济、文化领域的中心，同样是处在社会建设的前沿阵地，并且有着比较丰富的体制性资源作为支持，占据良好的平台，也受到充分的关注，因此在政府部门追求政绩的同时，就不得不把其工作实绩作为现实的考量。而在推进社会建设的进程中，借鉴和吸纳相对成熟和成功的发展模式，利用和依仗专业化的人才团队，无疑是尽快地发掘亮点，构建政绩的一条捷径。

因此，在社会建设的主题引领和社会治理的理念转型的推动下，基层政府自身面临着改革与创新的压力，而社会建设与社会治理本身所呼唤的多元力量共商共建，成为基层政府应对改革，缓解压力的有效途径。基层政府期待专业的社会组织来参与到社会建设与社会治理的进程之中，共同完成和承担改革创新的工作与压力。

（三）恩派发展的策略选择

社会组织作为社会力量发展的主要承载与支撑，在中国的再度起步，一种选择是着眼于基本的志愿性活动，沿袭中国传统的慈善文化与共产主义的志愿精神，另一种选择则希望引进西方国家的发展理念和发展经验，或者直接同全球性的社会组织建立联系，寻求合作。恩派创立时的选择是引入和传播先进的模式经验，而在其发展的过程中，通过不同的策略选择，恩派在同地方政府的互动与合作中，共同建构了一种代理发包的体系，在迎合时代发展的现实需要和地方政府的功能要求的同时，塑造和生产出自身的结构角色和生存空间。

1. 组织落地的需求

新制度主义的解释框架中，合法性是组织赖以生存的重要影响因素，在"强国家"的制度逻辑下，中国社会组织的安身立命之本即在于合法性身份的获取，因此注册登记和组织落地成为影响社会组织发展的关键所在。恩派的缔造者吕朝从《公益时报》离职之后，即被朱传一邀请到恩玖担任副主任，并且在此认识了杨团、何道峰、阎明复、崔乃夫等中国公益领域的前辈。恩玖曾经在北京推动 NGO 的能力建设，引入大量国外理念和课程，但理念与课程同国内社会组织的发展现状是脱节的，难以产生实际的效果。虽然在北京的登记注册一筹莫展，上海却出现了恩派创生的契机。上海浦东是当时中国第一个配套改革试验区，商玉生等人在上海做培训时与浦东政府建立了联系，在时任浦东新区社会发展局局长马伊里的邀请下，希望在浦东开辟新的阵地，而吕朝成为得力人选。

通过与地方政府的合作，恩派得以登记注册和成功落地，这也意味着更多的认同、信任和资源渠道的取得，这对于恩派的就此扎根与迅速成长，有着根本性的意义。而地方政府同样通过建立合作关系，寻找到可资信赖的合作伙伴，补充了自己在社会培育功能上的不足。

2. 发展模式的拓展

恩派最初引入并运作的公益孵化器理念，是从英国的社会企业孵化器模式所沿袭和借鉴来的。选择公益孵化器的理念，是因为吕朝认为在中国要改革公益存量十分困难，因此在公益领域的发展初期要寄希望于激发增量。公益孵化器的最初落地和运作得益于上海浦东新区政府的支持，在孵化器业务渐渐展开的过程中，也逐步形成了恩派这样的代理托管的运营模式。这种模式也得以向全国复制，包括恩派正式代理托管北京市社会组织孵化中心。而在与政府的合作中，代理运营这样的综合性平台，也时刻构成着恩派所自觉的压力。

在恩派的发展理念中，"增量为王"始终是最为重要的口号，而增量的概念也在理念和实践的层面上不断扩充其内涵与能指，追求增量所关切的不仅仅是数量上的扩充，更是维度上的提升与空间上的增长。发展模式的创新与拓展，有助于恩派接触到更多样化的社会力量，同不同的政府部门建立适宜的合作关系，同时也为自身构建更为宽广的自主性空间。

3. 专业知识的建立

恩派在成长发展的行动过程中，注重拓展自身的优势领域，建立自身的专业知识优势。恩派在业务不断拓展的时候，也在不断调整自己的发展思路，其目的就在于理顺业务内容之间的关系，把握领域内的专业性优势地位。2015年开始，恩派逐渐把原来的近30项业务内容，整合到3个大的核心领域之中，包括坚持"助力社会创新，培育公益人才"的社会创业事业群，以"营造熟人社区"为核心使命的社区建设事业群，以及重新升级整合的恩派公益咨询事业群。而其中的社会建设事业群正是围绕以北京恩派原来社区业务为蓝本创立的"里仁社区"，提供的街镇区域社区建设一揽子解决方案，借助社区营造方法，推动居民参与，通过跟政府、企业及其他资源提供方合作，推进共同实践。业务内容的调整，事实上也是恩派在其与政府的代理发包体系中不断实践的经验总结和理念创新，在提升自身核心竞争力的同时，也是恩派不断成长和成熟的过程。

恩派在与地方政府的互动合作过程中，通过自身专业知识的建构与工作实绩的拓展，逐步赢得和稳固来自地方政府的信任，从而得以获取相当程度的自主身份，能够以一种代理托管者，或者技术输出者的身份，参与到地方政府主导推进的社会建设的进程之中。地方政府则通过与恩派的互动合作，逐步建立起一种互相依赖、混合共生的代理发包体系，在代理发包体系的运作之下，地方政府得以落实政策指令、达成政绩目标。在中国的社会力量发育和社会组织发展的现状面前，恩派选择了作为助力来推动和培育社会组织的成长，而通过合作构建代理发包体系，恩派得以参与到社会建设的时代浪潮之中，以一种桥梁与纽带的方式把政府、社会组织以及更多的草根公益力量联结起来，并且努力在其中形成一股合力，共同促进中国社会的整体发育和成长。

（四）支持性角色的发展反思

以一种草根的身份介入社会治理的结构之中，且将自身定位为支持性角色的恩派，首先要处理的是社会组织和政府部门这两个方面的关系。

恩派首先是作为支持性社会组织而存在的。支持性社会组织的直接目标就是为某一领域或某几个领域的社会组织直接提供服务和资源，来召集、促成所有组织一起工作，共同解决社会问题，帮助不同类型的社会组织完成它们共同的使命，而不是简单地开发个别非营利组织的管理能力。恩派依循自身的发展理念，在制度的合法性构建、资源的实践性获取、组织与人才的多层次培养的不同维度上，为社会组织的发展拓展了其资源空间与发展平台。这种空间上的增量扩张，也相应提升了恩派在整个资源空间之中的位置。恩派没有去创造资源，而是努力去挤出空间，并且寻找外部资源来搭建合作平台，培育原生动力来促进共同生长，因而恩派也并没有获得凌驾于其他社会组织之上的权力，只是在整个体系之中，获得了其他组织对它的一种空间性的依赖。

而从另一方面，社会组织的发展，脱离不了所依赖的环境支持，其中最为关键的两种支持无疑是在制度层面和资源层面的支持。恩派本身更侧重于公共服务能力的整体性发育，这既是恩派的发展理念，同时也是中国在国家层面的理念革新和改革推动，政府行为和恩派的发展也就形成了某种意义上的"利益契合"。而对于恩派来说，正是把握住了这样的制度性的与行政化的需求契机，才使得自身得以参与到国家整体的社会改革推进浪潮之中，并在某些区域和节点成为衔接政府与社会的公共服务体系改革的外包型代理。而在这种参与过程中，随着恩派不断拓展自身的行动能力，在固守和坚持自身的自主性的同时，也在不断生产出自身的价值，这不仅仅是想要得到政府对于恩派的"选择性支持"，更主要的是努力制造政府对于恩派的"选择性依赖"。

恩派作为支持性社会组织，同社会组织与政府部门都构建起了紧密的联系与合作，其意义不仅通过在于生产社会组织对其空间性的依赖和制造政府部门对其选择性的依赖而拓展自身主动性的生存空间，而且在一种整体性实践中，政府与社会组织都以各自的姿态共同参与进入社会建设的进程，恩派则在其中扮演着关键性的纽带，沿着支持性内涵的实在维度填充治理体系的内在构成。

四 支持性评估与"协同运作"的治理转型

近年来，在政府简政放权的改革中，政府通过购买服务，将具有专业性、技术性的公共服务领域的工作移交给社会主体，特别是在社会组织的服务和监管领域，逐步建立起第三方评估机制。2016年9月正式实施的《中华人民共和国慈善法》明确规定："民政部门应当建立慈善组织评估制度。鼓励和支持第三方机构对慈善组织进行评估。"因此，政府与第三方评估机构协同进行社会组织治理，共同致力于促进社会组织的发展，这一实践已经成为当前各级政府社会治理改革的前沿。及时跟踪这一实践过程，发现新的机制下的亮点，探索其运行的轨迹，对于社会改革和评估机制的完善具有重要的理论和现实意义。

本节研究以第三方 Q 评估机构为研究对象，通过其评估实践中所内蕴和展示的"以评促建，支持性评估"机制为核心，重点阐述该评估机构在社会组织评估中的价值定位、评估方法，以及实践运行中与政府的互动合作机制。希望通过 Q 评估机构的支持性评估实践，揭示和探索社会组织第三方评估的理论价值以及在经验层面给予的启示。

（一）社会组织第三方评估的理论基础与现实状况

多元治理主体参与公共服务供给是当代许多国家实施社会治理的重要手段。从中国社会全面深化改革的角度看，推动社会组织参与公共服务供给，不仅能有效满足公众对公共服务多元化和精细化的要求，更有助于实现政府职能的转移。

1. 社会治理理论与社会组织第三方评估

从党的十八大以来，社会治理成为中国社会管理改革新格局的重要理论支撑。在从社会管理到社会治理的话语转向中，社会主体也由"被管理者"转变为治理主体。社会治理将治理的含义由宏观目标与理念层面发展到微观层面，提出了由自上而下的统治转化为自下而上治理的实践机制，指的是政府和其他社会主体，为实现社会的良性运转而采取的一系列理念、方法和手段。[1] 具体而言，社会治理一方面注重公共事务运作中的行动者，另一方面关注公共事务如何运作的具体机制。首先，在公共事务运作中的行动者方面，社会治理体系的行动者就是一个由政府、非政府组织和其他社会自治力量构成的行动者系统。[2] 社会治理强调多元主体协同合作，改变政府主导的单一中心模式，谋求政府与其他社会主体的协同合作。其次，在公共事务运作的具体机制方面，社会治理一方面关注增强社会的活力和自主性，保证其作为独立责任主体对公众负

---

[1] 周晓丽、党秀云：《西方国家的社会治理：机制、理念及其启示》，《南京社会科学》2013 年第 10 期。

[2] 张康之：《论主体多元化条件下的社会治理》，《中国人民大学学报》2014 年第 2 期。

责，既提高社会管理的效率，又保证社会管理过程和结果的相对公正。① 最后，社会主体的协同合作需要建构自下而上的新机制，有赖于合作网络的权威作为管理机制，形成多元的、相互的权力向度。②

可见，社会治理的首要目标在于实现多主体间的互动合作和共同治理。在社会组织管理改革中，政府职能部门引入第三方评估机构对社会组织进行监督管理，一方面契合了治理理论中的权力转移与下放，体现了政府管理职能的转变；另一方面，发挥第三方的专业技术，并将其作为责任主体，能够实现社会组织管理效率与公正的最大化。

2. 社会组织第三方评估的推进及其意义

社会组织评估是助推社会组织健康发展的重要手段。自 2007 年民政部出台《关于推进民间组织评估工作的指导意见》和《全国性民间组织评估实施办法》等文件以来，社会组织等级评估在全国范围内建立起来，形成了社会组织监督管理的平台。伴随政府创新改革的深化，顶层设计引导多元主体参与到社会事务中。2015 年，民政部又出台了《关于探索建立社会组织第三方评估机制的指导意见》，标志着社会组织第三方评估机制的确立和施行。此外，不仅社会组织评估引入了第三方机构，政府购买服务也纳入了第三方评估。2013 年，国务院办公厅颁布了《关于政府向社会力量购买服务的指导意见》，社会组织治理也转向购买服务项目，注重发挥社会组织提供公共服务的功能，培育其作为政府转移职能的承载者。然而，刚刚发育成长的社会组织在专业化能力方面的欠缺，使得政府购买社会组织服务在实践中出现了问题，故引入第三方评估机构进行专业性监督和监测。

从政府管理部门主导的等级评估到第三方评估机制的建立，一方面，体现了政府在社会公共事务中多元主体协同治理的总体思

---

① 孙晓莉：《西方国家政府社会治理的理念及其启示》，《社会科学研究》2005 年第 2 期。

② 马玉洁：《社会治理的模式研究与路径选择——基于重庆 W 县的经验研究》，博士学位论文，北京师范大学，2014 年。

路,另一方面,也表明社会力量参与并协同政府进行社会组织治理,推动社会组织的健康发展已势在必行。第三方评估机制的建立,对于社会组织自主性的发展、组织性的建构、公信力的维护、专业化的能力建设等方面都将形成积极的推动力量,对于克服等级评估中的权力寻租和内部人把控的现象,实现以评促建,通过科学性、专业化的评估引导和推动社会组织健康有序地发展,都具有重要的社会价值和意义。

3. 第三方评估的现状与支持性评估

第三方评估机制在实践中表现为社会组织等级评估和政府购买项目评估两个方面。很多学者也对其实践现状进行了研究,有学者指出,第三方评估机制在建设过程中存在制度缺失、资金依赖、评估不够专业,以及信息不对称等问题。[1] 有的学者对5个城市的第三方评估现状进行了问卷调查,通过量化研究也发现了相似的问题,诸如评估方法专业性不足、指标项目设置不科学、评估的公正性不足等。[2] 可以看出,评估制度、评估主体、评估指标、评估方法是第三方评估实践的关键,而在评估机制建立初期,这些方面的问题有待于完善和探索。

社会组织第三方评估在实践中产生了三种"第三方"主体:"专家学者第三方""专业公司第三方""社会组织第三方"。本节研究所关注的Q评估机构即属于第三种"社会组织第三方"。近年来,社会组织等级评估改变了以往"行政牵头,行政确认结果"的方式,[3] 委托第三方进行评估逐步制度化。在此背景下,2013年S高校的社会公益研究中心师生发起了作为独立法人的Q评估机构,以"民办非企业单位"登记注册。社会组织评估是Q评估机构的核心业务,主要承接当地基金会和民办非企业两类社会组织的评估。随着B市政府购买服务项目的全面展开,Q评估机构也全方

---

[1] 潘旦、向德彩:《社会组织第三方评估机制建设研究》,《华东理工大学学报》(社会科学版) 2013 年第 1 期。

[2] 徐双敏、崔丹丹:《完善社会组织第三方评估工作机制研究:基于 5 市调查数据的分析》,《中南财经政法大学学报》2016 年第 6 期。

[3] 陶传进:《社会组织的第三方评估》,《中国社会组织》2016 年第 24 期。

位介入 B 市残联和民政局的政府购买工作。

Q 评估机构在评估实践中所主导的支持性评估，强调通过评估支持社会组织发展，即通过建构一整套更为完善的评估机制帮助社会组织能力的增长。目前支持性评估的研究仍偏重理论层面，具体实践层面的研究较少。因此，本研究试图通过对 Q 评估机构的支持性评估进程的阐述，给予经验层面的分析和提炼。

（二）支持性评估的"协同运作"机制

第三方评估机构通过参与社会组织等级评估与政府购买项目评估，与政府互动、合作，共同致力于支持社会组织发展。在此过程中，Q 评估机构与政府的相关部门在理念的生产、指标的完善以及方法的创新方面，共同建构了支持性评估的"协同运作"机制。

1. 助力与指导：支持性评估理念的生产

社会组织评估具有三重功能，从政府层面，实现对社会组织的监督管理；从社会组织层面，引导其开展自身建设；从社会层面，促进社会组织信息公开与公信力建构，激发社会选择机制。[①] Q 评估机构作为第三方，其组织建构的宗旨是"将研究与实践相结合，通过专业特长助力公益组织和公益事业的发展，为相关政府部门、公益组织、企事业单位及个人提供服务支持"。因而，在评估过程中，其本着助力公益组织发展的目标，生长出管理与服务结合的评估理念——支持性评估，以此拓展和促进社会组织的能力建设、资源建设和公信力建设。通过评估不但发现社会组织存在的问题，实行有效的监督，更为重要的是承担起指导社会组织成长的责任。

在 B 市开展政府购买服务模式的初期，由于社会组织自身面临的诸多困境，在项目运作中出现了社会组织服务定位模糊、投入产出比不均、解决问题能力欠缺、财务问题等不足。由此，引发学界质疑和批判，致使政府购买服务制度的推进面临巨大压力。Q 机

[①] 王名、刘国翰、何建宇：《中国社团改革：从政府选择到社会选择》，社会科学文献出版社 2001 年，第 130 页。

构则积极面对问题，适时地将支持性评估理念运用于政府购买项目评估，在评估过程中除管理和监测，帮助社会组织进行运作项目的能力建设。Q 评估机构的支持性评估理念成为社会治理转型的"安全阀"。通过评估对社会组织及其运作项目能力的支持，一方面使社会组织具备承担社会角色的能力，另一方面保障了公共服务供给效率及专业性，配合政府应对改革压力。

2. 合作与互动：支持性评估指标的完善

社会组织等级评估指标是评估的重要依据，引导评估的整体走向。以往的社会组织治理强调监管的思路，评估指标主要由政府主管部门制定，一定程度上抑制了社会组织的自主空间。伴随社会组织治理从监管向培育思路的转变，B 市民政局以及区民政部门在评估指标的修订上，也强调吸纳相关专家及评估机构的建议，Q 评估机构参与其中。在评估开展前，B 市、区政府部门会就评估指标进行修订，组织专家委员会研讨。评估结束后，再根据实际评估操作中出现的不适用之处进行讨论修改。针对这一机制，Q 评估机构在实地评估前结合理论研究与以往实践经验对指标再细化，讨论评估中需要关注的节点性问题以及指标在现实中可能出现的结果。研讨过程中，如果 Q 评估机构发现政府牵头修订的指标具有较大问题或不适用之处，则采取两套指标并行的策略，将自行修改的指标与政府指标同时使用。以 B 市某区社会组织评估工作为例，由于 Q 评估机构认为政府部门指标的某部分存在问题，故邀请相关领域专家进行了两次指标研究，将 1—4 级指标重新讨论修订并细化。其后，Q 评估机构每评估一家组织结束后会对忽视的问题与出现的情况进行总结，并在整体评估结束后，整合所有参与评估的人员与相关领域专家，再次完善指标。最后，Q 评估机构对两套指标的评估结果进行对比讨论，整理分析各自出现的问题、优势，并将研究结果向区民政部门反馈。他们的策略是将客观的评估结论呈现给政府部门，敦促其对评估指标存在的问题进行修正，通过互动、合作、问题的反馈等环节形成新的指标体系。

虽然有了既定的评估指标，但评估指标不是包罗万象的，社会组织之所以能够提供更有效率的服务，在于其运作原则是依法自治，一方面要遵守法律法规，另一方面也需要有自我治理的空间。如果将评估指标变成硬性要求，则会导致社会组织的自主运作空间被剥夺。而这种评估方式也容易导致第三方的异化，即评估机构的专业性被行政权力淹没。在此情况下，对于如何保障评估指标可以达到支持性的目的，Q评估机构的做法是，在既定指标的基础上针对社会组织的特色予以加分，设置无涉，即指标不适用于该组织的条项，并在评估方法上进行创新。

3. 制度与自主：支持性评估方法的创新

B市政府委托第三方进行社会组织等级评估的一般流程是，首先通过筛选机制，对评估机构的承接条件进行审核，审核通过的评估机构可以参加年度内市、区民政部门组织的社会组织评估项目招投标。接着，获得评估项目的社会组织需要根据全市统一制定的评估指标、评价标准、程序规范开展社会组织评估工作。最后，委托方组织社会组织评估工作汇报会，评估委员会对其结果进行审核。可以发现，B市政府在对评估机构的监督方面，采取了事前资格审查、事后结果审查，两端把控的原则。因而，评估机构作为独立责任主体需要对评估结果直接负责，保证了评估的公正性。并且在评估工作开展过程中，第三方具有了较大的自主空间，其专业性得以发挥，而不致成为嵌入行政体系的代言人。

另外，B市政府购买社会组织服务项目引入第三方评估机制则尚未制度化，是基于对评估机构的信任与依赖展开的。因而，Q评估机构在社会组织等级评估和政府购买项目评估中，都获得了作为第三方的独立自主空间，得以在评估实践中创新评估方法，具体体现在以下几个方面。

（1）关注行动事实。Q评估机构认为，文件材料仅仅是社会组织规范性的一个侧面，可能导致展示性的问题。评估规范性方面，以理事会履职情况为例，除了包含理事签字的证明材料，更关键的看其是否了解组织的运作状况，是否真正发挥了监督、决策的功能。此外，考察工作绩效时，项目构成了社会组织的灵魂，而项目不仅要有产出，还包括具体的技术手法、项目之间的结构布局，回应组织目标或解决社会问题的程度。

第七章　支持性社会组织对治理结构的拓展 / 231

（2）深度访谈法主导。深度访谈法需要专业化、职业化的评估人员操作。在社会组织评估时，Q评估机构组织4—6人的评估小组，分别负责主访谈以及为基础条件、内部治理、工作绩效、社会意义和财务的评估指标打分。为确保评估结果的公正性，Q评估机构在访谈之后组织内部合议，各负责人相互交流进而得出综合性结论。评估之后的复盘也成为Q评估机构进行社会组织与相关政策研究的基础，从而能够具备通过评估进行能力建设的专业性。

（3）能力建设。支持性评估的关键环节就是第三方评估机构对社会组织的能力建设。Q评估机构在实践中的理念是通过自身努力减少参评组织的负担，因而在社会组织和政府购买项目的正式评估开始前都会强调评估的目的是"以评促建"。

总体而言，在B市政策提供的自主空间下，Q评估机构得以在评估指标和方法上进行创新，挖掘组织的行动事实使评估更为公正客观。同时，通过评估进行能力建设，培育了社会组织的自我建设能力。

4. 协同治理结构：建构支持性U+B结构

在支持性评估理念的主导下，Q评估机构协同B市政府部门建构出一套对应的指标和方法。Q评估机构认为，在社会组织能力尚且不足的当下，建立社会组织与政府合作治理的伙伴关系，应通过搭建"U+B"的支持性结构来实现。B即Basic，U即Upper，社会组织作为B，则政府、第三方评估机构、支持性社会组织等作为U。U+B结构强调社会组织与政府的有机共生关系[①]，社会组织是主体，其上层组织作为帮助者，目标是培育社会组织自我治理的能力，以实现其作为责任主体参与社会治理。

支持性U+B结构与B市政府部门发展社会组织的治理思路相契合，政府委托Q评估机构参与社会组织等级评估，进行了一系列培育社会组织的努力。除此之外，在政府购买项目中，民政局或

[①] 马玉洁：《社会治理的模式研究与路径选择——基于重庆W县的经验研究》，博士学位论文，北京师范大学，2014年。

残联等部门购买 Q 评估机构评估服务的同时，也会购买配套培训及能力建设工作坊。Q 评估机构在培训和工作坊中，引导社会组织将政府购买服务作为自身能力增长的机会。Q 评估机构作为第三方参与到社会组织治理之中，并通过其专业性建构起与政府的信任关系，将机构自身发展宗旨与政府社会治理改革思路相结合，从评估出发找到协同治理的突破口，建构起支持性评估机制。通过二者协同运作的支持性评估机制，实现了发展社会组织的目标，创新了社会组织治理模式，最后搭建起社会组织的支持性结构。

（三）社会组织治理改革的有效路径

第三方评估机构的实践中包含着两重逻辑，其一是第三方参与社会组织治理的逻辑，其二是支持性评估培育社会组织，使其成为社会治理主体的逻辑，两重逻辑共同构成了社会组织治理转型的实践机制和有效路径。具体体现为以下三个方面。

1. 政府的放权与合理定位

引入第三方评估机制是政府在社会组织治理创新中的重要举措，也是政府主导下社会力量参与协同治理的实践探索。而第三方评估机构之所以能够实现与政府的协同治理，有赖于政府的放权和合理定位。首先，政府部门主动建构与其他治理主体的合作机制，委托第三方机构参与社会组织治理并支持社会组织的发展，培育其作为社会治理的主体。其次，政府赋权于第三方评估机构，通过支持性的制度设计保障了第三方的自主运作空间，并建立互动与问题反馈机制，重视协商对话以实现共同治理。最后，政府部门定位为引导者而非强制者，通过制定相关规则以及事前和事后监督规范第三方评估机构的行为，在评估过程中保障第三方评估机构作为独立责任主体，故而能够建构一套更为灵活有效、权责分明的制度体系。[1]

2. 第三方评估机构的自主性和专业性的发挥

协同治理所强调的多元社会主体协作，同时也是对专业性的关

---

[1] 陶传进：《社会组织的第三方评估》，《中国社会组织》2016 年第 24 期。

注。政府的放权和合理定位使评估工作能够以专业性为基点进行体系建构，是第三方评估机构的自主性和专业性发挥的关键。第三方是专业知识、技术资源的所有者，一方面，第三方评估机制的建立和完善需要专业评估机构的参与，第三方在评估实践与相关研究中积累的理论与经验，能够辅助政府完善评估指标和评估方法，使评估能够真正发挥对社会组织的引领并将社会组织的真实状况呈现出来。另一方面，第三方评估机构提供专业的评估服务需要保障其独立的运作空间，发挥其自主性和专业性。这使第三方评估机构避免被嵌入行政体系之中，保证评估的公正性，有益于提供专业的评估服务，提升评估的效率和效果，并促进社会组织与项目运作的信息公开与社会选择。

3. 支持性评估机制的有效运行

在社会组织能力尚且不足的过渡阶段，支持性评估与政府深化社会组织治理改革相结合。通过支持性评估发展社会组织，培育其自我治理的能力，进而发挥其在社会治理中的主体地位，成为社会组织治理创新的有效机制。政府的放权与合理定位以及第三方评估机构的自主性和专业性发挥是支持性评估机制有效运行的保证。通过支持性评估指标的设计和评估方法的创新，一方面帮助社会组织在规范性基础上获得了更多的自主空间，另一方面明确了参评社会组织的定位与发展方向，改善其服务模式、提升解决社会问题的能力。同时，支持性结构的构建联结了社会组织的资源关系，整合了政府、支持性组织等社会力量，共同致力于社会组织的发展。因此，社会组织能够更好地发挥自身功能，改善提供社会服务的能力，推进社会公共服务体系建设，更好地协调社会资源再分配，增强自我治理的能力，进而参与公共事务，促进社会的整合与稳定。

总之，政府的放权与合理定位、第三方评估机构的自主性和专业性以及支持性评估的有效运行构成了社会组织治理转型的有效路径，为社会组织搭建了多元主体的支持平台。增强社会组织作为社会治理主体的力量，有益于多元主体协同治理格局的实现。

五 本章小结

党的十八届三中全会提出把"完善和发展中国特色社会主义制度，推进国家治理体系和治理能力现代化"作为全面深化改革的总目标。治理不仅仅丰富了国家现代化的内涵，也拓展和延伸了改革的目标和进程。党的二十大更进一步地提出了建设"社会治理共同体"的宏伟目标，这有赖于"完善社会治理体系，健全共建共治共享的社会治理制度，提升社会治理效能，畅通和规范群众诉求表达、利益协调、权益保障通道"。因此，对于社会治理的关注，不能仅仅强调多元主体的参与和互动，而忽视社会治理的实践进程中的制度性的和机制性的呈现。只有逐步形成和沿袭这样的制度化路径和机制性模式，才能实现社会治理的落地展开和稳定运行，而这样的合作制度与互动机制本身尚在摸索的过程中，还需要在实践推行与理念指引的双向演进中，不断摸索和重构更有效率和更为合理的动态关系模式，来推动治理结构的转型与创新。

基于现有的经验考察，从治理的多元主体出发，本章考察了不同类型的支持性社会组织在实践的不同向度上对于治理结构的拓展。

从自上而下的体系延展上来看，枢纽型社会组织所代表的这一类支持性的模式，以"吸纳嵌入"的方式整合入行政体系之中，构建了政府与社会组织之间的网络化连接，增进了社会组织的活力。在此过程中，通过枢纽型社会组织与社会组织之间的契约合作基础上的间接性、赋权式的管理，能为社会组织的发展提供更为宽松的互动环境以及更为畅通的互动平台，建立更加有效的机制以推进两者之间的合作关系。

从跨越边界的体系搭建上来看，"代理发包"的合作模式下政府同社会组织共同运营的支持性平台提供了社会治理的一种新的展开方式。支持性社会组织得以通过自身专业知识的建构与工作实绩的拓展，逐步赢得和稳固来自地方政府的信任，从而得以获取相当程度的主体身份，以一种代理托管者或者技术输出者的角色，参与地方政府主导推进的社会建设的进程，并在其中积极地影响和构建这种公共服务的决策和施行。

从自下而上的体系支撑上来看，第三方评估机构的涌现及其所拓展的支持性评估职能，为社会治理的实践提供了更多的机制保障与发展路径。第三方评估不仅是作为新的制衡机制与监督机制，来推动实现社会组织管理效率与公正的最大化，同时也呈现新的责任主体与治理主体对社会组织治理的参与，通过专业性主体建构起与政府的信任关系，从评估出发推动"协同运作"的支持性评估，创新社会组织治理模式，实现社会组织发展目标。

第八章　社区治理转型与社会组织参与

治理不仅是新的历史阶段里中国国家能力提升的目标指向，也是体系夯实和职能拓展的不断演进的实践探索。2021年发布的《中共中央 国务院关于加强基层治理体系和治理能力现代化建设的意见》中强调："基层治理是国家治理的基石，统筹推进乡镇（街道）和城乡社区治理，是实现国家治理体系和治理能力现代化的基础工程。"社区治理构成为国家治理的落地根基与现实抓手，要完成治理职能的实际递送和谱系延伸，除了政策指引下的结构调整，更离不开基层实践中的创新变革。在这一趋势下，社区治理的转型同社会组织的参与形成了基层治理中的同向步调，其间的彼此调适与职能协作在互相促进的同时，也不断丰富着治理主题下社区与社会的实践意涵。

一　社区治理的再认识与新目标

当前，中国社会正处于转型发展的关键期，随着市场经济改革取向下"政企分开"和社会体制改革实践中"政社分开"的深入推进，我国经济社会发展的各领域都在不同程度地进行着制度改革和体制调整，其中社会领域治理的体制机制创新将成为新时期的一种"社会新常态"。《中共中央关于全面深化改革若干重大问题的决定》提出"创新社会治理体制"，"改进社会治理方式"，这为我国创新社会治理体制机制、推进社会治理现代化、法治化，提供了巨大理论发展空间和政策执行空间。围绕如何"创新社会治理，改进社会治理方式"，社会各层面进行了一系列的思考和实践，这其中社区作为社会系统的基本单元，是社会治理的基石，也是社会治理主要的载体。因此，社区治理创新就成为加强和创新社会治理的切入点和关键环节。

（一）何谓社区治理

社区治理的提出与强调，并非只是描述现状，更在于通过对现有社区管理制度和管理体制的改革和调整，改变原有的社区管理的运行机制，引入新的元素，发现并培育已有的资源，在多元的主体参与和互动中，以新的管理和动员方式，促使社区居民积极参与社区公共事务，并通过外在的支持和内部的孕育以培育和提升社区资本。在这里，制度创新和现有体制机制的突破是前提，多元主体的参与和新的治理方式的形成、使用是条件和手段，社区治理创新的核心内容在于社区居民的参与和社会资本的培育，而最终的目标取向是社区的自治与新的运行机制的形成。

首先，社区治理需要的是一种制度创新，也是一种对现有体制的突破，更是一种全新的社区管理的运作机制。道格拉斯·C.诺思曾言："制度是一个社会的博弈规则……它构造了人们在政治、社会或经济领域里交换的激励，其变迁决定了人类历史中的社会演化方式，因而是理解历史变迁的关键。"[1] 在中国传统社会，因其小农经济特性，基层社会的治理制度和体制设置更多基于血缘、姻缘、地缘等关系，形成一种"长老统治"和"礼俗秩序"[2]的乡土社会的基层运作机制。中华人民共和国成立至20世纪90年代，依托高度集中的计划经济体制和单位制度，单位不仅是人们谋生的经济载体，也是人们寻求社会支持和保障的社会依托，更是国家实现社会整合的中介机构，成为国家社会管理和大众动员能力的微观组织基础。[3] 1991年在原有"社区服务"倡议的基础上，民

---

[1] ［美］道格拉斯·C. 诺思：《制度、制度变迁与经济绩效》，杭行译，上海人民出版社2008年版，第3页。
[2] 费孝通：《乡土中国》，北京大学出版社2012年版，第9页。
[3] 李汉林：《中国单位现象与城市社区的整合机制》，《社会学研究》1993年第5期。

政部提出了"社区建设"的概念并进行了一系列推广实践，表征着国家基层管理制度的调整，反映出国家权力中心的下移及其治理结构的多主体性参与取向。当前社区治理创新就是要从制度层面进行创新，以突破现有体制，建立一种全新的社区管理运行机制。

其次，社区治理内在要求的是一个多元主体共同参与、平等协商、互利共赢的过程，也只有多元主体的参与才能形成新的治理方式。现代治理理论认为，任何单一的治理主体都无法实现对公共事务的最优化管理，只有国家、市场与社会组织各力量的相互配合、协同参与才能真正实现公共事务领域管理过程中的公共利益最大化。① 在计划经济体制下，国家通过对权力和资源的垄断，依托单位实现对城市基层社会的整合与控制。改革开放后，随着市场经济的发展和政府职能的转变，社会日益分化，多元利益格局逐渐形成，具有不同利益诉求的社会阶层和利益相关者群体大量涌现，单一的主体无法再满足基于阶层化的个体和分化的社区而形成的多样化的需求。而在具体的实践层面，社区治理中的"政府失灵"、"市场失灵"和"志愿失灵"的现象却普遍存在。因此，正是基于转型期下中国社会普遍既存的国家—市场—社会的结构性分化，基于各类社会组织的功能性分化，基于社会阶层与社区的分化，社区的治理创新就需要地方政府、社区自组织、各类社会组织和社区居民的多元主体的共同参与，以形成一种相互合作、平等协商、责任共担、利益共享的"合作中的伙伴关系"。

再次，社区治理呼唤着社区居民的参与和社会资本的培育。一个良好的社区治理状态，应该是社区居民普遍熟识、相互认同、彼此信任、合作友爱，具有普遍的认同感、归属感和共同体意识，容易形成目标一致、行动统一的群体行为，实现自我组织、自我教育、自我管理的状态，而这种状态的实现则需要社区居民参与中社会资本的基础性支持。② 在传统的政府一元主导社区管理模式下，

---

① 尹广文、崔月琴：《社会治理的系统论研究》，《社会建设》2015年第2期。
② 燕继荣：《社区治理与社会资本投资——中国社区治理创新的理论解释》，《天津社会科学》2010年第3期。

社区居民往往都被纳入特定的体制内，只有遵从和顺应，才能获得政府所掌控的垄断性资源，社会资本反倒成了人情关系社会里的一种特权。而在当前的社区治理的实践中，通过社区内外的社会资本培育，引入新的社会资本要素，发现既存的创新基础，在多元主体的共同参与中，实现社会资本的增值，进而推动社区的建设与发展。同时，社会资本又与社区居民的参与相辅相成，一方面富集的社会资本为居民的参与提供了坚实的基础和可供选择的平台，能够吸引和激励居民投身于社区的公共性事务和社区服务的实践，另一方面也只有在社区居民积极的社区参与中，才能实现社会资本的增值，进而推动社区的建设与发展。

最后，社区治理最终的目标取向是社区自律与自治。社区治理要真正实现善治，必须通过加强民主参与和民主决策，走向民主自治，这也是社区治理的最终目标。[1] 善治作为一种治理理念，它主张社区治理的过程应该是在民众认同的基础上，通过多元主体共同的深度参与，以实现公共利益最大化，而其最终的目标导向则是社区进入一种自我管理、自我教育、自我服务的发展状态。在传统的社区治理体制下，地方政府只是凭借其对资源垄断性的占有和居于优势的统治性权威，一味地要求社区的遵从和顺应，以保障国家对基层地方社会的动员和控制，而社区的建设和发展倒成了衍生品。社区治理创新就是要通过对旧有社区管理制度、既存体制和运行机制的调整与改革，打破国家对基层社区的一元化主导，引入和培育新的社区治理的参与主体，采用复合型的治理方式和手段，调动社区居民参与社区公共事务的热情，使其在参与合作、平等协商中实现自我成长和自我发展。有学者认为，社区自治是一种管理成本较低的体制创新，它有利于扩大公民政治参与、加强基层民主，并在自治基础上实现政府与社会关系的重构，因而在中国社会社区建设中具有更普遍的价值。[2]

---

[1] 霍秀媚：《社区自治：我国社区治理的发展目标》，《广东行政学院学报》2006年第5期。

[2] 徐勇：《论城市基层社区建设中的社区居民自治》，《华中师范大学学报》（人文社会科学版）2001年第3期。

(二) 社区治理何以创新

社区治理的内涵本身就抱持着一种创新的态度。社区治理创新是一项系统性工程，涉及方方面面的协调配合和互动合作，它既包含国家在基层社会的制度体制设置和运作机制安排，也涉及不同社区发展的区位环境、历史阶段、发展现状和社区特性，更关乎具体社区居民的利益诉求和发展心声，这就要求我们要统筹安排、合理规划、勇于创新、大胆实践、翔实部署、扎实推进，以促进社区各项工作创新和社区整体性发展。基于此，社区治理创新的关键是要在准确理解社区治理创新内涵的基础上，抓住核心要义，找寻恰当的突破口和切入点，以最终实现社区治理创新的目的所在，即社区自决与自治。为此，在当前的社区治理创新实践中，我们应从以下几个方面入手，以真正推动社区治理创新，进而实现中国基层社会治理体制创新和治理方式的转变。

1. 创新制度体制设计，提升社区治理的自组织能力

新制度主义认为制度体制设计是一种基于人群互动的规范和规则而形成的一种具有相对偏好和行为选择的组织化的稳定的行为方式的持久聚集。[1] 制度体制设计形塑着政治、经济和社会组织的激励框架，成为创新政策和文本得以延续的前提和基础。"政社分开"是我国当前探索社会治理体制创新的关键着眼点，优化政府职能结构和建设服务型政府是加强社会治理创新的主要内容。要实现社区治理创新既需要改革现有社区管理制度，突破既定体制壁垒，形成新的社区治理的运作机制。首先，改革现有社区管理制度，变地方政府一元主导为社区治理的多元参与，真正实现社区自治，即在社区治理中，引入市场竞争机制，通过"政府购买服务"的项目制治理方式，改变政府既是社区资源的垄断者，又是社区资源的配置者的一元独享地位，实现社会资源的多元化参与和共享机制，促进公共资源利用的效益最大化。其次，突破社区治理的既定

---

[1] James G. March, Johan P. Olsen, *Rediscovering Institutions*, New York: The Free Press, 1989, p. 53.

体制壁垒，实现政府角色的功能定位从管理主导型向公共服务主导型的转变，地方政府不再只是一味地通过行政命令的方式达到其施政之目的，而是搭建起一个多方力量进入公共领域的平台，通过资源的共享，在平等的对话协商机制下，共同实现对公共事务的治理。最后，通过制度体制创新，形成新的社区运行机制和治理方式，社区治理创新的关键还是社区自组织能力的提升，通过政府权力的下放，给社区内自组织功能发挥预留更大的自治空间，进而调动普通民众积极参与社会治理的热情，真正实现"民有、民治、民享"的社区治理创新的本质要求。

2. 发展各类社会组织，促进多元主体参与社区治理

治理意味着一系列来自政府但又不限于政府的社会公共机构和行为者，承担着越来越多的原来由国家承担的责任，并形成一个自主的网络，对公共事务的管理在政府权威之外采取其他的技术和方法。[1] 社区是一个由不同群体所组成的具有多样化需求和多元化利益的集合体，不同群体需求和利益的满足则需要多元化的供给主体，这就要求在社区治理过程中地方政府、基层社区、企业市场、社会组织、社区居民等之间的互助合作、多元参与，才能满足社区建设和发展的需求，而这其中各类社会组织以其参与的广泛性、服务的专业化、运作的灵活性能较好地承担对公共事务的参与性治理。因此，要实现社区治理创新，就要大力引介各类社会组织进入社区，参与社区的管理和服务，以壮大社区治理的社会资本。首先，赋予社会组织参与社区治理的合法性地位。通过舆论倡导和媒介宣传，扩大社会组织参与社会服务的影响力，形成社会组织发展的良好社会氛围，通过相关社会组织发展的政策法规设计，建立健全社会组织的登记、准入、监管、评估等方面的基础性工作，保障社会组织健康有序的发展。其次，针对社区特点和需求取向，重点引进和培育一批能够有效缓解社区问题、满足社区需要的服务型社会组织，通过一系列有利于社会组织发展的社区软硬件环境建设，为社会组织的社区治理参与提供支持。最后，积极引导和鼓励社

---

[1] 俞可平：《治理和善治引论》，《马克思主义与现实》1999年第5期。

居民参与社会组织的各类活动,通过切身的实践参与才能实现社区社会资本的培育,并在此基础上形成一种惯习或传统,最终实现社区的自决与自治。

3. 优化社区发展环境,丰富社区治理的社会关系网

社区治理是一项集体选择的过程,是社区各资源主体的拥有者和利益相关者之间相互博弈、互助合作过程,富集的社会资本、多元的社会关系网络能够为社区居民提供多样化的行动选择,以避免公共行为当中的各种困境。帕特南就曾提出,社会资本的存量是影响地方社会治理的主要因素,[①]只有在社区及其居民之间形成一个"你中有我,我中有你"的互动关系网络,建立起彼此依存、相互信赖的结构化的社会存在,才能真正实现居民的"一荣俱荣、一损俱损"的社区认同和对社区发展的责任感。因此,社区治理创新的重心就在于社区内社会资本存量的扩容。首先,完善社区公共基础设施建设,在活动场地、居民娱乐设施、资金支持、专业人才队伍、制度保障等方面为社区社会网络关系的形成提供一个良好的环境,搭建一个促其发展的平台。其次,以社区活动促关系网络,以关系网络设计社区活动,通过定期或不定期地开展诸如居民运动会、老年健身舞会、亲子运动会、好邻居比赛等不同形式的居民活动,促进了社区居民的相互熟识和交流。同时规范"一事一议",针对社区环境、治安、私车停放等社区事务,通过定期召开居民联席会议、加强社区多渠道和智能化的平台联动等方式动员居民积极参与,促进社区关系网络建构。最后,培育社区居民的社区参与意愿和公益道德精神,通过社区整体性动员和居民参与的社区氛围塑造,培育公民的社会责任感和公益参与意愿,促使整个社会逐步形成一种积极向上的道德整合力量,进而从整体上推动社会资本在整个社会范围内的形塑与创造。

4. 培育公民公共精神,形成社区治理的共同体情怀

公共精神即公民在其共同体生活中,通过长期的对共同体公共

[①] [美]罗伯特·D. 帕特南:《使民主运转起来——现代意大利的公民传统》,王列、赖海榕译,江西人民出版社 2001 年版,第 203—204 页。

事务的参与和管理，认同了其制度和规则，内化了其精神和价值，而展现出的一种道德取向和精神风貌。在帕特南的"公民共同体"概念中，其所包含的公民的参与、政治平等、团结、信任、宽容及社会组织活动情况等即为一种公民"公共精神"的展现。① 作为现代社会公民的一种基本美德，无论是政府对社会的有效治理还是公民对社会的民主自治的达成，都离不开公民公共精神的培育和养成，公民公共精神是现代社会有效治理、建构良好公共生活秩序的重要道德基石，也是实现社会全面和谐的重要思想道德基础。② 在具体的社区治理实践中，培育社区居民的公共精神，形成社区治理的共同体情怀，将是社区治理创新的最高目标取向。首先，加强社区治理实践中居民公共精神的舆论宣传及教化的力度，通过榜样树立、典型示范、规范约束和行为引导，在社区中营造一种居民间彼此尊重、相互友爱、合作信任的邻里互助关系，从整体上提升社区凝聚力和向心力，造就公共精神生成和发展的社会土壤；其次，发掘社区共同关注和公共性事务，促使社区居民在彼此沟通、相互合作的问题解决中，形成一种休戚相关、荣辱与共的依存关系，激发公民将公共理念转化为公共情感、公共意志和公共信念以及以公共利益为依归的公共生活态度和行为取向；最后，通过社区居民整体性参与，在社区居民的社区自决和自治中，形塑社区治理的共同体情怀，使社区真正成为一个"生活的共同体""社会的共同体""文化的共同体""精神的共同体"。

（三）社区治理结构转型与社会组织的社区治理参与

中国四十多年的改革实践，反映在社区层面既是国家"一元化"管理的松动和政府权威控制的削减，也是基层社区利益多元的分化和民众自主性的增强，它表征着一种全新的国家与社会关系的调整，也呈现着基层社区治理结构的重大转型。在计划经济时

---

① ［美］罗伯特·D. 帕特南：《使民主运转起来——现代意大利的公民传统》，王列、赖海榕译，江西人民出版社2001年版，第100—104页。
② 龙兴海：《大力培育公民的公共精神》，《光明日报》2007年8月28日第11版。

代，国家借助统治强力和垄断资源，建立起"政社合一"的单位体制对基层社会进行动员和控制，形成单位即社区的国家"一元化"社区治理结构。改革开放后，市场化取向的经济体制改革，打破了这种单位办社会的形态，一方面是社会阶层的分化和民众利益取向的多元化，使得国家不再是唯一的资源垄断者和权威支配者，各资源主体能够平等地参与市场竞争以获取各自所需，反映在社区层面便是社区主体性的增强和居民能动性的提升；另一方面多元化的社会发展形态也倒逼政府的功能定位和角色呈现的不断调整，即政府的简政放权和"小政府、大社会"改革，于是大量的社会公共空间被释放出来，各类社会组织开始生发，在国家与市场之外出现了一个独立的第三部门，呈现在社区方面的就是各类社会组织的社区参与治理实践。正是市场经济的快速发展与社会改革的深入推进，且两者相互叠加、彼此影响，共同促成了基层社区治理结构的转型，即从国家"一元化"主导到"国家、市场、社会"三元互动的社区治理格局。

  自 20 世纪 90 年代，随着城市社区建设的推进，大量社区社会组织开始兴起，并积极参与到社区具体的治理实践中。这里，我们所指涉的社区社会组织即发源于社区内部，组织成员为本社区居民，在社区范围内活动，以满足社区居民多样化需求为目的的各类社区或居民自发组织。① 根据《2021 年民政事业发展统计公报》，截至 2021 年年底，全国共有社区综合服务机构和设施 56.7 万个，社区养老服务机构和设施 31.8 万个。城市社区综合服务设施覆盖率为 100%，农村社区综合服务设施覆盖率为 79.5%。在某种程度上，社区社会组织的兴起正契合着当前社区治理结构转型的实践。一方面，社区的多元分化和居民的利益多样化，打破了自上而下的行政命令式社区管理体制，面对具有不同利益诉求的社会阶层和利益相关者群体，单纯地依靠地方政府的社区介入是无法实现的，大量的社区性日常公共事务还得交由社区自己去处理，而社区居委会

---

① 向德平、申可君：《社区民间组织的本土化及其发展模式》，《中南民族大学学报》（人文社会科学版）2013 年第 5 期。

又因长期运作的制度惯习和体制性的路径依赖，陷入上传下达的泛行政化泥沼中，根本无暇顾及社区及其居民的多样化需求，这就为大量社区社会组织的勃兴提供了广阔的发展空间。另一方面，社区社会组织孕育于社区内部，基于居民需求或兴趣而自发形成，容易获得居民的认同，并产生心理上的接纳和信任，能促使其积极地参与组织的社区实践，成为居民与社区乃至社会连接的纽带和桥梁，民众之间通过在社区社会组织里的参与、学习、交流和共享，既培育着对彼此乃至社区公共事务的责任和担当，也形塑着社区民众基本的公民道德和公共精神，成为居民自治和社区公共性形成的基础。

二 加强共治的社区治理转型

在国家治理现代化的进程中，基层社区成为社会治理的基本单元受到越来越多的重视。党的二十大报告中继续强调要"完善社会治理体系，健全共建共治共享的社会治理制度，提升社会治理效能，畅通和规范群众诉求表达、利益协调、权益保障通道，建设人人有责、人人尽责、人人享有的社会治理共同体"。加强城乡社区治理建设，不仅要提升基层治理效能，还需完善基层治理平台，政策引领下的社会治理实践推动了社区治理体系的各种地方性革新，也引起了社区治理机制的制度性转变。

（一）双重赋能：社区社会组织服务中心的路径选择

在社区建设和治理中，社区居委会被赋予重要的角色和地位，并具行政性和社会性的双重职能。一方面，作为政府行政管理的末梢，传递政府的信息，完成相应的社区管理与服务职能；另一方面，作为居民自治组织，具有组织动员社区居民开展互动、互助的自治功能。但实践中，社区居委会往往陷入在繁忙的行政事务中，按照科层体系的逻辑展开社区工作，其社会性的自治组织功能难以发挥。因此，在社会治理新格局下，值得讨论的是社区居委会如何增能，实现"行政性"资源和"社会性"力量的双重赋能。只有通过重新定位居委会的职能，才能更好地协调多方资源，发挥其培育社区社会组织、激发社区居民参与活力、增进居民互助和志愿服务的作用。本小节围绕东北地区 X 社区的社会组织服务中心的创新实践，来讨论社区治理中社区自身服务职能转变的路径选择。①

1. 社区社会组织服务中心的缘起：政社的双重作用

X 社区的社会组织服务中心，是在区民政局和街道办事处积极的政策倡导和资金支持下成立的，社区居委会与社会组织服务中心二者共享团队、共用场地，社会组织服务中心为社区居民的自组织提供服务，成为社区层面的支持型组织和枢纽型平台，从而使社区居委会在完成上级行政任务之余，扮演起培育社区社会组织、推进居民自治的角色。

催生社区社会组织服务中心的首要原因，首先在于政府部门的倡导与行政绩效的激励。2017 年，民政部发布《关于大力培育发展社区社会组织的意见》，倡导充分发挥社区社会组织在提供社区服务、扩大居民参与、培育社区文化、促进社区和谐方面的积极作用。在国家政策倡导和地方民政部门的支持下，H 市 P 区民政局着力打造社区治理创新平台，以使 P 区培育出一批能够承接政府转移出来的社会服务与公益职能的社会组织。X 社区成为 P 区民政部门在推进社会治理创新方面的探索实践试点，支持并推进社区社会组织服务中心的成立，构成 P 区社会组织孵化培育体系下沉到基层社区的样板。政府的倡导和支持成为 X 社区社会组织服务中心的有力推手。

其次在于社区居民呈现的多样化社会服务需求。X 社区地处 H 市 P 区西南部，位于城市郊区，属于城乡接合部，目前户数 1216 户，居民 2539 人，其中下岗人员 227 人，60 岁以上老年人 368 人，残疾人 104 人，低保户 78 户。社区大部分居民为失地农民上楼，尚未完全适应城市社区生活，较为缺乏社区公共意识；低保居民、

---

① 此案例的讨论详见崔月琴、张译文《双重赋能：社区居委会治理转型路径研究——基于 X 社区社会组织服务中心实践的分析》，《清华大学学报》（哲学社会科学版）2022 年第 2 期。

残障人士及特殊困难家庭较多，居民对社会服务的需求较多且异质性较大；物业管理不到位，社区公共空间治理困难。地域的特殊性和居民需求的多样化导致社区治理的难度和复杂程度较大，政府部门和社区居委会都在寻求解决问题的"钥匙"。打造社区社会组织服务中心，目的就在于搭建平台，培育社区内的公益、社会服务组织，有助于回应社区居民的多元化需求，同时营造有利于社区社会组织发展的治理生态。

而且，这本身也是社区居委会治理转型的实践尝试。X 社区社会组织服务中心的成立，使其能够实践孵化培育服务，助力社区社会组织的发展，形成了在社区层面的社会组织支持机构，这对于社区居民自发成立的、在其发展的各个阶段不可避免地面临能力不足和资金缺乏等问题的草根组织来说，获得各方面的指导和扶持是十分必要的。虽然组织的运行增加了额外的工作量，但是社区社会组织作为居委会工作的有益补充，减轻了社区工作者在关注特殊群体方面的服务压力。鉴于东北地区社区建设在资金、人员等方面的制约，由社区居委会派生出社会组织服务中心，二者共享一个团队，共用一个场地，以减少人员开支、场地租金等支出，并且能够充分利用社区居委会掌握的"行政性"资源和"社会性"力量的双重优势。

2. 社区居委会治理转型：政社的双重赋能

在政府倡导和社会需求的双重作用下，X 社区的社会治理改革开启了新的思路，社区居委会沿着两个路径开展工作：向上完成上级政府的各项工作任务，向下以社区居民为重心开展组织化培育和服务。居委会的治理转型实践是以 X 社区社会组织服务中心展开的，社区居委会的双向工作实践，使其从单纯的行政化事务中摆脱出来，走向社会化的服务和自治能力的提升。这一转变的实现来自多方面的作用，既蕴含着政府的行政合法性赋能，外部社会力量的专业性赋能，同时还有社区本土的社会化基础赋能。

在政府赋能方面，政府部门的政策扶持和资金支持在居委会治理转型过程中发挥了重要的功能和作用，主要表现在以下几方面。一是行政合法性的确立。在 P 区民政部门的支持和倡导下，社会组织服务中心得以登记注册，获得正式身份也取得了参与政购的资格。二是项目扶持与资金支持。社会组织服务中心通过承接 P 区公益创投项目，为培育社区社会组织获得资金支持；并向街道争取资金，开展社区"微创投"项目，引导居民以组织化的形式参与其中。三是组织的标准化建设。P 区民政局持续推进社区社会组织服务中心的标准化建设，在组织定位、组织目标、业务范围、工作机制、服务内容、制度建设等方面建立完善且适当的标准，以更好地规范、指导社区社会组织服务中心的职权边界。四是身份话语权的获得。居委会成员和相关政府部门工作人员之间的熟人关系使得社会组织服务中心在与政府部门沟通交流时更为畅通，并且作为"行政末梢"也更容易获得居民的信任。

在社会赋能方面，外部社会力量的助力为社会组织服务中心的成长和专业服务能力的提升提供了重要的组织保障。一是支持型组织的专业性赋能。XW 机构是 H 省内较为权威、具有较高社会信任度的支持性社会组织，作为专家智库，"以评促建"，通过"陪伴式"督导和项目优化辅导，将其丰富且专业的社会工作和社会组织孵化培育的理论与实践知识传授给社区社会组织服务中心。

在社区赋能方面，社区居委会治理转型的着力点在于激发居民的内生活力，形成居民的良性互动，因而培育社区社会组织成为重要任务。相较于引入外部社会组织来为社区社会组织提供枢纽型、支持型服务而言，由社区居委会派生的社会组织服务中心更能发挥其本土性优势。社区社会组织服务中心的组织化实践，成为社区居委会治理转型的路径探索，其中蕴含着"行政性"与"社会性"共同赋能的双重因素。

3. 社区居委会创新实践：自治功能的发挥

在获得"行政性"和"社会性"的双重赋能后，X 社区居委会已具备基本的资源储备和专业能力，通过社会组织服务中心搭建多元主体协同共治的平台，发挥其枢纽和链接的作用，以新的姿态投入社区治理的实践中。

首先在于搭建平台，促进资源链接与信息共享。社会组织服务中心能够将政府部门的行政性资源传递到社区治理场域，提供政策倡导和资金支持，同时将组织起来的居民诉求向上传递给政府部门，打通信息沟通渠道，实现上下沟通连接外部支持型社会组织提供专业能力建设和资金支持，在居民自发组织起来的基础上，给予组织的专业性和规范性的培育，提升社区社会组织的服务能力和水平；激活社区居民与社区社会组织的互动，将居民的需求和信息分享给社区社会组织，使其提供的社会服务更具针对性和可行性，同时号召更多的居民参与社区社会组织的活动，并以组织化的形式激发社区居民成立公益组织的热情，实现社区内部协同互动。同时，以社会组织服务中心为枢纽和平台，还可以进一步加强社区社会组织之间的沟通交流，整合社区场地、人才、资金、公益资源等，实现组织间资源的互补共享，推动组织间的协同共治；并且利用微信公众号等平台收集和发布社区社会组织活动信息，总结提炼社区社会组织服务特色，展示优秀品牌项目，扩大社区社会组织的影响力和号召力，形成了社区社会组织之间互相交流、彼此分享的互动生态。

其次是完善培育服务，加强孵化增能与指导引领。社区居委会的创新实践，主要表现为社会组织服务中心在培育社区社会组织过程中专业能力建设、创投项目推动、党建引领、财务托管服务等方面。X社区社会组织服务中心的实践，开启了社区居委会治理转型的路径探索，并在创新实践中获得组织能力和专业能力，成为组织和动员社区居民实施自治服务、促进居民良性互动的引领者，既建立了与政府、外部社会机构的联系，也获得了社区居民的信任与支持。X社区的创新实践，为新时期的社区治理和居委会的职能定位提供了有益的经验。

4. 找回社区居委会的职能定位

社区居委会处于基层社会治理格局中的核心位置，是连接基层政府与社区居民的纽带，是具有代表性、权威性的社会主体，只有发挥其在社区治理中聚合、平衡、协调的重要作用，找回其应有的职能定位，才能使其真正成为连接和组织社区居民开展社区自治的社会主体。

因此，结合X社区的社会组织服务中心的实践经验，可以为社区在基层治理结构中的职能转变与定位调整提供可以借鉴的思路。从职能转变上,双重赋能构成为社区回归基层主体的可选路径。社区居委会的治理转型并不意味着完全去除行政化职能,也不是回归到滕尼斯所说的"共同体"。社区居委会作为政府的"行政末梢"和居民自治组织的双重角色并不是此消彼长的零和博弈,而应同时兼顾。一方面,在以行政主导的地方体制下,如果社区居委会丧失行政权威的支持,一味地追求自主性,则同时也意味着失去了强大的资源支持和组织能力,难以动员居民;另一方面,社区居民的自治组织是社区居委会的法律定位,动员和组织社会力量是社区自治的源泉,也是居委会的内生动力。值得注意的是,政府部门和社会力量的赋能并非完全通过正式的、制度化的方式加以推进,在日常互动实践中非正式的关系网络也同样给予非常重要的支持。

从定位调整上,社区居委会可以重塑自身的聚合、平衡与枢纽角色。通过聚合多元治理主体,协调组织间的关系,将多元主体聚合至社区治理场域,成为连接国家与个人的纽带,构成"中间社会"①的基层组织基础。同时平衡多重力量配比,整合多重资源优势,努力将惠及民生的社会基本保障落到实处,有效提升"最后一公里"的可及性,也在一定程度上引导居民走向更为广阔的公共性舞台,激活组织化的可持续内生力量。

此外,社区居委会还可以发挥其在地化及资源优势,促进组织场域的营造。社区层级的支持型组织以社区社会组织为培育对象,通过理念塑造、人员支持、资金支持、场地支持、能力建设、信息传递等基本服务和监督指导,可作为推进社区治理体系建设、培育社区社会组织的有益帮手,成为社区居委会治理转型过程中的重要载体。

综上可见,从社会管理到社会治理的变化其核心是从纵向的控制到横向的多主体参与协同。社区治理不是政府和社区居委会的独奏,而是所有参与者的共鸣。社区居委会的治理转型应立足于社区自治能力的提升,以培育社区社会组织为载体,以推进社区居民自

---

① 崔月琴:《后单位时代社会管理组织基础的重构——以"中间社会"的构建为视角》,《学习与探索》2010年第4期。

治为目的，进一步整合社区内外部资源，协调社区治理场域内的多元主体，建设稳定和谐的社区秩序。

（二）项目制运作：政府购买下的服务机制转变

项目制是当前政府购买社会组织参与社区治理的主要机制，通过国家和地方政府的委托授权和外包机制，既解决了社区治理中经常性的"市场失灵"和"政府失灵"问题，较好地满足了居民的利益和需求，并推动了社区的有效治理，又使得国家和地方政府能够从繁杂的基层社会公共性事务中脱身而出，实现政府职能的转型，更重要的是通过项目制运作，国家和地方政府采用一种管家策略和嵌入性过程监控机制，实现了对社会组织及社区的有效控制，推动着社会治理体制机制的创新。

1. 政府购买社会组织服务的背景指向

"市场失灵"理论表明，因公共服务的非竞争性和非排他性特质，没有消费者会自愿为可以免费享用的产品付费，导致市场对"集体物品"供给的动力不足；而政府作为集体物品的生产者，因民众对公共服务需求的个体化取向和差异性特征，政府也无法对这种非规模化和异质性的需求进行有效满足，因此常常导致"政府失灵"。而作为市场与政府之外的第三部门，即大量的各类社会组织，因其非营利、非政府、志愿性等特点，在公共服务方面具有天然的优势，自然成为政府购买社会服务的天然候选人。[1] 在这里，政府是购买方，各类社会组织是承接方，购买标的是对社区公共事务的社会服务，这一过程展现出来的运作逻辑则是政府惯常的项目制的发包体制与嵌入性过程监控。[2] 王名[3]、韩俊魁[4]等对我国政府

---

[1] ［美］莱斯特·M. 萨拉蒙:《公共服务中的伙伴——现代福利国家中政府与非营利组织的关系》，田凯译，商务印书馆2008年版，第40—41页。

[2] 王向民:《中国社会组织的项目制治理》,《经济社会体制比较》2014年第5期。

[3] 王名、乐园:《中国民间组织参与公共服务购买的模式分析》,《中共浙江省委党校学报》2008年第4期。

[4] 韩俊魁:《当前我国非政府组织参与政府购买服务的模式比较》,《经济社会体制比较》2009年第6期。

购买社会服务模式的研究表明，在政府的公共服务购买过程中，政府部门与社会组织之间基本不存在竞争性购买，其现实选择都趋向一种非竞争性的"定向"购买模式，形成政府与社会组织之间的委托代理关系。

2. 基层社区治理中的项目制运作实践

本小节选择 L 区的区级居家养老项目作为考察对象，该项目的实施正是通过政府购买社会组织服务的方式来进行，呈现其中的是项目制这种发包体制以及相应的委托代理关系的运作过程。通过深入剖析项目制政府购买社会组织参与社区治理实践的典型案例，对我们认识项目制政府购买社会组织公共服务的运作逻辑，进而理解这一体制下政府与社会组织的关系具有重要的典范价值。

首先，项目制启动阶段，存在着明显的"内部化"取向和"虚假竞标"行为。调查中我们发现 L 区参与政府购买服务的大部分社会组织都成立于 2012 年区试点"幸福工程"项目启动前后，且都是由作为购买方的区政府发起或倡导成立的，甚至有些机构是在接到"定向购买"任务之后才建立起来的，地方政府与社会组织之间基于购买服务的关系存在明显的"内部化"取向。同时在招标过程中，看似地方政府采取一种所谓的市场竞争机制，但在实际的操作中，竞标之前购买方和承接方的合作意向已经基本达成，竞标的过程其实是承接服务的社会组织就服务的范围、对象、内容等，尤其是资金分配方面与地方政府讨价还价的过程。因此，"公开竞标"变成了一种"走过场""签协议""开发布会"的媒体秀。

其次，项目制运作过程，反映出一种政府主导下的管家模式，而非委托代理。管家理论（Stewardship theory）认为，购买方与承接方之间基于一种建立在信任基础上的契约关系，而不是一种委托代理下的纯粹经济理性人假设，双方因趋同的目标一致取向，会产生一种集体性激励，促使作为承接方的社会组织能够像管家一样将项目的成功与自身的价值取向和成就认同连接起来，既实现了购买者的需求又完成了承接方的组织目标，形成双方建立在信任基础上的合作共赢。① 在政府购买服务的地方实践中，地方政府之所以采取一种非市场化的"内部化"取向和"虚假竞标"，而非完全的市场化和竞争性招标，实则源于政府与社会组织之间的管家关系。在管家关系模式下，政府往往寻求值得信任，能够与自己的服务目标保持一致的代理人，而作为"自己人"的社会组织也尽可能在把组织的目标纳入政府的社会服务宏愿里，进而更好地获取资源，寻求更大的发展空间。

再次，项目制运作实践，政府采用一种嵌入性过程监控的策略进行组织化控制。在政府购买社会组织服务的项目实际运行中，政府采用一种嵌入性过程监控的策略，严格把控着社会组织的服务活动和发展方向，社会组织任何的偏失行为都可能导致政府的合法性批评，甚至丧失服务提供者的身份。在现实的政府购买社会组织参与社会服务的实践中，政府对社会组织的态度较为矛盾，受"一放就乱、一收就死"的管控型思维定式的影响，一方面政府确实无法事无巨细地为社区提供所有的公共性服务，必须借靠社会组织的力量来实现对社会的治理；另一方面政府对社会组织的疑虑与控制从未放松，甚至认为过分的社会组织赋权就是党和国家基层统治权威的削弱，进而影响基层社会，乃至整个社会的稳定。

最后，政府购买社会组织服务，其背后的逻辑实质依然是一种政府发包体制。基于政府对权力和资源的单向度控制，政府购买社会组织服务，其背后的逻辑实质依然是一种政府发包体制。国家通过对权威和资源的垄断性占有，采用一种单向度的控制方式，以项目制的形式，把原来由政府部门及其派出机构所承担的社会公共事务转接给各类社会组织。在此过程中，地方政府作为服务的购买方，以财政资金的转移性支付的发包方式，通过组建社会组织、项目的定向招标、项目实施过程的嵌入型监控以及较为严格的项目评估等形式，既解决了其公共服务能力有限的问题，又实现了对大量

---

① Davis J. H., Schoorman F. D., Donaldson L., "Davis, Schoorman and Donaldson Reply: The Distinctiveness of Agency Theory and Stewardship Theory", *The Academy of Management Review*, Vol. 22, No. 3, 1997, p. 611.

社会组织的管理与控制。而社会组织作为政府购买服务的承接者，充分发挥着其灵活性、专业化、公益取向的特点，充当着政府的"超级管家"的角色，通过实际的社会服务的参与，既取得了存在的身份的合法性，又实现着组织的设置目标和价值取向。

3. 项目制政府购买社会组织参与社区服务运作的成效

项目制政府购买社会组织参与社区服务形式已经成为当前社区合作治理的一个主流模式，它体现了国家从"一元化"主导社会治理格局向"多元化"社会各主体参与的转变，反映出政府职能的转变和"小政府、大社会"社会治理格局的形成，也迎合了大量社会组织兴起参与社会治理的诉求和愿望。尤其是通过项目制运作，改善了因"市场失灵""政府失灵"和"志愿失灵"而导致的对基层社区治理的缺失，通过政府购买社会组织的基层社会公共服务，既能发挥各类社会组织的优势，实现对基层社区多元化和社区居民多样化需求的满足，又有效延展了政府在基层社区的权威和控制，最终实现了政府与各类社会组织在参与基层社会治理实践中的合作共赢。具体来说，项目制政府购买社会组织参与社区服务运作的成效主要体现在以下三个方面。

一是从政府层面来看，项目制运作促进了政府公共服务的效能，强化了政府基层治理的权威。

项目制政府购买服务改变了政府一元化主导社会治理的格局，它既是政府职能转变、简政放权的结果，在某种程度上又推动了"小政府、大社会"治理格局的形成，使得政府从事无巨细、凡事躬亲而为的基层公共事务中抽身，以政府授权的形式，通过公共财政支付方式向社会组织的转移，既整合了各种社会资源，又实现了政府对基层社区的控制和管理，强化了政府在基层社区的权威。同时，项目制政府购买服务打破了传统的国家管理的条块分割体制，破除了国社社会管理中纵向的层级安排和横向的区域性安排，通过项目制运作，进行各社会参与力量的要素性整合，以共同合力完成对社区事务的公共性服务，既提高了政府的行政效率，又扩大了政府在社会组织和基层社会的影响力。此外，项目制政府购买服务也悄然改变着政府、社会治理的方式，从原来依托国家基于对资源和权威的垄断性占有而形成的"总体性支配"式的行政命令,转为一种专业化、技术化、高效化为特征的,依托于对项目的设计、招标、管理、监控和评估而形成的"技术性治理",在某种程度上也推动着政府施政能力的提升和管理效能的现代化。

二是从社会组织层面来看,项目制运作获得了社会组织发展的资金需求,提供了社会组织生存和发展的空间。

项目制下的政府购买服务,改变了以往国家财政的专项转移的支付方式(从中央政府到基层地方政府,没有预留出大量各类社会组织生成的社会空间),使得以非政府、非营利、志愿性、公益取向为特征的各类社会组织有了发展的物质基础,也因其特质成为承接政府资源转移的天然的合作伙伴。同时,项目制的政府购买社会服务形式,也为大量的社会组织介入社会生活,参与到基层社区的治理创造了客观条件,正是基于社会组织的一系列典型特质,使得社会组织能够在具体的社会服务中克服政府和市场介入社会公共服务所普遍存在的"失灵"问题,能够较好地弥补政府与市场参与社区治理实践中的缺陷,发挥社会组织参与社区公共服务时的灵活性、专业化、效能高等优势,以较好地满足社区多元化和社区居民多样化的需求,为社会组织参与社会治理赢得了社会的认可,扩大了其组织的社会影响力,提供了社会组织进一步发展的空间。

三是从基层社区治理的层面来看,项目制运作契合了社区多元化和居民多样化的公共服务需求,显示了基层社会发展的增量改革。

项目制运作体制改变了政府单一地通过行政命令来完成对基层社区的管理模式(在这种模式下往往出现政府的"越位"、"缺位"和"错位"现象),通过项目制形式,把政府、市场和各类社会组织的力量共同整合进基层社区的治理实践中,尤其是通过对各类社会组织的赋权,使得社区多元化和社区居民多样化的公共服务需求能够获得满足。同时,通过项目制运作,基层社区为了能够争取到项目的支持和介入,也必然会通过各种动员,对社区力量进行整合,能够有效改善我国目前大多数社区"无治"的状态,吸引社区组织和居民共同参与到社区公共事务中来,在一定意义上既改善了社区治理的主客观环境，又提升了社区居民参与社区公共事务的意识和能力，为真正实现社区自治创造了良好的氛围。

概而言之，社区治理的具体实践有赖于不同主体之间切实可行的协作机制的建立与相互关系的达成。相较而言，项目制作为一种普遍认可的治理工具与制度手段，有着相对成熟的理论依据与运作模式，可以为推进政府购买服务的实施和基层共建职能的分担提供切实抓手。但项目制的简单沿用并不能完全应对当下发展的现实情境，使得很多时候制度都无法达成预期目标。这也正是社区治理所面对的具体而又复杂的行动结构，既有经验和共识理论可以充当丰富的武器库，然后实践创新仍需要在行动与反思的交互中逐步摸索。

三 助力共建的社会组织参与

社会组织是国家治理体系和治理能力现代化的有机组成部分，是社会治理的重要主体和依托，其在培育社区社会资本、提供社区公共服务、促进社区公民参与、培育社区文化等方面具有重要作用。[1] 因此，社会组织参与社区治理，成为我国社会治理体系与治理能力现代化建设的重要组成部分。社区治理中的社会组织参与，不仅表现为外在体系与服务职能上社会组织嵌入社区的协作互补，还会在内在肌理与行动逻辑上促进双方的相互影响，由表及里地推进社区治理的具体实践。

（一）营造"邻里月台"：社会组织推动社区公共空间发展

推动社会组织参与社区治理，成为我国社会治理体系与治理能力现代化建设的重要举措。宏观政策层面，党和国家陆续出台了一系列促进社会组织参与社区治理的方针政策。微观层面，各地基层

---

[1] 王名、张雪：《双向嵌入：社会组织参与社区治理自主性的一个分析框架》，《南通大学学报》（社会科学版）2019年第2期。

政府纷纷进行社会治理创新，投入大量资源，推动社会组织等多元主体参与社区治理。本小节选择成都 AYX 社区发展中心（以下简称"AYX"）在社区治理中推动的"邻里月台"建设案例①，作为拓展讨论社会组织促进社区治理中协作互补发展的实践参照。

1. "空间+社群"运营模式生成的政策基础

2018年，成都市民政局发布《关于进一步深入开展城乡社区可持续总体营造行动的实施意见》，提出以示范项目带动全面实施，在全市城乡社区深入实施社区营造行动。在成都市大力推进"三去一改"、"社区（村）合并"、社区党群服务中心的轻量化改造以及天府之家、社区综合体建设过程中，大量的社区公共空间出现在市民的生活中。但以项目制方式引入社会组织提供服务的方式导致基层政府在公共空间营造过程中一个难以解决的悖论，即无限的资源投入、无限的责任，换来的却是有限的服务。这种政社合作方式，对参与其中的社会组织来说，其发挥作用的空间也较为有限。

面对上述难题，AYX 与成都市成华区 R 街道反复探讨，最终确定"以资源置换服务"的方式来共建邻里月台。为此，二者签署了一个市场化契约，R 街道以一元租金的价格将邻里月台 750 平方米的场地租赁给 AYX 进行公共空间运营，作为回报，AYX 每年需要在此公共空间内提供不少于 50 场的公共活动。在此过程中，政府无须投入其他费用，场馆的基础运营费用和日常服务成本均由爱有戏自负盈亏。

这种合作方式突破了常规的项目制政府购买服务的弊端和社会组织参与社区治理的基本方式。就前者而言，市场契约关系有望将政府从无限的资源投入和无限的责任中解放出来，将更多的精力投入监管与指导层面。对社会组织而言，横向的契约化关系释放了社会组织发挥作用的空间，其服务内容可以从基础的公共服务扩展至以需求为导向全人群、多维度的市场化服务。就后者而言，这种合作方式迫使社会组织从对政府的资源依赖中挣脱出来，通过充分挖

---

① 此案例资料来源于笔者团队 2021 年 10 月至 12 月在 AYX 的调研。

掘、利用社区内外部资源实现公共空间的可持续运营。也促使社会组织更根本地从居民的需求出发，从在地文化出发，自下而上地打造居民愿意持续参与的服务场景、持续买单的服务项目。以此调动居民参与社区治理的积极性，培育社区社会组织，实现在地居民深度参与、组织化参与社区治理的目标。

需要补充的信息是，横向市场契约关系的建立，虽然可以降低社会组织对政府物质性资源的依赖程度，但却强化了社会组织对政府方面权威性资源的需求。AYX 在以"资源置换服务"的方式获得邻里月台公共空间运营权的同时，还获得了街道的身份认证，即将其定位为街道级的社区发展治理支持中心。

上述政社合作方式的重大转变和基层政府的合法性支持，为 AYX 更好地整合来自社区、企业、政府的资源，从在地居民的需求出发，探索"空间 + 社群"的可持续运营模式奠定了重要的基础。

2. 运营模式的核心构成及其联通机制

"空间 + 社群"运营模式的生成是一个长期实践的产物。这一实践过程创生出了作为模式载体的公共空间和作为运行主体的社群，它们构成了"空间 + 社群"运行模式的核心要素，而各要素之间联通机制则是使这一模式运转起来的动力所在。AYX 作为专业社会组织在整个过程中起到了支持性作用。

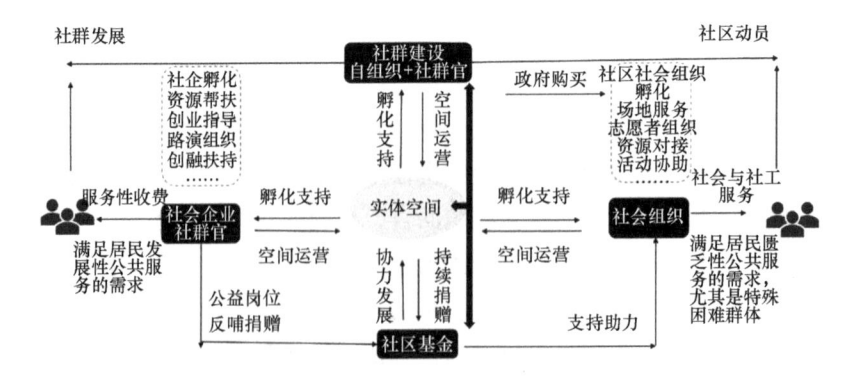

图 8-1 邻里月台"空间 + 社群"可持续运营模式示意图

图片来源：AYX。

首先，AYX通过参与式空间规划的方法实现了公共空间的在地化，并在此过程中与多元主体建立了充分的联系，这为公共空间培育孵化社区自组织（社群）以及调动地方资源提供了可能，也赋予了邻里月台开放性平台的特征。同时，基于居民需求的服务场景设置，为吸引社区居民、在地企业、基层政府、临近高校等多元主体的持续参与提供了可能。

其次，AYX在公共空间在地化的基础上，通过项目制社区自组织培育、社群官支持计划等，孵化出了大量组织化程度不同，功能各异的社区自组织和社群。它们构成了社区公共空间常规活动、商业运营以及公共服务的主体。

最后，公共空间与社群之间的正向反馈，使公共空间得以发挥多样化的功能，并持续运转下去。其中包括以下几点。（1）通过社会企业孵化、资源帮扶、创业指导、路演组织、创业融资支持等方式培育孵化社会企业家或社群官，由他们以收费的方式提供满足居民发展性需求的公共服务。而社会企业家或社群官则可以通过提供公益岗位以及收益捐赠的方式反哺公共空间运营。（2）AYX通过社区社会组织孵化、场地支持、志愿者组织、资源对接、活动协助等方式培育社区自组织和公益性社群，由它们为社区居民提供基础性公共服务。这部分服务的经费一部分由政府购买资金提供，一部分由公共空间社会企业化经营而来。（3）社区基金在此过程中起到资源蓄水池的作用。一方面，公共空间将一定比例的运营收益捐赠到社区基金；另一方面，社区基金通过公益创投的方式将这部分资金反哺于社会组织、社区自组织、社群公益性项目的运作。

3. "空间+社群"运营模式的实践路径

如何实现邻里月台作为社区公共空间的基本功能，吸引社区居民和在地资源汇入具体的治理场景，是公共空间运营的关键所在。为此，AYX从参与式空间规划和自组织培育两大核心要素出发，不断探索"空间+社群"可持续运营模式的实践路径，取得了良好的成效。

在参与式空间规划中，包括两个基础层面，分别为基于在地文化的基础空间规划和基于服务需求的微观场景营造。目的在于强化公共空间的"社区感",吸引居民持续进入公共空间参与公共生活。

邻里月台坐落于成都市成华区 R 街道下涧槽社区,该社区为原成都机车厂的家属区和生活区,具有浓厚的单位传统和机车文化底蕴。同时,邻里月台又处在成都理工大学的知识经济区、东郊记忆的核心艺术区与成华大道的创业产业轴,具有良好的区位条件,这为公共空间的在地化提供了良好的文化资源和区位优势。邻里月台从其得名,到建设设计和景观呈现,都体现了浓厚的机车文化氛围,以此来增强公共空间的"社区感",建立起公共空间与社区居民直接的情感关联。而公共空间与社区居民的深层次的联系则需要在参与式空间规划的过程中来实现,这是公共空间在地化最核心的部分。为此,AYX 做了两方面的工作,一是使用口述史、社区地图和社区走访等技术对社区文化进行充分的挖掘和梳理,并在此过程中与社区居民建立起广泛的联系。二是邀请了社区居民、社工机构专家、设计师、政府官员、辖区企业等多元主体组成众创团队和规划师团队,一同参与到公共空间的规划过程中。可见,参与式规划不仅仅强调"空间规划"的主题,更重要的在于凝聚共识、建立资源链接渠道、搭建多方参与的平台。

在充分挖掘利用在地文化,组织多元主体完成对公共空间的基础规划以后,邻里月台还需要根据功能定位和服务需要营造出具体的服务场景,将整体空间设计为不同的功能分块,这是一个根据服务需求变化而动态变化的过程。具体而言,邻里月台的微观场景主要包括六方面。(1)社会企业运营空间。社会企业因其公益目标指向,成为公共空间产业场景营造的核心载体。邻里月台据此设置了社会企业的运营空间,并开展了青年创业支持计划。该计划为合作的商业伙伴提供低价的场地支持,并协助进行商业运营,收益的 5% 将进入社区基金开展公益性活动。(2)多功能活动空间。社区公共空间一个很重要的功能在于为社区居民开展多样化活动提供场地支持。(3)图书阅读空间。这也是占据空间总面积较大比重的区域,这一空间吸引市民前来借阅的同时,也为邻里月台增加了浓厚的文化氛围。(4)儿童友好空间。这部分区域主要为了解决 0—3

岁儿童活动空间匮乏的问题,依托这部分空间,邻里月台与早教老师合作开展了常态化的儿童早操与儿童早教活动。(5)社区美育空间。这是一块面积不大,但极具价值的空间。此空间主要用来进行社区策展,即以公共参与的形式将社区文化以艺术的形式再现出来,进而去反映和塑造本社区的公共精神和价值理想,增强社区居民的凝聚力和社区认同感。(6)邻里互助文化可视化空间。文化需要通过具体的互动关系来塑造,需要物质载体去呈现。邻里月台在进行了系列的社区互助活动之后,将这些活动的核心内容以可视化的形式呈现在邻里月台的各个地方,为空间营造出邻里守望相助的浓厚氛围。

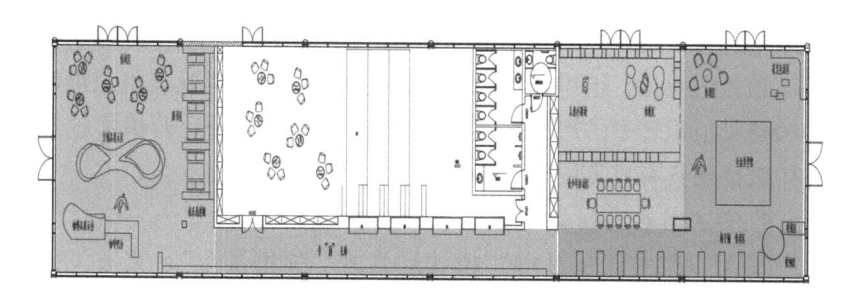

图 8-2　邻里月台空间功能分布设计图

图片来源：AYX。

一方面,基于在地文化的基础空间规划与基于服务需要的微观场景营造使邻里月台真正实现了在地化。邻里月台这一社区公共空间的营造不仅彰显了社区的文化基础,打通了公共参与的组织脉络,还凸显出空间营造的过程属性。公共空间营造可以提供一个动员居民参与社区公共事务,培养居民组织化参与社区治理能力的重要契机。

另一方面,在社区自组织(社群)培育与支持中,AYX 依托邻里月台的空间载体和多样化活动,推动社区居民的组织化发展。在社区自组织培育中,重要的是不仅要保持社区居民的组织化发展,更要尽可能地向公益性自组织方向发展,才能使其更加有效地参与到社区治理中来。AYX 执行的义仓项目通过将社区中的活动项目化，实现社区居民的组织化，通过组织化的发展实现组织的公益化，从而推动社区居民自觉地参与到社区治理中来。通过项目化的方式孵化和培育社区自组织，不仅仅能通过项目的开展满足社区居民的需求、解决社区的问题，更重要的是能为社区长期留下关注这类需求和问题的自组织，从而让社区内部的资源和力量调动起来，解决社区内部的问题。在直接通过项目培育之外，邻里月台还通过支持体系的搭建来提供其他方面的帮助，来满足社区中组织化程度不同，社群属性不一的各类自组织的现实所需。邻里月台设计了包括场地、小额资助、培训、交流平台等多方面的支持，助力它们的可持续发展。大量的社区自组织和社群的存在不仅使公共空间的运营充满活力，它们之间的组织化关联更是带来了资源集聚和裂变效应。邻里月台这一社区公共空间的运营实践，通过活动项目化、项目组织化、组织公益化的方式突破传统互益类社会组织难以向公益类组织转型的瓶颈性问题，"空间 + 社群"的运营模式在实践中被证明具有显著的创新意义。

4. 邻里月台的创新意义

AYX 以"空间 + 社群"模式运营的"邻里月台"，突破了传统项目制政府购买服务模式在公共空间运营和社区治理中的诸多弊端，体现出多方面的创新意义。

首先体现的是政策层面的创新与示范效应。邻里月台的"空间 + 社群"运营模式以政社之间横向的市场契约关系为基础，突破了传统纵向发包关系带来的弊端，释放了社会组织参与社区治理的空间与活力。并且已经开始表现出示范效应。仅就成都而言，越来越多的基层政府开始以"资源置换服务"的方式将闲置的公共空间交给社会组织来运营，这不仅大大提高了公共空间的资源利用率，更为社会组织更有效地参与社区提供了一个新的路径。

其次体现的是公共空间的资源聚集和社会资本沉淀效应。邻里月台"空间 + 社群"运营模式，比单一项目制介入社区治理多了一个重要的空间载体，这一空间载体在汇聚多元主体的参与、优化社会组织参与社区治理的资源结构以及沉淀社会资本等方面发挥了重要作用。

社会组织参与社区治理受到地方政策环境、社会组织整体的发展水平、多元主体的联动机制等多种因素的影响。邻里月台"空间＋社群"可持续运营模式在社区治理领域的生成和运用具有其特殊性，这和成都地区宽松的政策环境、社会组织较高的专业化水平和资源链接能力，以及长期积淀的公共性社会资本是分不开的。但这一模式在社区治理领域的创新意义是重大的，因为它在一定程度上突破了传统的政社关系，回应了社会组织参与社区治理领域的诸多关键性问题，包括公共空间的可持续运营问题、项目制参与社区治理的指标化问题，以及社会资本难培育、易流失的问题。邻里月台的社区实践为我们展示了社会组织参与社区治理的新路径、新可能、新成效。

（二）激活"新公共性"：社会组织促进农村社区治理创新

在农村社会培育多元的社会组织，使其与基层自治组织共生互促、协同合作，从而重构农村社会的治理格局，被认为是解决农村社会治理问题的有效手段。有学者借鉴公共性的理论，将这种治理格局的形成称为"新公共性"的建构。本小节通过对 T 协会在农村社区的实践探索的研究，可以看到草根社会组织由于长期参与社区治理、具备 NGO 的理念和专业性、不以强制权力和资源输入作为变革动力，而能够在尊重乡土逻辑的基础上，通过催化和诱导社区从私到共、从自在的共到自为的共的转化，完成草根组织的正式化以及社区的自组织化，进而以社区组织的发育倒逼基层组织公与共的比重的优化调整，最后初步搭建公共协同的治理格局。其启示在于重构农村社区治理格局的关键机制在于，在农村既有的公共性结构基础上，活化社区中存在的私、共、公，促使其良性转化、互动乃至合作，从而激活乡村社区隐性和凝固的公共性，构建起"新公共性"的治理格局。新公共性理论不仅勾勒了农村治理格局的蓝图，并且内含了实现此种变革的内在机制。

1. 农村社区治理的研究情境

改革开放以来，随着国家权力在农村社会的逐步退场，以及以村民委员会为核心的村民自治制度的确立，中国农村社会形成了"乡政村治"的治理格局。"乡政村治"的治理思路旨在使国家权力从对农村社会的强控制、强干预转变为退居幕后的柔性管理与扶持，重建农村的自治力量并使其走向农村社会治理的前台，形成政府与村民自治合作的治理格局。① 从总体上看，"乡政村治"推行以来在一定程度上促进了国家的简政放权，激发了农村社会的内在活力，但是时至今日在这一格局下我国乡村社会仍然普遍面临着社会治理的危机，比如环境治理恶化、公共服务与公共设施短缺、经济合作困难、社会矛盾和官民冲突时有发生且缺乏有效调节。

针对这一问题，有学者指出其根源在于自上而下推进的村民自治制度并没有建立起有效的自治结构。② 村民委员会过度行政化并没有真正成为村民利益的代理人，而村民自发的志愿组织寥寥，经济合作组织常被少数人或公司组织操纵。农村社会自治主体的缺失或异化，使得农村的自治结构处于失调甚至无主体的状态。由于缺乏有效的自治主体，政府的政策推行就没有合适的承接主体，村民也难以以组织的形式与政府进行沟通协商，这使得宏观的"乡政村治"的治理布局无法真正落实在微观的农村社会场域之中。因此，要解决农村社会的治理危机就应当培育和革新农村社会的治理主体，亦即实现有效的农民组织化，进而形成基层自治组织与其他农村社会组织合作共生、协同治理的局面，重构农村社会的微观治理格局。在公共性理论的视角下，这一过程被视作乡土社会"新公共性"的构建。③

2. 社会组织参与农村社区治理的实践探索

本小节所选择的研究对象 T 协会活动于 X 村④，该村是 J 省 L

---

① 徐晓全：《新型社会组织参与乡村治理的机制与实践》，《中国特色社会主义研究》2014 年第 4 期。

② 陶传进：《草根志愿组织与村民自治困境的破解：从村庄社会的双层结构中看问题》，《社会学研究》2007 年第 5 期。

③ 吕方：《再造乡土团结：农村社会组织发展与"新公共性"》，《南开学报》（哲学社会科学版）2013 年第 3 期。

④ 此案例的更多讨论参见崔月琴、李远：《草根 NGO 如何推进农村社区的新公共性建构——基于吉林通榆 T 协会的实践探索》，《社会科学战线》2017 年第 3 期。

第八章 社区治理转型与社会组织参与 / 265

行政村下属的一个自然村，共81户，400余人口。该村位于科尔沁沙地东南边缘，经济以种植业为主，以畜牧业为辅。尽管地广人稀，但由于土质沙化严重该村并不富裕。村两委在行政村一级处理公共事务，且承担较多乡镇政府布置的行政事务，在X村的公共治理方面着力不多。而在X村，只设有村民小组组长，没有次级自治组织和其他社区组织。

T协会是一个以治理沙漠化为使命的草根环保组织，其主要治理对象是位于吉林省白城通榆县X村的100公顷沙地。协会的创始人WP来自吉林省长春市，自2000年起迁至L村开始以个人奋斗的形式治理沙地，随后逐步吸纳志愿者和社会资源参与沙地治理，并有意识地学习NGO的组织架构和运作模式，渐渐由个体发展为一个正式的社团组织，于2006年民政注册。在治理沙地的过程中，WP意识到当地的环境治理是公共事务治理的一部分，必须调动社区的力量参与沙地治理。而X村社区公共事务衰败，几乎没有组织化的治理主体，因此T协会在调动X村参与环境治理的过程中，开始在实践中探索着培育和革新X村社区的治理主体，重构治理格局。

T协会的协同治理方案的基本思路是"沙地集中，协会恢复，社区协助，合作开发，规模经营"。T协会所治理的100公顷沙地已经基本恢复绿化，并产出经济效益，所以T协会的下一步是将农民手中沙化严重的耕地以土地流转的方式集中起来，由协会进行恢复，社区从旁协助，待恢复后共同进行农业项目的合作开发，并形成规模经营。目前这个方案正在落实"沙地集中，协会恢复，社区协助"的阶段，T协会成功地将村民小组和社区组织调动起来，形成合作治理关系。首先，在沙地集中这一环节，T协会需要通过土地流转的方式从农民手里获得耕地的使用权。虽然T协会会给予农民租金，但是农民由于缺乏对土地流转政策的了解以及对收益预期的不确定使得其积极性不高。为此，T协会求助于村民组长，具有行政权威的组长向村民讲授国家关于土地流转的最新政策，增进了T协会集中土地的合法性。村民逐渐了解政策，并增进了信任，部分村民开始将沙化的耕地流转给T协会。将沙地集中起来之后则进入"协会恢复"的阶段。但是，在治理范围拓展之后，T协会有限的工作人员、不定期到来的城市志愿者和尚未被完全调动起来的农民志愿者就无法满足倍增的治理工作所需要的大量人力资源。因此，T协会必须更充分地调动当地农民的参与。对此，T协会选择求助于X村的社区自治组织。T协会希望社区自治组织能够把当地农民组织起来，协助T协会看管和治理后续新增的示范区。而为了促使社区组织与T协会合作，动员并组织农民参与后续新增示范区的治理工作，T协会将新治理区域的经济产出以确定的比例捐赠给村民小组，并划拨部分资金作为社区组织的经费。目前，社区组织已经开始组建志愿巡护队，对恢复中的沙地进行巡逻看管。

在上述过程中，村民组长以其公权威协助T协会推进沙地集中，社区组织以其社区动员的能力协助T协会进行沙地治理，T协会以其沙地治理的专业性主导沙地恢复。社区组织、社会组织和基层组织各自发挥其优势，互相助力，使沙地的进一步治理成为可能。这种共生合作的局面得以形成，T协会发挥了重要作用：在社区自治组织和基层组织尚缺乏足够自治能力的情况下，T协会主导了协同治理的方案规划，构建了蓝图。在村民尚缺乏自治意识的情况下，T协会通过经济利益驱动的方式，诱导社区组织和基层组织参与治理。而T协会在社区的长期参与中所积累起来的信任与威信则构成了协同合作的重要基础。以治沙为核心的协同治理中，T协会无疑发挥了主导性的作用。社区组织和基层组织在参与的过程中，会增进对彼此合作的益处的理解，积累合作共治的经验与信心，这对于各个治理主体间构建共生合作的治理格局具有基础性的意义。因此，在以T协会为主导的治沙实践中，不同的治理主体开始协同合作，协同治理的架构被搭建起来，"公""共"合作共生意义上的"新公共性"被初步激活。

（三）社会组织参与农村社区治理的实践创新

在农村社会培育多元的社会组织，使其与基层自治组织共生、互促、合作，从而重构农村社会的治理格局，被认为是解决农村社会治理问题的有效手段。学者借鉴公共性理论,将这种治理格局的形成称为"新公共性"的建构。相对于政府和外部介入的支持型NGO等推动"新公共性"建构的主体,外部介入但却长期扎根于农村社区的草根组织在重构农村治理格局上的实践探索尚未引起学界足够的重视。毕竟相对于其他主体,草根组织既缺乏行政权力,也没有足够的资金来源。但是,通过对T协会的观察,我们看到作为草根组织的T协会经过十数年的实践探索,在一个农村社区培育了社区自治组织、革新了基层组织,并且与此二者共同初步搭建起了共生合作、协同共治的治理格局。尽管作为草根组织,其实践成果尚仅限于一个自然村,但其成效却是扎实而具有实质性意义的。一方面,社区自治组织并非流于形式地被行政权力强行组建,也不是被NGO以资源诱导和价值输入的方式速成,而是在内化公共精神的基础上,具备真实社区参与的社区组织化。另一方面,社区的三个治理主体并非各自为政地机械地组合在一起,亦非冲突性地对抗或者试图彼此吞噬,而是能够相互协调、互动,彼此促进,针对社区事务进行有效的协同治理。

而通过在新公共性理论视角下对于案例的分析,我们可以看到T协会在尊重乡土逻辑的基础上,催化和诱导社区从"私"到"共"、从"自在的共"到"自为的共"的转化,完成草根组织的组织化以及社区的自组织化,以社区组织的发育倒逼基层组织公与共的比重的优化调整,进而搭建公共协同的治理格局。因此,我们认为T协会之所以能够在缺乏资源和权力的条件下,实现对于X村社区治理格局之重构,其根源在于T协会凭借其对乡土社会的洞悉和现代NGO的理念与专业视角,在长期的社区治理参与中,以其智慧和策略在农村社区既有的公共性结构基础上,活化了社区中存在的私、共、公,促使其良性互动和转化、制衡乃至合作,从而激活了农村社区的"新公共性",而这恰恰在更深层次的意义上契合于新公共性理论的内涵实质。新公共性理论,不仅勾勒了一种现代社会的治理结构与模式的蓝图,同时也内含了实现此种治理格局的路径机制。一方面,新公共性理论将更为私人的亲密圈和小共同体视作新公共性的重要主体以及构建基础,承认了从私到共、从小共到大共的转化在东方社会的可能性与必要性。① 另一方面，新公共性理论认为，新公共性格局是在官与民的良性互动与相互促进中建构起来的。

而 T 协会之所以能够在实践中摸索到并践行新公共性的内在意涵，与其作为草根组织的特性是密不可分的。草根组织缺乏强制权力与资金，所以无法通过强制性或资源诱导的方式，强行快速地在农村社区实现形式化的变革。而为了适应乡土社会以寻求自身发展，使其不得不放弃直接输入所谓的现代社会价值，而先去洞悉乡土社会的逻辑与结构，并因势利导地为我所用。长期参与而非项目式的参与，使其获得了真实的社区基础和威信，并能够缓慢而深入地推动社区变革。作为 NGO 的理念与专业性以及中立性，使其能够理性地调节社区中官与民的互动，并促成协同共治的局面。因此，草根组织同样是在推动农村社区变革中不可或缺的社会主体。正如新公共性理论所倡导的多元协同共治一样，在推动农村社区的变革中同样需要政府、草根组织、支持型 NGO、社区的互补与共治。而以 T 协会为代表的草根组织对于构建农村新公共性探索的启示则应当为政府、支持型 NGO 所借鉴。相较于权力强制、资源诱导或价值灌输，重构农村社区治理格局的关键机制在于，在农村既有的公共性结构基础上，活化社区中存在的私、共、公，促使其良性互动和转化，从而激活"新公共性"。而新公共性理论不仅勾勒了农村治理格局的蓝图，并且内含了实现此种变革的内在机制与路径。

四 本章小结

国家与社会关系是理解中国社会组织发展的重要的理论视野之一，而其在现实场景中的呈现可以聚焦于社区治理的实践过程之

---

① 郑南、[日]丹边宣彦:《日本社会建设新思维：地域社会的新公共性建设——以丰田市团体活动为例》,《东北亚论坛》2013 年第 5 期。

中。社区治理是国家与社会关系在基层切面上具象出的治理结构与社会行动的勾连，一方面是治理结构纵向推动下革新调整的发展性要求，这种调整本身会连带起更多的社会行动及其衍生影响，促进新的社会动力和力量的生成，另一方面是那些进入社区和内生于社区的社会组织，都会自觉不自觉地将其服务与行动置于社区治理的光谱之中，对社区治理结构提出了更为广泛且繁杂的要求，推动着治理结构的职能与效能调整。治理结构与社会行动之间的持续互动可以反馈并影响到基层治理的理念创新与路径转向，甚至有可能提供一种自下而上的逆向回响，进一步催化出更多的理论与政策上的积极探索。

因此，本章围绕置身社区的社会组织进行讨论，首要的是重新认识和理解社区治理的整体定位和内在诉求，要立足于社区地域又超越于具体情境，在当下历史的发展性话语中把握社会变革的细致鼓动，在国家治理的总体性调整中明晰多元力量的彼此联动，进而从社区治理转型与社会组织参与的双向共建中分别进行考察，以摸索和揭示既有的具体案例中可参考的经验与选择。

社区治理转型更为强调了社区立足于"行政性"与"服务性"交叉节点的职能之重。尽管并不属于行政系统，社区却需要配合政府各个条线来落实具体工作，同样并不源于居民自发，社区仍需要尽最大努力以团结和服务社区居民及其他社会力量。兼顾之难与职能之重推动的是社区自身的职能结构调整和工作体系变革。通过自身的职能结构调整来应对更为多元和多层面的不同社会需求，这也需要吸纳和培育更多的社区内外社会力量参与到社区治理的协作体系之中。吸纳更多社会力量参与进来相应产生了对于工作体系的制度化要求，为多元共治提供了可行路径与目标监督，同时也为社区、社会组织以及其他众多相关主体建立了制度性的规范与权益保障。

在社区这一社区治理中的重要支撑之外，社会组织也逐步参与到社区治理的不同环节之中。社会组织在社区治理中的参与得益于其组织化的正式结构，使其更有能力来补充社区治理的职能所需，拓宽社区治理的实践视野，在空间营造与过程推进的不同序列中可以丰富社区治理面向基层社会种种要素与资源的关涉面与粘连性。社会组织的正式身份同样促进其参与行动的制度性展开，并进而会推进对于更广泛社会组织的支持与培育体系的制度性探索，为社会组织的整体发展构建更好的生长环境。社会组织对于社区治理的参与还会产生相对间接的影响，通过不同形式的示范、引导和带动，来转变和滋养社区在地的公共性土壤，推动区治理基础社会生态的潜在转变，在一种普遍性的视野中促进社会组织参与社区治理的可持续与内在驱动。

第九章 中国式现代化视野下的社会组织发展

本研究关注的是在中国式现代化的视野下如何有效地推进社会组织的发展，建设并形成适应新时代要求的社会组织管理体制和管理模式。中国社会的转型与结构性的关系变革，促使本研究以社会组织的实践性为依据，认识并观察其组织行动的推进，力图把握中国社会变革的时代语境，考察社会组织生长的历史脉络，辨析管理模式转型的影响因素，探讨推动社会发展的创新机制，加强社会组织理论的本土面向。社会组织发展与社会治理创新的关联递进正在成为社会转型的重要内容和内在推动，本研究对此领域的理论关注和具体调查，也是对二者互动与重构的重新认识与思考的过程。概而论之，本研究在理论与实践有机结合的意义上形成了进一步的理论思考和实践经验的总结，对社会组织在中国式现代化中的趋势性发展及其价值做进一步的讨论。

一 理论语境的梳理

在社会组织研究的中国语境中，对于国家的考察始终置身于分析焦点，这是因为中国社会一直以来贯穿延续着的权力结构模式，时至今日仍影响和决定着社会的演进。与此同时，这种聚焦又在一定程度上遮蔽了对于国家的考察，国家往往被预设为一种制度逻辑和权力话语，"无处不在"却总让人"视而不见"。研究中国社会组织的发展，因而需要与探讨国家治理结构的变革构成一种双向讨论，这也正是本课题所探讨的核心所在。在理论探讨的双向互动中，本研究主要从调整中的关系层面、变革中的结构层面和演进中的治理层面进行探讨。

（一）调整中的"国家与社会"

"国家与社会"关系构成了中国社会组织研究的元叙事。"作为一种理论范式的国家与社会关系是在特定的历史条件下出现的。它既是对现实的一种反应，也是对现实的一种塑造。"[①] "国家与社会"的分析框架自20世纪90年代初开始在国内学界兴起，其所依托的背景源自中国发展的现实场域，一方面是中国现代化的现实发展，另一方面则是针对现代化发展而引起的理论论争。就现实发展而言，中国的现代化进程始终面临着严峻的结构性挑战，后发外生型的现代化意味着是国家力量而非自然进程主导着发展的趋势和落实，在现代化的种种因素和经验被学习和引入的同时，必须通过相当幅度的政治体制与社会结构的调整，来适应和推进现代化发展的本土实践。就理论论争而言，因应现代化发展的结构性需要，改革开放推动了政治体制和经济体制的双重变革，"政治—经济"框架构成了对于政治安排与经济发展间关系的最初解释思路。这种分析框架掩盖了中国现代化问题的复杂性，悬置了总体性社会在制度改革中的运动方向和作用限度，同时又忽视了国家动员之外的新的结构性因素的生成，简化了制度变迁与社会转型之间的关系互动与双向影响。由是，必须认识到，国家与社会的关系在实践与理论的层面上经历着双向的重构，这一过程是伴随理论认识和实践行动的深化逐步进行的。

社会组织作为中国的国家与社会关系的一种具体形塑，其发展转型印刻出二者关系的结构性调整，同时是对传统的"政治—经济"理论框架的补充和转变。与社会组织有关的国家与社会关系调整首先出现在对既有社会结构的调整上，具体表现为政府职能的分化与市场体系的勾连。

从国家层面来说，政府职能的分化意味着国家权力向社会领域

---

① 邓正来：《市民社会理论的研究》，中国政法大学出版社2002年版，第291页。

的空间让渡,从20世纪70年代末到80年代初行业协会的成立,到21世纪初以来的行业协会的行政化脱钩过程可以看到,中国的行业协会在改革开放兴起之初,即为政府机构调整和职能转变的结果,深深地打上了行政化的烙印。1979年到1982年,国家有计划地成立了一批跨部门的全国性行业协会,进行行业管理体制改革试点。从中国具有官方背景的行业协会的前身来看,多数为各部委的专业司局、国务院各部或国家局。它们自成立之初就牢牢依附于体制内资源并通过行政化方式以获取资源,在日常的活动中又呈现出较强的行政性角色,在现实发展中表现为身份的官民二重性、资源的体制内获取、管理的双重体制、发展的整体性依附等。伴随着政府职能转型的推进,中国共产党的十八届三中全会明确提出要"限期实现行业协会商会与行政机关真正脱钩",要推动行业协会的政会脱钩、管办分离。原本依附于现行体制的行业协会,开始通过与政府职能部门之间的机构分离、职能分离、资产财务分离、人员管理分离和党建、外事等事项分离等举措,推进行业协会治理的行政化脱钩改革。并通过服务型自治组织的建设和政府购买服务的完善来构建现代的组织治理体制,在让渡权力与空间的过程中,重新构建国家与社会之间的结构关系。

从市场层面来说,市场体系的勾连表现为经济部门在社会层面的功能延伸,地缘性商会的发展可以被视作这种关系模式的构建。改革开放之后,民营经济的迅猛发展,商人群体的不断增长,经营范围的不断扩展,为地缘性商会的产生奠定了基础。自上海市浙江商会1986年注册成立后,地缘性商会在全国各地开始逐步涌现。地缘性商会通过嵌入地方性情境,有助于商会以及外地商人与地方政府之间关系的建立和维系,作为一种组织化的利益传导机制,在获得政府掌握的资源、提高商人的社会地位以及维护外地商人的权利等多方面获得收益。地缘性商会之所以能够深嵌于地方情境之中,受到地方政府的青睐,主要原因在于其能够满足地方政府追求经济增长的政绩诉求,在拓展招商引资的交流渠道、发挥资本聚合的平台效应以及收集并向地方政府反馈相应的经济、社会信息等方面,成为促进地方经济发展的有力抓手。在经济领域的互有助益之外,地缘性商会的社会职能也越来越得到制度化呈现。这一方面体现在其对于社会领域的关注与投入，营造持续性的平台机制来引导会员参与公共服务、践行公共事业；另一方面则在于地缘性商会本身构成一种自我约束、自我管理的规范性机制，通过地缘关系与商业网络来达成新兴社会阶层自组织化的吸纳与整合，拓展制度化的合作渠道，同时为实现有效的社会治理，形成稳定的社会秩序提供了可能。经济发展不仅仅召唤着体制结构和社会环境的支持，它本身也在维系并且需要更加努力地维系支持其运转的国家与社会体系。

政府职能的分化和市场体系的勾连，呈现的是社会组织在既有结构中的生成发展，以及由此引发的对于结构体系的调整重构。这无论是哈贝马斯意义上国家与社会的结构转型中公共领域的基础浮现，还是萨拉蒙意义上"市场失灵"与"政府失灵"所希冀的第三部门的兴起，都意味着社会组织开始彰显其意义和价值。在中国，社会组织的发展作为国家与社会关系重构的产物，不断影响着国家与社会关系重构的现实与可能。

（二）变革中的"中间社会"

社会组织在国内的生发与壮大，并非只是社会领域的新生事物，也体现着结构层面的整体变革。从长时段的视角看，中国社会经历了从传统社会、单位社会以及随着单位社会的消解进入的"后单位社会"。传统社会的本色是费孝通所描述的"乡土社会"或"熟人社会"，它是以血缘和地缘关系为纽带形成的村庄共同体，是以民间自治为主导的社会调节机制。单位社会是指在中华人民共和国成立后由中国共产党以组织化的方式来确立的独特的宏观社会联结结构，是国家通过单位组织整合与控制社会的制度形式。"单位社会虽然不再以血缘关系为基础构成，但借助国家对经济社会资源的整体垄断所形成的对每个人的强大吸纳和支配作用，依然将人们的生产空间和生活空间紧密地统一在一起。"[①]

---

① 王名主编：《中国民间组织30年——走向公民社会》，社会科学文献出版社2008年版，第265页。

改革开放后，中国单位社会的总体性格局，随着私营经济的兴起、国有经济的改革、新兴社会群体的出现而被打破，单位制的社会运行和管理机制已逐步走向终结。原有被国家所吞噬的社会慢慢独立出来，逐渐被一种新的社会管理体制所替代，由此作为"职场"的单位组织其自身的结构、功能也发生了许多重大变化，它也伴随整个"单位体制"的变革而形成功能的分化。单位不再是一个无所不包、全能式的组织形态，它的一些功能开始向社会转移。单位组织性质及功能的变革，究其实质是一种社会管理体制的变革，那种基于"国家—单位—个人"的社会管理体制已经完成了它的历史使命，在中国社会结构变迁中实现着新的转换。

20世纪90年代以来，在中国社会结构变迁和全球结社思潮的双重影响下，处于国家与市场之外具有中间社会性质的第三部门迅速增长。"在旧有的单位福利保障体系宣告终结的同时，昔日的'单位人'也变成了'社会人'，原来由国家、单位承载的公共性逐渐让渡给真正意义上的'社会'。为避免'单位社会终结'后社会的'原子化'，人们开始意识到着力建设独立于国家、单位、市场以外的社会支持体系的重要性。于是，昔日由国家和单位垄断和承载的公共性自然被打破，社区发展和 NPO、NGO 等非政府组织和非营利组织的建设便成为当代中国社会建设的重要内容。"① 这些内容组合在一起，构成了中国特色社会主义社会的"中间社会"。②

涂尔干认为，"国家—初级社会群体、法人团体—个人"之间存在着一种连坏式的关系。"如果在政府与个人之间没有一系列次级群体的存在，那么国家也就不可能存在下去。如果这些次级群体与个人的联系非常紧密，那么它们就会强劲地把个人吸收到群体活动里，并以此把个人纳入到社会生活的主流之中。"③ 这些次级群

---

① 崔月琴：《转型期中国社会组织发展的契机及其限制》，《吉林大学社会科学学报》2009年第3期。
② 崔月琴：《后单位时代社会管理组织基础的重构——以"中间社会"的构建为视角》，《学习与探索》2010年第4期。
③ [法] 埃米尔·涂尔干：《社会分工论》，渠东译，生活·读书·新知三联书店2000年版，序言第40页。

体可以对国家构成制约从而保证个人不受国家的暴政压迫，但如果其力量过于强大，则会使个人陷入次级群体的暴力压榨之中，在这时国家的保护作用便空前突显了，"国家自身的意志并不是与个人截然对立的。只有通过国家，个人主义才能形成"①。"国家—初级社会群体、法人团体—个人"之间这种连环平衡关系至关重要，缺一不可。因此，中国的社会组织不仅源自其自身诉求，同时也自然地置身于社会结构的变革之中，很快就承担起中间社会所肩负的职能，在实践摸索中推进了中间社会的展开。以基金会的发展为例，现代意义上的基金会在中国的兴起始于1981年中国青少年发展基金会的成立，30多年来不断获得成长空间和发展动力，逐渐成为中国社会力量的重要组成部分，在扶贫开发、救灾救助、社会服务、环境保护等众多社会领域发挥作用。一直以来，基金会的中国发展道路大致围绕三条路径展开，其一是官办基金会，由政府机构牵头创办，依托政府资源；其二是大学教育基金会，由高校组织成立，依托高校资源；其三是企业基金会，由一个或多个企业组织成立，依附企业资源。随着社会领域的发育和社会事业的发展，基金会在迅猛发展的同时开始面向观念与领域的转型。除了以"壹基金"为代表的私募基金会着力重塑基金会的外部形象、运作模式和动员机制，社区基金会则在具体的基层实践中围绕完善社区治理结构、创新社区治理机制、实现"三社联动"探索出了一些新的路径与模式。更多专业细分型的基金会也逐步迈入实践，在农村教育、儿童救助、反贫困以及平台式的、互联网式的支持服务等诸多特定的服务领域深入挖掘，探寻更多更有效的可能性。既有的社会组织体系，在组织形态与组织实践上的演进，在拓展制度的职能与边界的同时，也带来了在立法、管理机制、协调体系等方面的制度变革的内在需要，推进着社会组织管理机制的改革与创新。

在结构变革进程中，中间社会也并非一蹴而就，社会力量的逐步发育和社会组织的行动实践在不断具象化自身所处的结构环境，

---

① ［法］爱弥尔·涂尔干：《职业伦理与公民道德》，渠东、付德根译，上海人民出版社2001年版，第69页。

这同样构成了对于中间社会的不断重塑。在草根社会组织的实践中，可以看出社会组织在另一个向度的力量崛起以及其中社会自我治理能力的发育形成。"草根组织"这一概念在中国社会转型的语境中，往往指涉那些由民间人士自发成立并自主开展活动的自下而上产生和发展的社团组织，这种本土化的强调缘起于中国社会的独特转型背景。在中国社会由国家单一主体的权威结构向社会多元主体治理结构转型过程中，社会主体的发育通常是由社会各界精英来维系和推动的。草根组织往往以一种卡里斯玛式能人治理的形态而生发维续，尽管由此形成诸多问题，但组织也得以由此而汲取种种体制性的、社会性的乃至外源性的资源和符号，这成为草根组织生长的基础支撑。草根组织由于扎根基层、在一线服务对社会需求的变化有更灵敏的嗅觉，组织形式和运行机制相较更大规模的社会组织会更为灵活，使得它们行动的创新实验速率快且试错成本低，加之资源相对不足等种种不利的客观条件，促使草根组织不断寻求创新实践，才能在竞争中生存。例如，有的组织通过协调各主体间的行动力量，整合了多元化、分散化、碎片化的社会服务，来实现资源优化和服务提升，相应地也达成了组织发展的内聚力和自主性的制度化建构。行动层面的社会组织实践在既有的制度体系与外部结构中展开，在依托于其的同时又总是要去突破、探索和尝试，行动成为社会组织的强大力量来源，从而重塑结构。

应和时代发展的进程，中间社会的出现为社会组织的发展提供了制度性的空间，而中间社会的构成与关系结构本身也在包括社会组织在内的多样化实践累积之中不断展开和重塑，行动者与结构成分都作为实践的因素而参与其中。实践的过程同时也是制度与生活对应展开、相互建构的过程，其中贯穿着实践的复杂关联和丰富意涵，观念、价值、话语和行动都在其中重新定义和互相诠释，只有把握其中行动者这一复杂的实践因素，才能洞悉社会组织乃至社会变迁的微观动力机制。

（三）演进中的"社会治理"

"社会治理"作为一种治理理念的提出与实践，可能正在构成一种福柯意义上的话语实践。治理理论的出现，一个推动因素来自20世纪七八十年代发生的社会科学的范式危机。很多学科都沉溺于一种简单二分的结构性对立的世界观之中，对于现实世界的结构与变化不能深入展开描述和分析，因此，寻求突破这种简单的分析框架，成为社会科学研究领域的一个重要趋势。一方面，在政治学与社会学的语境中，如何突破公私的界限，跨越不同的层级限制与观念制约，发掘和建立复杂和多元的协调机制和社会理念，成为导向治理的一种研究思路。另一方面，"二战"以来凯恩斯主义主导下的西方社会福利国家在面对向何处去的问题时，也呼唤一种自组织的治理来作为补充性的力量和协调性的机制。西方语境下的治理理论与治理行为呈现为互为推动的并进趋势。治理构成一种制度框架，用以支持治理实践的具体落实，同时治理也可以被视作一种工具，用以消解社会矛盾，维系社会秩序。在推进治理体制改革的实践层面，中国共产党十八届三中全会提出要把"完善和发展中国特色社会主义制度，推进国家治理体系和治理能力现代化"作为全面深化改革的总目标，并且强调要把创新社会治理体制作为推进国家治理体系和治理能力现代化的重要内容。政治性话语的转变，以及从"社会管理"到"社会治理"的政策转向，不仅标志着中国共产党执政思路的变革，也意味着社会治理作为一种理念与行动的构型，将会在既有和接下来的政府以及其他多元力量协商共治的实践过程中不断展开并完成自己的形塑。

社会治理是多元协商、合作共建的理性建构与理性实践的过程，不同的社会主体在特定的层次和领域中以多元路径参与到社会治理的过程中，方为呈现政府的执政理念从"治理社会"向"社会治理"的思路转变。[①] 社会组织作为社会力量的主要承载形式之一，参与社会治理的过程，同时构成发展社会治理的实践。社会治理的过程中社会组织的功能体现，既是超越结构争论，关联多元机制的进取方向，也是发展政社合作，深化体制改革的现实要求。社

---

① 张紧跟：《治理社会还是社会治理？——珠江三角洲地方政府发展社会组织的内在逻辑》，《天津行政学院学报》2015年第2期。

会组织与社会治理的共同实践与双向建构，在中国当下有着不断涌出的现实样态，包括但不限于基层内生的协作和结构外在的支撑。

从实践角度来说，基层内生的协作反映了治理理性的生成与治理实践的展开在社会具体场域中的路径探索。社会治理的基层实践在社区治理上有着集中体现。社区生活本质上是各利益相关主体之间的互动和博弈，在此过程中地方党政、社区自组织、各类社会组织和社区居民之间以社区场域为互动平台，实现着各自的目标取向和价值追求，也形塑着不同的社区治理实践模式。围绕城市社区，以"枫桥经验"为代表的协同治理模式呈现包括发挥党政组织的主导作用，促进社会组织与社区的协同共建，确立社区治理多元主体的结构模式，推动公共参与的意识和能力提升等相关措施和内容，逐步发展创新出一种"党委发挥总揽全局和统领各方的作用，政府承担社会管理和公共服务的职能，社会各界密切配合和协同管理，居民积极依法理性和有序参与"的多元主体治理实践。面向农村社区，要解决目前宏观的"乡政村治"的治理布局无法真正落实在微观的农村社会场域之中的问题，需要通过重建实现有效的农民组织化来构建乡土社会的"新公共性"。社会组织作为推动农村社会变革的重要的结构性动因和组织化助力，在转变农村既有的公共性格局、激发新的公共性运转的过程中得以扮演关键角色。在基层实践的具体运作之外，逐步推进的政府购买公共服务的项目制运作，同样构成基层协作的资源性渠道与制度化路径，通过多元力量的动员与整合，来契合基层社会多元化的公共服务需求。社会治理作为发展理念与行动方针，在扎根地域的多元互动中，拓展和更新着自身的丰富意涵。

从体系角度来说，结构外在的支撑表达的是正在发展的社会组织作为系统性补充所发挥的协调、支持和平衡等机制性功能。就协调性机制而言，许多以社会组织服务中心、社会组织孵化中心等形式存在的枢纽型社会组织以制度性嵌入的方式，整合形成多级枢纽、分类管理及分级负责的治理结构，同时又兼具纵向结构式的运行实体特征，也有助于政府与社会组织的资源交流，通过间接性、赋权式的管理，为社会组织的发展提供更为完善的制度环境以及更加多元的参与渠道。就支持性机制而言，支持性社会组织在全国诸多城市的落地生根，在制度的合法性构建、资源的实践性获取、组织与人才的多层次培养的不同维度上，为社会组织的发展拓展了其资源空间与发展平台。就平衡性机制而言，通过第三方评估机制的建立，社会组织以第三方评估机构的身份，积极推动社会组织在自主性的发展、组织性的建构、公信力的维护、专业化的提升等方面的能力建设，并且努力克服等级评估中的权力寻租和内部人把控的现象，实现以评促建，通过科学性、专业化的评估引导和推动社会组织健康有序地发展。社会组织多样的实践形态体现着其多元的公共职能，由此得以补充和完善社会治理的制度与制度化过程。

基层内生的协作与结构外在的支撑，构成了社会组织参与社会治理实践和创新的不同面向。这是适应新时代发展主题的理论需要，也是实现社会治理主体多元化、社会治理协商理性化和社会治理建设合理化的现实需求。在动员社会资源、提供社会服务、参与社会事务管理等诸多领域，都需要推进社会组织参与社会治理的创新实践。

二 细分领域的考察

面向社会组织，研究中的语境转换根源于中国社会组织发育、实践的变迁与国家管理的调整和改革。不同于西方国家社会组织在发生学上呈现在与国家、市场关系的自然调整中获得自身发生与变迁的根据，中国社会组织的历史实践更受到国家根据历史进程所不断做出的体制调整的推动。国家的政策和制度逻辑是中国社会组织的第一驱动，并对社会组织的定位、功能发挥和发育发展产生持续性的影响。中国共产党十八届三中全会以来提出的"社会治理"预示着国家的社会组织管理模式正从相对消极的应对式技术治理，转向进取的多元包容的综合治理的创新探索。这也正是本研究的现实立足与理论回应之所在。

因此，本研究提出社会组织身份转型、行动拓展、理念革新三个观察社会组织路径创新的视角，主要从国家与社会关系的变革中理解社会组织管理模式的创新，进行了本土化的社会组织理论探索，具体呈现在不同的实践领域和多元的发展维度上。

（一）基于实践领域的考察

不同领域的社会组织在中观的维度构成本研究的实证研究对象，本研究分别对行业协会、地缘性商会、基金会、草根社会组织、社会企业和支持性社会组织等一系列处于变革前沿的社会组织进行了考察，相应展开对于社会组织管理模式的分析，进而在宏观层面总结了社会组织管理模式创新的机制、模式与推进路径。

第一，考察的是行业协会、地缘性商会的发育和发展实践。重点关注行业协会与政府的脱钩与民间化问题。研究发现，在双重管理体制下，行业协会与政府界限模糊，不利于行业协会的独立性与市场治理功能发挥，行业协会管理模式创新的核心是脱钩与民间化的治理转型。其具体内涵包括人员分离、财务分离、机构分离、事务分工，其推进路径在于政府管理模式从直接控制向通过监督、购买服务等引导方式的转型，以及行业协会内部治理结构向专业化和独立化的转型，从而厘清国家、社会、市场关系，实现使行业协会成为服务性自组织的最终目标。

在探讨地缘性商会的组织机制时，指出其管理模式创新的方向与推进路径。地缘性商会的组织化过程实际上包含两种不同类型的关系模式：其一，地缘性商会成员之间的互动交往，这构成了地缘性商会成立的最初动力；其二，地缘性商会成员同政府以及其他社会主体之间的互动交往，一定意义上构成了地缘性商会发展的外部环境。地缘关系既然是组织的动力源泉，也就不可避免地带有"家庭主义"倾向，导致内部紧密、外部封闭，"家长式"治理结构等问题。地缘性商会管理模式的创新意味着，在明确人情地缘关系双重属性的基础上通过制定商会组织相关法律、国家引导商会规范发展、商会加强自身公共性营造等方面采取相应措施，使地缘性商会在社会治理的新格局中实现从传统向现代的定位与转向，成为既依托传统组织化资源又承载现代社会公共性的社会组织。

第二，对基金会的发展状况与创新模式做出了探讨。通过对中国基金会的深入调查，我们认为基金会发展整体处于初级阶段。在内部治理机制上呈现依附式的治理结构，在组织生态上呈现民间基金会体量较小的不平衡状态，在运行与功能发挥上呈现能力薄弱、领域局限等问题。我们通过对基金会的创新案例的归纳探讨，总结出一些基金会管理模式创新的潜在模式，如社区基金会模式、专业细分基金会模式等，并指出创新模式需要通过基金会联合互动、自我领域深耕等路径加以推进。

第三，对草根组织的管理模式创新与推进路径进行了讨论和总结。研究发现，以东北地区为代表的草根社会组织多数处于发育初级阶段，存在治理与发展困境，其根源在于内部治理模式和外部管理模式的滞后与失衡。就内部治理模式，自下而上发育路径的草根组织需要实现从精英人治到制度治理的过度转向，外部输入的草根组织则需要创新性地将西方治理制度与本土经验相结合。就外部管理模式，中国政府对草根组织的管理模式总体上正从监督管控的分类控制模式转向支持培育的协同治理模式，注重基层社区治理中社区社会组织的培育。地方政府结合地域特点分别从引导、培育、合作等角度探索管理模式创新，购买服务、孵化培育、枢纽型组织成为重要的政策工具。社会创新的趋势也要求草根组织探索参与社会治理的创新模式，以契合社会治理的时代潮流。

第四，对新兴的组织形态，如社会企业、支持性社会组织进行了研究和探讨。作为一种新型的组织形态，中国社会企业的发展相对欧美国家缺乏来自法律、政策以及社会认知等多层面的身份赋权，因而很难获得体制内的资源支持和社会上的广泛认同。社会企业"以商业践行社会性的组织使命"这一发展模式并没有因为其社会性与市场性的内在张力而陷入发展困境，恰恰成为社会企业不断创新的内生动力。[1] 社会企业作为社会创新的重要途径，用更为灵活的社会治理模式，为市场经济注入更多的社会学话语，并

---

[1] 崔月琴、母艳春：《多重制度逻辑下社会企业治理策略研究——基于长春市"善满家园"的调研》，《贵州社会科学》2019年第11期。

"以商业践行社会性的组织使命"的发展模式践行着三次分配的国家意志，有效促进市场与社会的均衡发展，有助于改善中国社会转型期市场与社会发展不均衡、不匹配的现实问题。中国社会企业的本土化发展已经进入理论与实践互相促进的实践探索期，并正融入国家共同富裕的实践进程。随着实践探索的不断完善，中国社会企业的本土化发展必将会进入良性的成熟发展期，成为助推中国经济社会发展、弥补公共服务不足和解决社会疑难杂症的又一支重要社会力量。

同样作为21世纪以来不断兴起的不同类型的支持性社会组织，也是促成社会力量生长发育的重要推手。本研究对三种创新模式的支持性社会组织所带来的治理结构变革和拓展给出了判断。枢纽型社会组织以"吸纳嵌入"的方式被整合进行政体系中，代表了政府社会组织治理体系自上而下的延展；一些民间支持性组织与政府构建起"代理发包"的合作模式，以代理托管者的角色介入地方政府主导的社会组织管理体系，呈现治理体系边界跨越的趋势；第三方评估机构的涌现拓展了支持性组织的职能，并从评估出发与政府构建起"协同运作"的支持性评估创新治理模式。

第五，进一步考察了社会组织参与城乡基层社区的治理实践与创新。城市形成了三类典型社区中社会组织参与社区治理的实践模式，即单位制社区中协作式参与治理实践、街居制社区中参与式合作治理实践、物业小区制社区中介入式参与行动治理实践。项目制运作也成为当下社会组织参与社区治理实践的路径选择。同时，协同式治理成为社会组织参与城市基层社区治理创新的有效实践；激活"新公共性"成为社会组织参与农村基层社区治理创新的有效实践。

（二）基于发展维度的考察

结构与行动不断展开的互动，在不同的层面上体现出二者双向建构的过程。本研究从社会组织发育与社会管理创新的不同层面切入，在社会组织的发育路径、社会组织的价值诉求、社会管理模式创新、公共性的重新构建、社会治理创新以及社会组织理论体系反思等多个维度上进行了探讨。

就社会组织的发育路径而言,本研究关注中国社会组织在"自上而下型"、"自下而上型"和"外部输入型"三种不同的发育机制影响下的发展过程及其后果。"自上而下型"的社会组织呈现官本位和泛行政化倾向,而在改革进程中遭遇种种局限。以行业协会为例,其治理权力缺失,局限于企业属性和内部治理机制不完备等方面缺失,需要通过国家的制度调整,社会的公信力建设以及自身的治理结构完善的改革路径来实现行业协会的发展。"自下而上型"的社会组织依赖卡里斯玛式的能人治理,在赋予组织动力与活力的同时,也面临管理与延续上的问题。以农民专业合作组织为例,其成长和发展在依托村落能人带动的同时,还可以通过关系动员在其内部展开合作的基础,通过关系动员在其外部拓展组织的资源运作。"外部输入型"的社会组织则通过嫁接国际组织的资金、项目和模式来开展活动,能够较好建立有效的组织治理结构并完成项目的规范化运作,但其如何克服制度性与地域性的障碍,与本土情境融合,同样是有待展开的问题。以外源型环保组织为例,与政府关系的疏离乃至互斥使其面临向上脱嵌的信任困境,与在地民间主体的关系缺失则造成其向下脱嵌的孤立无援,因而有必要增强自身的资源结构与关系网络的自觉建构,相应的也需要努力完善本土公益链条的建立与传导。

就社会组织的价值诉求而言,本研究关注价值属性对于中国社会组织的发展所具有的意义和带来的障碍。社会组织在提供公共服务、增强社会参与的同时也承载了多元的价值理念。价值诉求一方面构成社会组织发展的原动力,为其赢得了发展空间和机会。另一方面,组织实践中所面临的价值迷思也会成为其健康发展的障碍性因素。这有待于协调社会组织价值性与公共性之间的张力,明确其价值诉求的边界,完善社会组织的评价机制,来克服社会组织的价值迷思,扩展社会组织自主发展的空间,推动社会组织的自律。价值因素对于社会组织的影响,在宗教慈善的发展中有着鲜明体现,宗教慈善构成有宗教背景的社会组织发展的重要推动,但其与国家制度、大众认知以及现代的公益理念之间的多重张力使其同样需要进行调整适应，通过自身的社会身份建构和与政府的合作关系建立，来推进其慈善活动的专业化发展。

就社会管理模式创新而言，本研究关注社会管理改革这一时代命题，在深化改革的背景下，着眼于促进社会组织发展与社会管理模式创新之间的相互影响与相互建构。随着中国社会结构的变迁和社会自组织力量的快速增长，社会层面的问题与矛盾日益凸显，原有的一元化管理思维受到挑战，亟待转型。这一转型是建立在国家执政理念转变的基础上的，社会管理模式随着社会主义中国的发展进程有着不同的阶段演进，逐步实现了从社会管理向社会治理的过渡。在实践层面的具体运作中，则在不同的地域场景中逐步展开，包括地方政府转变对于社会组织的监督与引导的方式，通过设立枢纽型社会组织等连接机制来达成吸纳策略下的控制，与支持性社会组织协商搭建平台来构建合作基础上的合作培育，以及推动第三方社会主体的成长作为外部评估与促进社会组织发展的新的推动力量。

就公共性的重新构建而言，本研究关注中国社会中公共性的演进沿革与现状呈现，进而探讨其重新构建的路径与意义。东亚社会传统的公共性基本上是以"公"（政府）为主导，建立在对"私"否定和抑制的基础之上的。与欧美世界公共性实践主体的多元形态不同，东亚的公共性主要是由"官""公"来加以承载的，长期以来沿袭的是"立公灭私"的总体格局，导致其社会中"志愿主义"属性不甚发达，普通人的志愿行动不被激发，即便发生，也多是带有极强的"自上而下"的动员主义色彩，是明显被动的。作为"立公灭私"的一种悖反，快速现代化带来的深度变革则带来了"立私灭公"这一个体化进程的必然产物，个人主义价值观的汹涌更凸显了公共性的危机。因此需要拓展"活私开公"这一新路径以推动公共性在当代社会的重构，努力把公共性的立足点从精英主义转向普遍个体，走出观念上的"公私对立"来突破志愿行动的范围，构建包容"大""小"公共性于内的"共同性"，进而展开志愿行动。公共性的重建在实践层面已经表现出重要的现实意义。对于"村改居"的进程，公共性的重建可以维系农村社区的凝聚力，催生农民自组织的萌芽，推动农村社区的公共治理转型。对于农村社区的治理，通过社会自治组织的培育，不仅完成了"公"与"共"的渗透制衡，还推动了二者的共生合作。

就社会治理创新而言，本研究关注的是新的发展阶段，社会治理多元主体的身份树立与功能革新，以及多元主体间关系结构的调整和转型。这种转变与革新作为执政理念的转型方向，在实践层面有着具体的表现。网络化时代的慈善事业，官方主体与民间主体的历史纠葛在这一机会建构的过程中集中爆发出来。通过总结当下网络慈善的经验，可以为民间慈善主体提供发展的思路，从凭借特定时机以挑战性的方式向官方争取发展空间，再到二者展开良性互动，实现优势互补和相互磨合，以及最终让慈善回归民间，整合时代发展的新的资源与渠道，建构多元主体各行其能的制度轨道。相应地，社会化媒体，特别是微博的快速发展为社会组织发布信息、提高社会影响力提供了高效而低成本的平台，成为展开互动关系、拓展治理渠道的新的领域。在社区治理的过程中，多元主体的参与呈现行政主导、社区居民自治、枢纽型社会组织参与以及项目制政府购买社区服务等不同的典型的协同治理模式，通过明确边界、积极引导、培育赋权和参与共享来推动当下社区治理创新的探索与尝试。

就社会组织理论体系反思而言，本研究关注西方话语的体系性表达的同时，也注重学习借鉴，结合中国的现实情境与历史传统，探寻本土化的社会组织理论体系。在社会组织行动层面，志愿服务依循格兰诺维特的"弱关系假设"提供了构建彼此互动、促进社会团结、营造社会秩序的微观运作机制。从社会资本的角度出发，在社区建设的过程中，将社会关系资本及嵌入的社会资源转为情境化的存在，可以促使社区成员从单位空间与市场空间回归社区空间，有利于解决社区关系的脱域性问题，从多方面推动社区建设的创新。从社会治理的角度来看，治理在西方话语中呈现为对人的治理，其发展是与现代国家的历史相关联的，在现代社会迎来了其自身的社会转向。回到中国现实，社会治理需要结合当下的深化社会改革与推进社会转型来构建一种系统论的阐释，以多元主体的参与互动为基础，以子系统之间的功能互补为机制，以系统内外的资源转换为渠道，以实现社会的公平正义为最终目标，通过系统性的安排，来拓展社会治理的丰富意涵。

三 发展向度的延伸

中国社会组织经过近四十年的发育成长，在提供社会服务、满足社会需求、缓和社会矛盾方面的作用日益显现。从中国共产党的十六届三中全会明确"社会组织"概念，提出社会建设议题后，在中共中央的一些重要文件中对社会管理改革和社会组织的发展做出了明确部署。党的十八大报告明确提出："加快形成政社分开、权责明确、依法自治的现代社会组织体制。"[1] 党的十八届三中全会引入"社会治理"概念，提出推进社会治理改革、创新社会治理体制、改进社会治理方式、激发社会组织活力等思想。党的十九大报告又进一步提出社会治理的社会化、智能化、法治化、专业化，建设共建共治共享的美好社会。党的二十大报告更进一步提出以人民为中心的核心思想，建设中国特色的社会主义现代化。这一切表明，在中国社会的未来发展中，社会主体的功能将得到不断的发挥，社会组织俨然已成为社会治理的依靠力量，中国社会组织的发展迈进了新时代。

面对中国社会的转型及其社会组织发育的现状，以及社会治理的社会化、智能化、法治化、专业化的发展目标，需要认识到的是，在全面建设社会主义现代化国家的征程中，中国社会治理的序幕刚刚开启，社会治理理念的深化、社会政策的调整、社会力量的培育、社会机制创新等相关问题有待于实践中进一步地探索和尝试。虽然社会组织在建设共建共治共享的社会治理新格局中的作用

---

[1] 胡锦涛：《坚定不移沿着中国特色社会主义道路前进 为全面建成小康社会而奋斗——在中国共产党第十八次全国代表大会上的报告》，人民出版社2012年版，第34页。

举足轻重，但社会组织的培育和有序发展也将成为社会治理创新的重要议题。党的二十大更加明确地提出了"中国式现代化"这一命题，强调要以中国式现代化全面推进中华民族伟大复兴。整体的滚滚洪流中，社会组织也需要进一步拓展本土性的现代化之路。社会组织虽然在数量上形成快速增长之势，但其组织能力和专业化程度还有较大的提升空间。面向社会组织的支持政策和管理机制也应更为主动地进行调整和创新，一方面是给予社会组织成长以实质性支持，另一方面则是建立一种良性的政社互动关系，迎向社会治理现代化的系统性变革。

在本研究讨论的框架视域之外，一些其他重要机制也对社会组织有着深远影响。在众多因素之中，全球化机制、网络化机制与市场化机制，对社会组织未来发展的趋势的影响尤为重要。此三者是国家与社会关系之外最为强劲和最有冲击力的动力机制，持久性地涉入中国社会组织的发展进程之中，需要一种开放视角来观察与反思其间的多元互动和关联实践。

（一）全球化与社会组织发展趋势

所谓全球化，其出现始于20世纪八九十年代冷战格局的终结，全球化进程的开启始于经济范畴，但是它所辐射的意义领域却包括了政治、社会以及文化、科技等各个维度。从民族国家层面来看，绝大多数主权国家或主动或被动加入这一全球化体系，从而拓展了全球化所涉及的地域范围；从涉及行业来看，金融、交通、贸易、通信、知识产权、环境保护、音乐、电影、时尚等无不被全球化机制所嵌入。全球化正成为冷战之后塑造国际新格局以及推进民族国家发展、社会进步的重要机制。

全球化作为一种机制，也对中国改革开放以来的社会组织发展产生了巨大的影响。第一，20世纪80年代以来全球范围内的绝大多数国家同时出现程度不一的社团革命，就中国而言，这一结社浪潮虽仍是在国家的主导之下展开并基于本国的现实环境和历史条件所复合而成，但国家本身既已处于全球化场域之中便必定会遵循全球化的逻辑，使这场"体制内"运动成为"全球性结社革命"的有机组成部分，并构成其中不容忽视的一幕。第二，不同地域的社会组织之间不再因民族国家的边界而区隔，它们之间的交往互动越来越频繁，并因此生产出具有一定程度同构性的社会组织体系。对于中国而言，20世纪八九十年代的中国社会组织仍然处于起步阶段，本身并无太多的历史传统经验可资借鉴，在全球化机制的引导下，"他山之石"提供了十分重要的经验，使中国的社会组织能够通过模仿和借鉴迅速地发展壮大，从而节省了摸索的成本。第三，境外社会组织在全球化机制的配置作用下大量涌入中国，一方面是将其社会治理理念和架构带进来，另一方面则是通过开展医疗、扶贫、教育、慈善等具体项目帮助中国本土社会组织在各个领域成长发育。

以上全球化对中国社会组织的影响机制，仍将继续作用于中国社会组织的未来发展趋势，并且将随中国社会的转型而呈现以下全新的影响方式。

首先，中国对西方社会组织经验的学习和借鉴将更为自觉、深化。比如一些最早成立的官办基金会或慈善组织，为了能够获得国际社会的认可并得到国际社会组织的捐赠，迫于制度认可的压力而模仿国外社会组织的组织架构和制度安排。随后自下而上发育出来的草根组织大多只是模糊地借鉴国外社会组织的理念，更多在实践中摸索出自己的发展道路。时至今日，随着越来越多本土支持性社会组织和研究中心的出现，中国社会组织在对西方的经验学习和借鉴上已经走出盲目阶段，形成体现本土特色的组织实践方式，其影响越来越深化和自觉。

其次，随着中国社会组织主体意识与能力的增强，其与境外社会组织的合作将日趋平等和深化。尽管境外社会组织对许多草根组织而言，仍然具有资源、人力、知识方面的某些比较优势，但是中国社会组织已经在实践中取得了长足的进步，尤其在制度、管理、参与社会治理中积累了大量宝贵的本土经验。这不仅增强了中国社会组织的能力，更增强了社会组织的主体意识。越来越多的社会组织要求与境外社会组织更为平等地展开合作，并能够将本土经验与境外资源和知识方法相结合，从而获得更优的项目绩效。

最后，在未来的全球化的过程中，中国社会组织将不再只是作为被动的接受者存在，越来越多的社会组织将会走出去，主动援助欠发达地区、参与国际交流和国际事务。近年中国政府规划并逐步实施"一带一路"的新国际政治、经济、文化蓝图与格局，中国的社会组织作为重要的社会主体，一定会参与其中并承担历史性的角色。2017年，中国政府举办"一带一路"国际合作高峰论坛，提出并启动《中国社会组织推动"一带一路"民心相通行动计划（2017—2020）》，为中国社会组织主动走出去，参与"一带一路"建设提供了契机。在"一带一路"的构建中，中国政府会为社会组织构建良好的国际环境与政治关系，而中国的企业走出去构建的经济合作关系也会成为社会组织合作项目的新增长点。但是，目前中国有影响力的参与国际事务的社会组织还十分稀少，经验和能力有待增强，国家政策和资源上的支持也仍较为稀缺。中国社会组织走出去，还需要国家、社会给予更多的关注和扶持，而相关社会组织自身也应该拓宽眼界、利用政策、加强自身建设，在适当的时机积极投入"一带一路"的建设，发挥社会组织的独特优势，处理国际社会事务，协助国家构建人类命运共同体。

（二）网络化与社会组织发展趋势

自20世纪90年代至今，互联网以迅猛的态势铺陈开来，成为当代最为鲜明且最具革命性意义的事件。如今，虚拟却又无处不在的互联网——目前已经从早期传统的桌面互联网发展到具身性的移动互联网阶段——不仅改变了人们的消费方式、交往方式，嵌入社会生活的每个角落，更改变了人们的思维方式和行为方式，并由此影响整个社会系统存在与运行的方式。尤其是进入21世纪以来，移动互联网的迅速普及使得网络对社会生活的嵌入更深、影响更广，它全面突破了以往的国家界限、社会阶层、受教育程度、性别、代际等先赋性和后致性的区隔，使得纵向的垂直体系和横向的整合体系之间的交流、交往变得比以往任何时期都更为容易，从而在相当程度上改变和重塑了社会秩序与社会结构。这种由信息技术革命所夯实的新的技术基础以及各种网络新媒体（QQ、微博、微

第九章　中国式现代化视野下的社会组织发展 / 291

信等）的广泛覆盖为分散的社会力量的整合与行动提供了必要的技术条件。对于互联网和网络化的认知近年来已经取得了不小的进展，但从社会组织的视角系统讨论的文献尚不多见，并且网络化机制对社会组织又确乎形成了巨大的影响效应，使得社会组织的当代发展表现出一些与传统截然不同的特征和趋势。

首先，互联网技术蕴含的社会逻辑与机制将会继续推动作为社会组织存量的官方背景社会组织的变革。一方面，互联网的开放性、扁平化等特征随着互联网技术的日趋日常化，将会进一步成为公众自下而上表达声音和参与改革的重要渠道，进而官办社会组织将会日益感受到公众参与慈善、监督慈善的动力和压力。另一方面，在去行政化的呼声和趋势下，网络化将日益成为官办社会组织社会化的重要路径之一。官办社会组织将更加重视网络舆论对自身的评价和判断，可以通过网站、微博、公众号等互联网平台主动与公众交流，及时公开信息，消除误解，增强公信力。官办社会组织也将继续创新使用互联网，增强自身筹款、公益项目运作等方面能力。更具探索空间和意义的可能趋势是，官办社会组织在未来将会尝试将自身不同于草根组织的特性和优势与互联网技术相结合，拓展新的运作方式。

其次，互联网技术将愈加成为社会组织社会创新的重要杠杆。社会创新的实质是通过探索新方法、新模式以解决社会问题、满足社会需求、参与社会治理的创新实践，是社会组织的核心竞争力所在。互联网是当今社会最具创新力的技术和平台之一，一批社会组织已经成功利用互联网进行了许多社会创新模式的成功探索，比如利用网络的动员能力的"免费午餐"项目、凭借网络的信息即时共享优势的"蔚蓝地图"项目、依托网络传播效力的"99公益日"项目，等等。我们完全可以预见，未来社会组织的公益行动将会日益与互联网技术紧密结合，网络化将会愈加成为社会组织进行社会创新的重要杠杆。

再次，社会组织信息平台的网络化将会重构社会组织生态与格局。互联网传播信息的效率性、交互性、共享性、超时空性，使其天然地具有成为社会组织信息平台的优势。近年来一批社会组织信息交流平台网站已经成立并日趋活跃，这些网络平台为社会组织、政府、公众、企业、志愿者、就业人员搭建了良好的信息交流平台，促进了各个社会主体之间的互动，也增强了社会组织的透明度和公信力。但是，目前这些网络平台仍然存在权威性不足、信息分散、公信力缺失等问题，这一方面需要民间社会优化整合信息资源，另一方面也呼唤政府推动一些全国性、权威性的信息平台的建立。当更具整合力、公信力、权威性的社会组织信息平台出现，政府对社会组织的管控将会因技术平台的介入而幕后化，公众将走向监督和治理的前台，社会组织内部以及与企业的交流合作也会更为高效，中国社会组织的生态与格局将会随之优化和重构。

最后，互联网将产生更多的网络社会组织，虚拟化将成为公共生活组织化的可能趋势。借助互联网提供的便捷的沟通手段和低廉的沟通成本，一些社会力量以相近的价值观、共同的爱好、感兴趣的话题甚至是突发的社会事件为纽带而迅速组成特定类型的网络社会组织。网络社会组织相比于传统社会组织的最大特征是虚拟性，其成员无须见面即可在线上完成互动，具有快捷和轻便的优势。随着网络技术的日常化和当代人生活节奏的日益加快，网络空间的社会组织可能会成为越来越多人参与公共生活的选择和路径。社会组织是国家和学界寄予实现社会公共生活再组织化希望的重要载体，而互联网技术的发展似乎正将这一载体虚拟化，越来越多人在互联网中参与公共讨论和公共事务，这种趋势的后果和影响值得学界持续关注。

（三）市场化与社会组织发展趋势

在西方国家，结社浪潮的兴起是与资本主义市场经济体制的确立密切相关的，正是由于市场化机制的作用催生了一个富有活力的公共领域，进而形成了一个具有自主性、自治性并与国家权力形成潜在抗衡的市民社会。肇始于 20 世纪 70 年代末的中国市场化改革，是中国改革开放战略的重要引擎。从宏观层面来看，市场化机制塑造了有利于社会组织生发的政治性、经济性和社会性以及思想性条件。从政治性条件来看，市场化改革终结了社会泛政治化的样态，促使国家体制从一种"全能主义体制"向"权威体制"转变，营造了相对宽松的政治性环境，由此使社会从政治高压之下得以释放。从经济性条件来看，市场化改革催生了一个全新的市场领域，此领域集中了大量的社会资源，为社会领域的分化和形成提供了坚实的经济性基础。从社会性条件来看，活跃的多样化市场领域促进了社会分工的发展和细化，各种各样的社会需求得以产生，由此催生了一个富有活力的社会领域。从思想性条件来看，市场化改革对保守的意识形态带来了很大冲击，使社会成员突破以阶级斗争为纲的思维模式，转向以经济建设为中心，进而再转向社会建设。

从中观和微观层面来看，首先，市场化机制的形成引致了总体性社会结构的变迁。市场化机制取代国家的计划经济手段成为权力和资源配置的主导性机制，通过斩断"国家办单位、单位办社会"的逻辑链条从而撬动了国家与社会之间板结的关系状态。在市场化改革之前，以国家对社会组织的全面规制甚至取缔为主要特征；在市场化改革开启后，社会的力量得以从国家的完全掌控下得到逐步的释放，社会逐渐成长为一个相对独立的结构性领域。其次，市场化机制对于传统的社会生活领域也产生了巨大的冲击，打破了原先基于血缘关系的宗法伦理秩序，使得传统社会形态出现碎片化的趋势，从而蕴含了以新的联结机制再组织社会的可能。再次，市场化机制唤醒了社会成员自我组织、自我服务、社会参与的公民意识。最后，市场组织的大量产生为社会组织提供了方向性的坐标，由此催生了与之具有功能对接性或互补性的社会组织。

上述市场化机制作为一股社会力量对社会组织发展的影响是结构性和外在性的，而时至今日市场化机制正作为理念、制度、方法渗透到社会组织内部，第三部门与市场的边界正在变得模糊，社会组织在市场化的浪潮下正发生全新的变化。社会组织的市场化趋势首先体现在管理模式与企业日益趋同。早期的社会组织大多基于志愿精神自由结合，通常组织结构较为松散，专业性不足，管理模式在民主制、精英制、科层制三者之间摇摆不定。但是，在资源流入、经验积累、能力建设等多方作用下，社会组织正日益走向专业化、正式化、专职化，不论是自发还是模仿，社会组织的管理模式已经呈现市场化和企业化的趋势。其次，社会组织的市场化趋势还体现在社会组织正在构建对公共领域的市场化想象和话语权。对公共领域的市场化构建，首先意味着将这一领域视作公共服务生产和消费的场所。由此，社会组织被看作提供公共服务的生产者，捐赠人被视作投资者，公共服务的对象被视作消费者。许多公益人士相信在保留第三部门一些基本价值和原则的基础上，可以将市场运行的机制，如竞争机制、供需机制，吸纳进来对社会组织领域进行概念和话语的重建，进而能够以市场机制激发社会组织的活力，更好地满足公共需求。越来越多的社会组织正在接受这种公益市场的理念和话语，并且体现在社会组织对自身使命的理解和工作方式方法的选择之上，社会组织领域生态的市场化也可能逐步由想象和话语走向某种可以预见的现实。

市场化机制对社会组织领域更为深刻的影响体现在社会组织开始使用商业手段实现社会目的，社会部门与市场部门的边界被打破，一些全新的、介于市场和社会之间的组织样态正在兴起。社会组织采取商业化手段，如收取服务费用、义卖等为组织获取资源已经逐渐成为一种新常态。更进一步的是，一些社会组织在解决社会问题的社会创新过程中发挥市场和商业机制的作用，使自身转型或分化出更为适应市场化社会创新模式的全新组织——社会企业。社会企业在发达国家已有多年实践探索，在中国尚处于萌芽状态，但是越来越多的社会问题和社会需求已经难以用传统的公益模式或市场机制解决，社会企业作为市场机制与公益模式之融合，必将凭借其独特优势展现出传统模式所不及的潜力。可以预见的是，中国的社会企业必将经历一段蓬勃且粗犷的野蛮生长阶段，将有越来越多的社会企业家、公益人士参与其中。社会组织在创新实践的同时也要不忘初衷，恪守公益底线，接受社会的监督，使市场之手段服务于社会发展，探索并拓展社会组织发展的中国特色。

参考文献

一 中文文献

（一）中文著作

北京社启社会组织建设促进中心、南都公益基金会编：《中国社会企业与社会投资行为行业扫描调研报告（2019）》，社会科学文献出版社2019年版。

崔月琴：《转型中的社会组织》，中国社会科学出版社2020年版。

崔月琴等：《行动·拓展·创新：社会组织案例集》，中国社会科学出版社2021年版。

邓正来：《国家与社会：中国市民社会研究》，四川人民出版社1997年版。

邓正来：《市民社会理论的研究》，中国政法大学出版社2002年版。

费孝通：《乡土中国》，北京大学出版社2012年版。

郭定平：《多元政治》，香港：三联书店（香港）有限公司1994年版。

郭圣莉、刘晓亮：《转型社会的制度变革：上海城市管理与社区治理体制构建》，华东理工大学出版社2013年版。

国务院发展研究中心社会发展研究部课题组：《社会组织建设：现实、挑战与前景》，中国发展出版社2011年版。

韩俊魁等：《境外在华NGO：与开放的中国同行》，社会科学文献出版社2011年版。

黄光国、胡先缙等：《人情与面子：中国人的权力游戏》，中国人民大学出版社 2010 年版。

基金会中心网、中央民族大学基金会研究中心编：《中国基金会发展独立研究报告（2015）》，社会科学文献出版社 2015 年版。

贾西津、沈恒超、胡文安等：《转型时期的行业协会——角色、功能与管理体制》，社会科学文献出版社 2004 年版。

景朝阳、李勇主编，高成运、陈建国副主编：《中国行业协会商会发展报告（2014）》，社会科学文献出版社 2015 年版。

康晓光等：《依附式发展的第三部门》，社会科学文献出版社 2011 年版。

李恒光：《市场与政府之中介——聚焦当代社会组织》，江西人民出版社 2003 年版。

李友梅：《组织社会学与决策分析》，上海大学出版社 2009 年版。

刘培峰：《结社自由及其限制》，社会科学文献出版社 2007 年版。

瞿同祖：《清代地方政府（修订译本）》，范忠信、何鹏、晏锋译，法律出版社 2011 年版。

阮云星、韩敏主编：《政治人类学：亚洲田野与书写》，浙江大学出版社 2011 年版。

沙勇：《中国社会企业研究》，中央编译出版社 2013 年版。

史景星主编，毛林根副主编：《行业协会概论》，复旦大学出版社 1989 年版。

田凯：《非协调约束与组织运作——中国慈善组织与政府关系的个案研究》，商务印书馆 2004 年版。

王名、刘国翰、何建宇：《中国社团改革：从政府选择到社会选择》，社会科学文献出版社 2001 年版。

王名主编：《中国 NGO 口述史（第一辑）》，社会科学文献出版社 2012 年版。

王名主编：《中国民间组织 30 年——走向公民社会》，社会科学文献出版社 2008 年版。

王绍光、樊鹏：《中国式共识型决策："开门"与"磨合"》，中国人民大学出版社 2013 年版。

吴锦良：《走向现代治理：浙江民间组织崛起及社会治理的结构变迁》，浙江大学出版社 2008 年版。

余晖等：《行业协会及其在中国的发展：理论与案例》，经济管理出版社 2002 年版。

郁建兴、江华、周俊：《在参与中成长的中国公民社会——基于浙江温州商会的研究》，浙江大学出版社 2008 年版。

张静：《法团主义》，中国社会科学出版社 1998 年版。

张仲礼：《中国绅士研究》，上海人民出版社 2008 年版。

中国基金会发展报告课题组编：《中国基金会发展报告（2015~2016）》，社会科学文献出版社 2016 年版。

周雪光：《组织社会学十讲》，社会科学文献出版社 2003 年版。

［德］斐迪南·滕尼斯：《共同体与社会：纯粹社会学的基本概念》，林荣远译，商务印书馆 1999 年版。

［德］马克斯·韦伯：《经济与历史：支配的类型》，康乐等译，广西师范大学出版社 2010 年版。

［德］马克斯·韦伯：《支配社会学》，康乐、简惠美译，广西师范大学出版社 2010 年版。

［德］哈贝马斯：《公共领域的结构转型》，曹卫东等译，学林出版社 1999 年版。

［法］埃米尔·涂尔干：《社会分工论》，渠东译，生活·读书·新知三联书店 2000 年版。

［法］爱弥尔·涂尔干：《职业伦理与公民道德》，渠东、付德根译，上海人民出版社 2001 年版。

［法］米歇尔·福柯：《安全、领土与人口》，钱翰、陈晓径译，上海人民出版社 2010 年版。

［法］米歇尔·福柯：《生命政治的诞生》，莫伟民、赵伟译，上海人民出版社 2011 年版。

［法］米歇尔·福柯：《主体解释学》，佘碧平译，上海人民出版社 2005 年版。

［法］托克维尔:《旧制度与大革命:权威全译本》,冯棠译,商务印书馆2012年版。

［法］托克维尔:《论美国的民主》,董果良译,商务印书馆2017年版。

［荷兰］皮特·何、［美］瑞志·安德蒙主编:《嵌入式行动主义在中国——社会运动的机遇与约束》,李婵娟译,社会科学文献出版社2012年版。

［美］埃莉诺·奥斯特罗姆:《公共事物的治理之道:集体行动制度的演进》,余逊达、陈旭东译,上海译文出版社2012年版。

［美］安东尼·唐斯:《官僚制内幕》,郭小聪等译,中国人民大学出版社2017年版。

［美］鲍威尔、迪马吉奥主编:《组织分析的新制度主义》,姚伟译,上海人民出版社2008年版。

［美］蔡欣怡:《绕过民主:当代中国私营企业主的身份与策略》,黄涛、何大明译,浙江人民出版社2013年版。

［美］道格拉斯·C. 诺思:《制度、制度变迁与经济绩效》,杭行译,上海人民出版社2008年版。

［美］菲利浦·塞尔兹尼克:《田纳西河流域管理局与草根组织:一个正式组织的社会学研究》,李学译,重庆大学出版社2014年版。

［美］顾德曼:《家乡、城市和国家——上海的地缘网络与认同,1853—1937》,宋钻友译,周育民校,上海古籍出版社2004年版。

［美］杰弗里·菲佛、杰勒尔德·R. 萨兰基克:《组织的外部控制——对组织资源依赖的分析》,闫蕊译,东方出版社2006年版。

［美］莱斯特·M. 萨拉蒙:《公共服务中的伙伴——现代福利国家中政府与非营利组织的关系》,田凯译,商务印书馆2008年版。

［美］理查德·斯科特:《制度与组织——思想观念与物质利益（第3版）》,姚伟、王黎芳译,中国人民大学出版社2010年版。

［美］罗伯特·D. 帕特南:《使民主运转起来——现代意大利

的公民传统》，王列、赖海榕译，江西人民出版社 2001 年版。

［美］罗伯特·考特、托马斯·尤伦：《法和经济学（第 5 版）》，史晋川等译，格致出版社 2010 年版。

［美］麦克·布洛维：《公共社会学》，沈原等译，社会科学文献出版社 2007 年版。

［美］帕森斯：《社会行动的结构》，张明德、夏遇南、彭刚译，译林出版社 2003 年版。

［美］裴宜理：《上海罢工：中国工人政治研究》，刘平译，商务印书馆 2018 年版。

［美］乔尔·S. 米格代尔：《强社会与弱国家：第三世界的国家社会关系及国家能力》，张长东等译，江苏人民出版社 2012 年版。

［美］乔治·弗雷德里克森：《公共行政的精神》，张成福等译，中国人民大学出版社 2003 年版。

［美］詹姆斯·G. 马奇、［挪］约翰·P. 奥尔森：《重新发现制度：政治的组织基础》，张伟译，生活·读书·新知三联书店 2011 年版。

［日］加藤繁：《中国经济史考证（第一卷）》，吴杰译，商务印书馆 1959 年版。

［日］小浜正子：《近代上海的公共性与国家》，葛涛译，上海古籍出版社 2003 年版。

［英］安东尼·吉登斯：《现代性的后果：修订版》，田禾译，译林出版社 2022 年版。

［英］卡尔·波兰尼：《大转型：我们时代的政治与经济起源》，冯钢、刘阳译，浙江人民出版社 2007 年版。

纪树立编译：《科学知识进化论　波普尔科学哲学选集》，生活·读书·新知三联书店 1987 年版。

［英］齐格蒙特·鲍曼：《共同体》，欧阳景根译，江苏人民出版社 2007 年版。

［英］伊·拉卡托斯：《科学研究纲领方法论》，兰征译，上海译文出版社 1999 年版。

（二）中文论文

曹正汉：《中国上下分治的治理体制及其稳定机制》，《社会学研究》2011年第1期。

陈伟：《地方政府购买服务中的双重制度逻辑研究——以N市H区为例》，博士学位论文，吉林大学，2016年。

陈兴祖、胡萌：《我国工商领域行业协会组织结构研究》，《管理现代化》2001年第6期。

陈仲元：《反思中国市民社会理论研究》，《学海》2005年第5期。

崔月琴：《后单位时代社会管理组织基础的重构——以"中间社会"的构建为视角》，《学习与探索》2010年第4期。

崔月琴：《转型期中国社会组织发展的契机及其限制》，《吉林大学社会科学学报》2009年第3期。

崔月琴、龚小碟：《支持性评估与社会组织治理转型——基于第三方评估机构的实践分析》，《国家行政学院学报》2017年第4期。

崔月琴、金蓝青：《组织衍生型社会企业的实践逻辑及其反思——以长春心语协会的发展为例》，《学习与探索》2018年第8期。

崔月琴、李远：《"双重脱嵌"：外源型草根NGO本土关系构建风险——以东北L草根环保组织为个案的研究》，《学习与探索》2015年第9期。

崔月琴、李远：《草根NGO如何推进农村社区的新公共性建构——基于吉林通榆T协会的实践探索》，《社会科学战线》2017年第3期。

崔月琴、李远：《从国家法团到社会法团：官办NGO改革路径的再思考——基于J省官办基金会的调查》，《学术研究》2017年第1期。

崔月琴、母艳春：《多重制度逻辑下社会企业治理策略研究——基于长春市"善满家园"的调研》，《贵州社会科学》2019年第11期。

崔月琴、沙艳：《社会组织的发育路径及其治理结构转型》，《福建论坛》（人文社会科学版）2015 年第 10 期。

崔月琴、沙艳：《寻求多主体间跨界合作的策略选择——基于草根组织突破资源困局的个案分析》，《山东社会科学》2019 年第 6 期。

崔月琴、王嘉渊、袁泉：《社会治理创新背景下社会组织的资源困局》，《学术研究》2015 年第 11 期。

崔月琴、王嘉渊：《以治理为名：福柯治理理论的社会转向及当代启示》，《南开学报》（哲学社会科学版）2016 年第 2 期。

崔月琴、袁泉、王嘉渊：《社会组织治理结构的转型——基于草根组织卡理斯玛现象的反思》，《学习与探索》2014 年第 7 期。

崔月琴、袁泉：《转型期社会组织的价值诉求与迷思》，《南开学报》（哲学社会科学版）2013 年第 3 期。

崔月琴、张冠：《社会组织管理模式变迁及创新路径》，《江海学刊》2014 年第 1 期。

崔月琴、张冠：《再组织化过程中的地缘关系——以地源性商会的复兴和发展为视角》，《吉林大学社会科学学报》2014 年第 4 期。

崔月琴、张扬：《"村改居"进程中农村社区"公共性"的重建及其意义》，《福建论坛》（人文社会科学版）2017 年第 4 期。

崔月琴、张扬：《城镇化进程中农村社区"新公共性"的萌发与营造——基于吉林省坪村的实地研究》，《新视野》2018 年第 2 期。

崔月琴、张译文：《双重赋能：社区居委会治理转型路径研究——基于 X 社区社会组织服务中心实践的分析》，《清华大学学报》（哲学社会科学版）2022 年第 2 期。

崔月琴、朱先平：《嵌入式基金会社会化转型的困境——基于组织场域视角的个案分析》，《社会建设》2018 年第 5 期。

邓正来、丁轶：《监护型控制逻辑下的有效治理——对近三十年国家社团管理政策演变的考察》，《学术界》2012 年第 3 期。

丁惠平：《当前我国社会组织理论体系的建构——基于多维度

视角的思考》,《福建论坛》(人文社会科学版) 2013 年第 11 期。

丁惠平:《居间往返: 支持型社会组织的行动机制——以北京市恩派非营利组织发展中心为个案》,《贵州社会科学》2019 年第 11 期。

丁惠平:《市场化、全球化与网络化——当代中国社会组织变迁的影响机制及内在逻辑》,《吉林大学社会科学学报》2017 年第 6 期。

董海宁:《行业协会公共性失衡及平衡路径》, 硕士学位论文, 山西大学, 2019 年。

董亚炜:《政府职能、国家权力与社会发展——当代中国行业协会的政治学研究》, 博士学位论文, 复旦大学, 2005 年。

窦瑞刚:《腾讯公益慈善基金会: "互联网 +" 构造新的公益生态》,《中国社会组织》2017 年第 1 期。

费孝通:《试谈扩展社会学的传统界限》,《思想战线》2004 年第 5 期。

冯仕政:《国家政权建设与新中国信访制度的形成及演变》,《社会学研究》2012 年第 4 期。

傅昌波、简燕平:《行业协会商会与行政脱钩改革的难点与对策》,《行政管理改革》2016 年第 10 期。

高勇强、何晓斌、李路路:《民营企业家社会身份、经济条件与企业慈善捐赠》,《经济研究》2011 年第 12 期。

韩俊魁:《1949 年以来中国社会组织分类治理的发展脉络及其张力》,《学习与探索》2015 年第 9 期。

韩俊魁:《当前我国非政府组织参与政府购买服务的模式比较》,《经济社会体制比较》2009 年第 6 期。

黄东娅:《企业家如何影响地方政策过程——基于国家中心的案例分析和类型建构》,《社会学研究》2013 年第 5 期。

黄晓春、嵇欣:《非协同治理与策略性应对——社会组织自主性研究的一个理论框架》,《社会学研究》2014 年第 6 期。

霍秀媚:《社区自治: 我国社区治理的发展目标》,《广东行政学院学报》2006 年第 5 期。

纪莺莺：《治理取向与制度环境：近期社会组织研究的国家中心转向》，《浙江学刊》2016年第3期。

贾西津：《中国公民参与的非政府组织途径分析》，《中国非营利评论》2007年第1期。

贾忠文：《"认老乡"的文化现象解析》，《江汉论坛》1993年第9期。

江华、张建民、周莹：《利益契合：转型期中国国家与社会关系的一个分析框架——以行业组织政策参与为案例》，《社会学研究》2011年第3期。

焦豪、孙川、彭思敏：《基于合法性理论的社会企业利益相关者治理机制研究——以宜信集团为例》，《管理案例研究与评论》2012年第5期。

康晓光、韩恒：《分类控制——当前中国大陆国家与社会关系研究》，《社会学研究》2005年第6期。

康晓光、韩恒：《行政吸纳社会——当前中国大陆国家与社会关系再研究》，《中国社会科学（英文版）》2007年第2期。

康晓光：《经济增长、社会公正、民主法治与合法性基础——1978年以来的变化与今后的选择》，《战略与管理》1999年第4期。

康宗基：《从政府选择到社会选择：民间组织发展的必由之路》，《西北农林科技大学学报》（社会科学版）2011年第1期。

李凤琴：《老龄化背景下城市社区居家养老服务——南京市鼓楼区的政府购买服务模式》，《南京人口管理干部学院学报》2011年第4期。

李国武、侯佳伟：《锦标赛体制与中国省级开发区的增长 基于省级经验的研究》，《社会》2011年第2期。

李汉林：《中国单位现象与城市社区的整合机制》，《社会学研究》1993年第5期。

李华：《明清以来北京的工商业行会》，《历史研究》1978年第4期。

李梦莹、刘博：《基于社会资本提升的收缩型城市"后单位"

社区的治理创新路径——以黑龙江省 S 市 L 社区为例》，《黑龙江社会科学》2023 年第 2 期。

李梦莹：《社会资本培育视域下的社区治理创新：本质蕴涵与实践进路》，《学习与探索》2017 年第 8 期。

李友梅：《民间组织与社会发育》，《探索与争鸣》2006 年第 4 期。

梁鹤：《社会企业合法性建构路径研究——基于 WT 工坊的生存实践分析》，博士学位论文，吉林大学，2021 年。

梁鹤：《在有效性中获得合法性：制度环境下社会企业本土化发展的路径选择——一个典型案例的理论思考》，《中国非营利评论》2021 年第 2 期。

林兵、陈伟：《"吸纳嵌入"管理：社会组织管理模式的新路径——以浙江省 N 市 H 区社会组织服务中心为例》，《江海学刊》2014 年第 1 期。

刘博、李梦莹：《社区动员与"后单位"社区公共性的重构》，《行政论坛》2019 年第 2 期。

刘思达：《法律移植与合法性冲突——现代性语境下的中国基层司法》，《社会学研究》2005 年第 3 期。

刘小霞：《我国社会企业的历史演进及制度性角色》，《中央民族大学学报》（哲学社会科学版）2013 年第 6 期。

刘玉焕、井润田、卢芳妹：《混合社会组织合法性的获取：基于壹基金的案例研究》，《中国软科学》2014 年第 6 期。

龙兴海：《大力培育公民的公共精神》，《政工研究动态》2007 年第 18 期。

卢建、杨沛龙、马兴永：《北京市构建社会组织"枢纽型"工作体系的实践与策略》，《社团管理研究》2011 年第 9 期。

陆海燕、洪波：《政府向支持型社会组织购买公共服务研究：以浙江省宁波市海曙区为例》，《内蒙古社会科学》（汉文版）2012 年第 3 期。

吕方：《再造乡土团结：农村社会组织发展与"新公共性"》，《南开学报》（哲学社会科学版）2013 年第 3 期。

吕鹏:《私营企业主任人大代表或政协委员的因素分析》,《社会学研究》2013年第4期。

罗家德、孙瑜、谢朝霞、和珊珊:《自组织运作过程中的能人现象》,《中国社会科学》2013年第10期。

马玉洁:《社会治理的模式研究与路径选择——基于重庆W县的经验研究》,博士学位论文,北京师范大学,2014年。

麦磊:《同业支持型社会组织发展的动力机制:以N市G区社区养老社会组织为例》,《中南大学学报》(社会科学版)2013年第5期。

聂石重:《自主治理、参与协理:地缘商会参与社会治理的二重维度》,《中外企业家》2016年第22期。

潘旦、向德彩:《社会组织第三方评估机制建设研究》,《华东理工大学学报》(社会科学版)2013年第1期。

潘惠彬、梁根乐:《社团"挂靠体制"的弊端分析》,《学会》2006年第6期。

彭善民:《枢纽型社会组织建设与社会自主管理创新》,《江苏行政学院学报》2012年第1期。

秦晖:《农民需要怎样的集体主义——民间组织资源与现代国家整合》,《东南学术》2007年第1期。

任晓春、程丹岐:《中国官办行业协会建立的策略——组织变革的视角的分析》,《社科纵横》2020年第1期。

任晓春、董海宁:《行业协会精英治理的困境及转向:一个组织学的解释框架》,《江汉论坛》2019年第9期。

沙勇:《社会企业发展演化及中国的策略选择》,《南京社会科学》2011年第7期。

时立荣:《转型与整合:社会企业的性质、构成与发展》,《人文杂志》2007年第4期。

孙芳:《中国行业协会发展方向研究》,博士学位论文,对外经济贸易大学,2004年。

孙晓莉:《西方国家政府社会治理的理念及其启示》,《社会科学研究》2005年第2期。

谭志福：《公益孵化器：正确的诊断与错误的药方：兼论地方政府在社会组织培育中的角色》，《中国行政管理》2014年第8期。

唐文玉：《行政吸纳服务——中国大陆国家与社会关系的一种新诠释》，《公共管理学报》2010年第1期。

陶传进：《草根志愿组织与村民自治困境的破解：从村庄社会的双层结构中看问题》，《社会学研究》2007年第5期。

陶传进：《社会组织的第三方评估》，《中国社会组织》2016年第24期。

田毅鹏：《"活私开公"：东亚志愿主义发展的新路径》，《南开学报》（哲学社会科学版）2013年第3期。

田毅鹏：《东亚"新公共性"的构建及其限制——以中日两国为中心》，《吉林大学社会科学学报》2005年第6期。

汪锦军：《浙江政府与民间组织的互动机制：资源依赖理论的分析》，《浙江社会科学》2008年第9期。

王成磊、杨雅琴：《浅析新型社会组织的现状及发展困境》，《社团管理研究》2011年第6期。

王嘉渊：《"国家项目"的基层实践困境及其完善机制——基于D市社区社会组织培育的分析》，《山东社会科学》2019年第6期。

王劲颖：《社会组织社会培育机制的发展新趋势》，《社团管理研究》2010年第8期。

王名、贾西津：《行业协会论纲》，《经济界》2004年第1期。

王名、乐园：《中国民间组织参与公共服务购买的模式分析》，《中共浙江省委党校学报》2008年第4期。

王名、孙春苗：《行业协会论纲》，《中国非营利评论》2009年第1期。

王名、孙伟林：《我国社会组织发展的趋势和特点》，《中国非营利评论》2010年第1期。

王名、徐宇珊：《基金会论纲》，《中国非营利评论》2008年第1期。

王名、张雪：《双向嵌入：社会组织参与社区治理自主性的一个分析框架》,《南通大学学报》(社会科学版) 2019 年第 2 期。

王名、朱晓红:《社会企业论纲》,《中国非营利评论》2010 年第 2 期。

王名:《走向公民社会——我国社会组织发展的历史及趋势》,《吉林大学社会科学学报》2009 年第 3 期。

王诗宗、何子英:《地方治理中的自主与镶嵌——从温州商会与政府的关系看》,《马克思主义与现实》2008 年第 1 期。

王诗宗、宋程成:《独立抑或自主:中国社会组织特征问题重思》,《中国社会科学》2013 年第 5 期。

王世强:《政府对非营利组织的分类管理模式研究》,《行政论坛》2013 年第 3 期。

王向民:《中国社会组织的项目制治理》,《经济社会体制比较》2014 年第 5 期。

吴津、毛力熊:《公益组织培育新机制:公益组织孵化器研究》,《兰州学刊》2011 年第 6 期。

向德平、申可君:《社区民间组织的本土化及其发展模式》,《中南民族大学学报》(人文社会科学版) 2013 年第 5 期。

徐家良:《中国社区基金会关系建构与发展策略》,《社会科学辑刊》2017 年第 2 期。

徐双敏、崔丹丹:《完善社会组织第三方评估工作机制研究:基于 5 市调查数据的分析》,《中南财经政法大学学报》2016 年第 6 期。

徐晓全:《新型社会组织参与乡村治理的机制与实践》,《中国特色社会主义研究》2014 年第 4 期。

徐勇:《论城市基层社区建设中的社区居民自治》,《华中师范大学学报》(人文社会科学版) 2001 年第 3 期。

徐宇珊:《社会组织结构创新:支持型机构的成长》,《社团管理研究》2010 年第 8 期。

徐宇珊:《中国草根组织发展的几大趋势》,《学会》2008 年第 1 期。

燕继荣:《社区治理与社会资本投资——中国社区治理创新的

理论解释》,《天津社会科学》2010 年第 3 期。

姚华:《NGO 与政府合作中的自主性何以可能?——以上海 YMCA 为个案》,《社会学研究》2013 年第 1 期。

姚晓霞:《工业行业协会:转型定位与成熟路径》,《江海学刊》2003 年第 6 期。

尹广文、崔月琴:《能人效应与关系动员:农民专业合作组织的生成机制和运作逻辑——一组基于西北地区村域合作社的实地研究》,《南京农业大学学报》(社会科学版) 2016 年第 2 期。

尹广文、崔月琴:《社会治理的系统论研究》,《社会建设》2015 年第 2 期。

尹广文、李树武:《多元分化与关系重构:社会组织参与城市基层社区治理的模式研究》,《理论导刊》2015 年第 10 期。

尹广文:《从体制性依赖到行政化脱钩:行业协会治理转型研究》,《南都学坛》2017 年第 6 期。

尹广文:《多元主体参与社区场域中的协同治理实践——基于四种典型的社区治理创新模式的比较研究》,《云南行政学院学报》2016 年第 5 期。

尹广文:《社区营造:一个新的社区建设的理论与实践》,《福建论坛》(人文社会科学版) 2017 年第 4 期。

尹广文:《项目制运作:社会组织参与城市基层社区治理的路径选择》,《云南行政学院学报》2017 年第 3 期。

尹广文:《项目制治理:一种新的社会组织治理的理论与实践》,《广西师范大学学报》(哲学社会科学版) 2016 年第 3 期。

应星:《"把革命带回来":社会学新视野的拓展》,《社会》2016 年第 4 期。

于晓虹、李姿姿:《当代中国社团官民二重性的制度分析——以北京市海淀区个私协会为个案》,《开放时代》2001 年第 9 期。

余晖:《我国行业组织管理体制的模式选择》,《财经问题研究》2008 年第 8 期。

余晖:《行业协会及其在中国转型的发展》,《制度经济学研究》2003 年第 1 期。

俞可平：《治理和善治引论》，《马克思主义与现实》1999年第5期。

俞可平：《中国公民社会：概念、分类与制度环境》，《中国社会科学》2006年第1期。

俞可平：《中华人民共和国六十年政治发展的逻辑》，《马克思主义与现实》2010年第1期。

郁建兴：《行业协会：寻求与企业、政府之间的良性互动》，《经济社会体制比较》2006年第2期。

原珂、许亚敏、刘凤：《英美社区基金会的发展及其启示》，《社会主义研究》2016年第6期。

张丙宣：《支持型社会组织：社会协同与地方治理》，《浙江社会科学》2012年第10期。

张高陵：《中国异地商会的渊源与现状》，《中国商人》2011年第3期。

张冠：《嵌入性自组织：商会的组织化机制与路径研究——以J省的地缘性商会为案例》，博士学位论文，吉林大学，2014年。

张海钟、姜永志：《和谐社会建设视野的中国区域文化心理差异研究》，《理论研究》2010年第3期。

张华：《连接纽带抑或依附工具：转型时期中国行业协会研究文献评述》，《社会》2015年第3期。

张紧跟、庄文嘉：《非正式政治：一个草根NGO的行动策略——以广州业主委员会联谊会筹备委员会为例》，《社会学研究》2008年第2期。

张紧跟：《治理社会还是社会治理？——珠江三角洲地方政府发展社会组织的内在逻辑》，《天津行政学院学报》2015年第2期。

张静：《公共空间的社会基础：一个社区纠纷案例的分析》，《社会转型与社区发展——社区建设研讨会论文集》，2001年。

张静：《公共性与家庭主义——社会建设的基础性原则辨析》，《北京工业大学学报》（社会科学版）2011年第3期。

张静：《行政包干的组织基础》，《社会》2014年第6期。

张康之：《论主体多元化条件下的社会治理》，《中国人民大学学报》2014年第2期。

张文宏：《社会资本：理论争辩与经验研究》，《社会学研究》2003年第4期。

赵立波：《政府购买行业协会商会服务研究》，《学习论坛》2016年第1期。

赵永亮、张捷：《商会服务功能研究——公共品还是俱乐部品供给》，《管理世界》2009年第12期。

郑杭生：《社会建设和社会管理研究与中国社会学使命》，《社会学研究》2011年第4期。

郑南、[日]丹边宣彦：《日本社会建设新思维：地域社会的新公共性建设——以丰田市团体活动为例》，《东北亚论坛》2013年第5期。

郑南、庄家怡：《社会组织的双轨制成长模式——以台湾"玛纳—光原"社会企业为例》，《吉林大学社会科学学报》2018年第2期。

郑南：《东北草根组织的发展与地域社会建设——以日本"新公共性理论"为参照》，《学习与探索》2015年第9期。

郑永年：《中国改革的路径及其走向》，《炎黄春秋》2010年第11期。

中国行政管理学会课题组：《我国社会中介组织发展研究报告》，《中国行政管理》2005年第5期。

周飞舟：《锦标赛体制》，《社会学研究》2009年第3期。

周黎安：《行政发包制》，《社会》2014年第6期。

周黎安：《中国地方官员的晋升锦标赛模式研究》，《经济研究》2007年第7期。

周晓丽、党秀云：《西方国家的社会治理：机制、理念及其启示》，《南京社会科学》2013年第10期。

周秀平、邓国胜：《社区创新社会管理的经验与挑战——以深圳桃源居社区为例》，《中国行政管理》2011年第9期。

周秀平、刘求实：《以社管社：创新社会组织管理制度》，《中国非营利评论》2011年第1期。

周雪光：《中国国家治理及其模式：一个整体性视角》，《学术月刊》2014年第10期。

朱照南：《社会组织提供社会服务的模式研究——以北京春苗儿童救助基金会"医务社工模式"为例》，《社会建设》2018年第5期。

祝建兵、向良云：《社会组织行政化及其治理》，《长白学刊》2011年第3期。

［比］雅克·迪夫尼：《从第三部门到社会企业：概念与方法》，丁开杰、徐天祥编译，《经济社会体制比较》2009年第4期。

［英］罗杰·斯皮尔、梁鹤：《论社会企业的外部支持生态系统》，《江海学刊》2018年第3期。

二 外文文献

（一）外文著作

B. M. Frolic, *Civil Society in China*, New York: M. E. Sharpe, 1997.

James G. March, Johan P. Olsen, *Rediscovering Institutions*, New York: The Free Press, 1989.

S. Zukin, P. Dimaggo, *Structures of Capital: The Social Organization of Economy*, Cambridge: Cambridge University Press, 1990.

Salamon L. M., *Partners in Public Service: Government-Nonprofit Relations in the Modern Welfare State*, Wangshington D. C.: JHU Press, 1995.

T. Saich, *Governance and Politics of China*, New York: Palgrave MacMilan, 2004.

（二）外文论文

A. Cawson, "Pluralism, Corporatism and the Role of the State", *Government and Opposition*, Vol. 13, No. 2, 1978.

Brown L. D., Kalegaonkar A., "Support Organizations and the Evolution of the NGO Sector", *Nonprofit and Voluntary Sector Quarterly*, Vol. 31, 2002.

Brown L. D., "Bridging Organizations and Sustainable Development", *Human relations*, Vol. 44, 1991.

Chan A., "Revolution or Corporatism? Workers and Trade Unions in Post-Mao China", *The Australian Journal of Chinese Affairs*, Vol. 29, 1993.

Davis J. H., Schoorman F. D., Donaldson L., "Davis, Schoorman and Donaldson Reply: The Distinctiveness of Agency Theory and Stewardship Theory", *The Academy of Management Review*, Vol. 22, 1997.

Dousa P. M., "Using Actor-Network Theory to Enhance the Mediating Activities of Grassroots Support Organizations", *University of Minnesota*, 2012.

He Baogang, "Dual Roles of Semi-civil Society in Chinese Democratization", *Australian Journal of Political Science*, Vol. 29, 1994.

J. Defourny, M. Nyssens, "Conceptions of Social Enterprise and Social Entrepreneurship in Europe and the United States: Convergences and Divergences", *Journal of Social Entrepreneurship*, Vol. 1, 2010.

J. Unger, A. Chan, "China, Corporatism, and the East-Asian model", *The Australian Journal of Chinese Affairs*, Vol. 33, 1995.

Janelle A Kerlin, "A Comparative Analysis of the Global Emergence of Social Enterprise", *Voluntas: International Journal of Voluntary & Nonprofit Organizations*, Vol. 21, 2010.

Janelle A. Kerlin, "Social Enterprises in the United States and Europe: Understanding and Learning from the Differences", *Voluntas: International Journal of Voluntary and Nonprofit Organizations*, Vol. 17, 2006.

Lee Y. S. F., "Intermediary Institutions, Community Organizations, and Urban Environmental Management: The Case of Three Bangkok Slums", *World Development*, Vol. 26, 1998.

M. A. Zimmerman, G. J. Zeitz, "Beyond Survival: Achieving New Venture Growth by Building Legitimacy", *Academy of Management*

Review, Vol. 27, 2002.

M. Diochon, A. R. Anderson, "Ambivalence and Ambiguity in Social Enterprise: Narratives about Values in Reconciling Purpose and Practices", *International Entrepreneurship and Management Journal*, Vol. 7, 2011.

M. Granovetter, "Economic Action and Social Structure: The Problem of Embeddedness", *American Journal of Sociology*, Vol. 91, 1985.

Martínez B. R., "Grassroots Support Organizations and Transformative Practices", *Journal of Community Practice*, Vol. 16, 2008.

McQuarrie M., Guthrie D., Hess A., "Intermediary Organizations and the Coordination of Social Practices", *Presentation at American Sociological Association Annual Meeting*, Vol. 13, 2005.

P. C. Schmitter, D. Brand, "Organizing Capitalists in the United States: The Advantages and Disadvantages of Exceptionalism", Annual Meeting of American Political Science Association, Chicago, 1979.

R. Young, J. D. Lecy, "Defining the Universe of Social Enterprise: Competing Metaphors", *Voluntas: International Journal of Voluntary and Nonprofit Organizations*, Vol. 25, 2014.

Spires A. J., "Contingent Symbiosis and Civil Society in an Authoritarian State: Understanding the Survival of China's Grassroots NGOs", *American Journal of Sociology*, Vol. 27, 2011.

T. Wry, J. G. York, "An Identity-Based Approach to Social Enterprise", *Academy of Management Review*, Vol. 42, 2017.

Truex R., "The Returns to Office in a 'Rubber Stamp' Parliament", *American Political ScienceReview*, Vol. 108, 2014.

后　　记

　　当书稿即将修改完成交付出版社之际，也正是我在吉林大学从事编辑、教学工作整整四十年之时。我于1983年本科毕业，留校任《吉林大学社会科学学报》编辑，并走向教学和科研岗位，一路走来，既有人生向上追求的美好印记，也有工作与生活的艰苦磨砺，更有人生理想实现的喜悦。在吉林大学的知识殿堂中，我既得到大学里丰富的文化滋养和思想熏陶，又在努力向上不断学习和勤奋工作中收获生命的价值和意义，并在与学者、学生、同事的交往中收获人间的真挚与美好！回想四十年的工作学习经历，思绪万千，十分感慨！

　　从1969年我随父母走"五七"道路，到1979年考入吉林大学哲学系，在十年的干校生活中度过了人生中难忘的青少年时代；大学毕业时是我人生选择的关键时期，当时系里领导谈话分配我去吉林省政府机关党委，恰好此时有老师推荐《吉林大学社会科学学报》的编辑工作，在选择犹豫之时，我征求了已毕业留校任教的孙正聿学兄，他的智慧和观点让我坚定了在高校做学术编辑的选择，开启了大学的职业生涯。编辑工作让我认识到了什么是学术，从而走上与学术结缘的道路；1996年时任吉林大学社会学系主任的刘少杰教授引领我迈进社会学的大门，1997年我参编并出版了社会学教材《企业文化学》，登上了为社会学本科生讲授专业课的讲台，2003年遴选为硕士生导师，2010年遴选为博士生导师，一步步走进社会学的教学与研究领域，从编辑—编审转向教授。

　　编辑与学术是相辅相成的，我一直致力于学者型编辑的追求和努力。在2001年吉林大学五校合一担任《吉林大学社会科学学报》总编辑工作后，坚持立足于名刊工程建设，打造学术品牌，追踪学术热点，依托学术大师，扩大学报的学术影响力，在2003年教育部名刊建设工程的评审中首批入选并获资助；在主持学报工作的十几年时间里，确立了"探索当代中国哲学的道路""国家建设与社会治理"等影响深远的学术栏目。我在从事编辑工作时就选择了自己的学术研究方向——从组织社会学视角研究非营利组织，这一选择正是得益于编辑职业的敏感性。2008年汶川地震后的抗震救灾中，我感受到学界对新兴社会力量的关注，由此当年就成功申报了吉林省社会科学研究项目"非政府组织的结构与社会功能研究"，2009年申报并获批国家社科基金"新时期中国社会管理的组织基础研究"项目，2012年成功申报并担任国家社科基金"社会组织管理模式创新和推进路径研究"重大项目的首席专家，与社会组织的研究结下了不解之缘。

2020年以来，我先后在中国社会科学出版社出版了《转型中的社会组织》《行动·拓展·创新——社会组织案例集》两本书，集结了我和我的学术研究团队，围绕社会改革和社会组织发展而刊发学术论文和案例成果。而即将出版的《社会组织的本土经验与实践路径》一书的核心内容主要是基于2012年承担国家社科基金重大项目以来，带领研究团队通过理论的梳理和田野实践的调研积累而形成的研究成果，以及国家社会科学基金重大项目圆满结项后，2019年又获批国家社会科学基金"支持型社会组织参与社区治理的路径与联动机制研究"项目的研究成果。可以说它是2012年以来持续开展社会组织研究成果的集结和思想的提炼，是对中国社会组织理论与实践研究的阶段性小结。

本书紧紧围绕中国社会组织的本土发育、管理模式、推进路径几个方面，展现了中国社会改革开放后以及现代化建设中中间社会力量的成长和发展，从多个层面呈现了社会组织在国家治理体系中逐渐成长为不可或缺的有生力量。从行业协会的治理转型及基金会的多样化、创新性的发展，可以体会到国家政策的不断推进和社会变革的内在需求；从草根组织的成长及社区治理的参与可以感受到基层社会治理中社会力量的聚积和社区自组织的多元形态；从社会企业的兴起和支持性社会组织的功能拓展，可以发现社会治理新格局中的多元主体的协同需求和社会公益、社会创新的增长点。本书力图从总体上把握中国社会变革的时代语境，考察社会组织生长的历史脉络，辨析管理模式转型的影响因素，探讨推动社会发展的创新机制，加强社会组织理论的本土面向。

这一成果是多年来研究团队集体智慧的结晶。十几年来，我带领研究团队和研究生针对社会组织的不同类型进行跟踪研究，做过大量实地调研和资料整理，成为学生们博士学位论文、硕士学位论文的主要研究素材。无论是在每次的读书研讨会上，还是在博士、硕士学位论文的形成与修改过程中，我们经常一起进行深入的交流和探讨。既有深入不同组织展开调研的第一手资料，也有我们共同研究形成的案例和论文成果，倾注了我们研究团队成员的大量心血和汗水，没有团队成员深入实际的跟踪研究，就不会有今天的成果汇集。

下面我就现有各章的参与者介绍如下。

第一章：社会转型与社会组织发展的核心议题。王嘉渊执笔，我进行了修订和部分修改。

第二章：行业协会的治理转型。任晓春执笔，我提出修订意见后，执笔者做了较大的修改和完善。

第三章：从传统转向现代的地缘性商会。张冠执笔，我进行了修改和完善。

第四章：基金会的发展与推进。朱先平执笔，我提出修改和补充意见后，执笔者又做了大量补充和完善。

第五章：草根组织的本土发育与成长。李远执笔，王嘉渊做了修改和完善。

第六章：社会企业的生存实践及路径探析。梁鹤执笔，我进行了修订。

第七章：支持性社会组织对治理结构的拓展。王嘉渊执笔，修订时补充了最新的研究成果。

第八章：社区治理转型与社会组织参与。初稿尹广文执笔，我提出修订意见，王嘉渊做了近期研究资料的补充、修改。

第九章：中国式现代化视野下的社会组织发展。王嘉渊执笔，我根据社会组织的发展趋势进行了修订。

我在对各章统稿修订时，对其结构和内容都提出补充和修改意见，王嘉渊配合我对部分章节内容做了大量的补充和完善，使其书稿如期提交出版社。

本书的出版得到吉林大学哲学社会学院的支持和资助以及中国社会科学出版社的支持。在我从事社会组织研究的十几年历程中，得到校内外许多学者的支持和指导。如：清华大学的王名教授、北师大的陶传进教授、南京大学的陈友华教授、上海大学的杨锃教授等，他们既提供了理论指导，还提供了实践案例的支持；吉林大学的田毅鹏教授、林兵教授、董运生教授、刘威教授、郑南副教授等筹划研究路线，参与调研，贡献研究成果；我的博士和硕士研究生，以他们朝气蓬勃、聪慧勤奋的学习研究状态，带给我们团队巨大的研究动力和能量，让我们在社区、社会组织的调研中和读书会上产生许多具有创新意义的学术议题和思想火花，碰撞出一个又一个新的研究思路。在此，对给予我帮助和支持的专家学者、同事、同行、学生道一声感谢！

最后，我还要对我的家人致谢！多年来为我分担了太多的家务负担，让我能够全力以赴地投入教学与研究中。

崔月琴
2023 年 5 月 30 于长春花语城